アマゾン五〇〇年

——植民と開発をめぐる相剋

丸山浩明
Hiroaki Maruyama

岩波新書
1985

はしがき

アマゾンは、世界中の人々に認知された魅惑的な地域である。しかし、実際にその姿を知る者は数少ない。ブラジルの国民ですら、その大半はアマゾンを訪れたことなどなく、日本人や欧米人が見るのと変わらぬ、遠くて幻想的な存在のままなのである。果たしてそこは、人跡未踏、瘴《しょう》雨《う》蛮《ばん》烟《えん》の静謐《せいひつ》な秘境なのか、ドイツの植物学者フォン・マルティウスが感知した「ナーイアス」（ギリシャ神話に登場する川や泉の妖精）が住む神秘的世界なのか、はたまた人類に残されたユートピア、「世界の宝庫」なのか。本書はその答えを、この五〇〇年間にアマゾンで繰り広げられた、植民と開発をめぐるさまざまな相剋の中に尋ねた。各章のテーマを以下に記そう。

コロンブスが新大陸を「発見」する以前、アマゾンにはどのような「原初的風景」が広がっていたのだろうか。その姿は未知のままだが、少なくとも先住民が政府の定めた居住地に収容されている現在の姿と比べれば、その人口も部族社会や文化の多様性も桁違いに大きく、豊かな先住民世界がアマゾンに広く展開していたことは想像に難くない（序章）。

ところが、このような先住民社会は、とりわけ一七世紀以降、アマゾンに続々と押し寄せたスペイン、ポルトガル、フランス、イギリス、オランダといったヨーロッパ列強の覇権争いに巻き込まれ、急速にその姿を消していった。その中で、アマゾンにおける植民・開発競争を有利に進め、熾烈な覇権争いに勝利したのがポルトガルだった（第一章）。

パラ州歴史博物館には、「アマゾンの征服」と題する、ポルトガルの偉業をたたえる巨大な油絵が飾られている（**挿絵参照**）。この絵画は、一七世紀前半のペドロ・テイシェイラ率いるアマゾン大遠征の一場面で、中央にはまばゆい光を浴びて立つテイシェイラと四人の探検隊員が描かれている。それを遠巻きにして、別の隊員や宣教師（大遠征の帰路には、ポルトガル人を監視するためスペイン人宣教師が随行していた）、裸の先住民たちが彼らを見守っている。薄暗い大木の木陰に描かれた宣教師や先住民、彼らの小さなカヌーとは対照的に、絵の背景に流れる大河には巨大な白い帆を張ったポルトガル船がひしめいている。そこには、アマゾン征服へのポルトガルの揺るぎない自信と、先住民社会やスペインに対する絶対的優位が誇示されているかのようである。

果たして、ポルトガルはなぜヨーロッパ列強、とりわけ併合されていたスペインまでを差し置いて、アマゾンを支配できたのだろうか。また一九世紀初頭、ブラジルはポルトガルが獲得した広大な領土を受け継いで独立を果たした。しかし、その直後に「カバナージェン」と呼ばれる大規模な内乱が勃発して、アマゾンは壊滅状態に陥った。なぜアマゾンの民衆たちは、新生のブラジル帝国政府に反旗を翻したのだろうか（第一章）。

「アマゾンの征服（A Conquista do Amazonas）」（アントニオ・パレイラス作，1907年）
［パラ州歴史博物館］

内乱からの復活を遂げた一九世紀後半、アマゾンに新たな試練が訪れた。ラテンアメリカへの南進を「明白な天命」とみなすアメリカが、アマゾン川の開放と沿岸諸国との自由貿易、さらにはアメリカ黒人のための「アマゾン共和国」建設をもくろんで、執拗かつ巧妙に外交圧力をかけてきた。これに対しブラジルは、どのようにアメリカと対峙し、その強硬な姿勢をかわしたのだろうか。また、一八五〇年に輸入が禁止された黒人奴隷の代替労働力として、一九世紀末には南欧移民が続々とアマゾンに入植した。いったい彼らは、どのような人々だったのだろうか（第二章）。

一九世紀後半〜二〇世紀初頭には、「第一次ゴムブーム」がアマゾンを席巻した。天然ゴムがもたらす莫大な利益に引き寄せられて、人やモノが世界中から流入し、常軌を逸した狂乱ぶりが当時のアマゾンを支配していた。果たして、誰がどのように「第一次ゴムブーム」を支えていたのだろうか。また、このようなアマゾンのすさまじい経済的繁栄を、イギリスはどのように終焉へと追い込み、自らが天然ゴムの世界制覇を成し遂げたのだろうか（第三章）。

イギリスの策動により凋落したアマゾンの経済を立て直すため、州政府は海外の企業や組織に広大なコンセッション（土地や営業権の無償譲渡契約）をもちかけ、国や企業間の競争を煽ることで開発を進めようとした。重要な戦略物資であるゴムの安定確保を希求するアメリカは、すぐにこれに応じ、自動車王ヘンリー・フォードがパラ州に「フォードランディア」と呼ばれる巨大なゴムプランテーションを建設した。しかし、経営は思うように進まず、努力もむなしく撤退を余儀なくされた。フォード社がアマゾン開発につまずいた原因は、いったいどこにあったのだろうか。

アマゾンの州政府は、日本にもコンセッションをもちかけた。パラ州では「南米拓殖株式会社」、アマゾナス州では「日本高等拓植学校」校長の上塚司や、「アマゾン興業株式会社」が主導して、日本人植民地の建設が進められた。しかし、その背後で日米の覇権争いが進んでいた。折しも満州事変に端を発し、ブラジルで排日プロパガンダが高揚するなか、アマゾンの日本人移民はどのような試練に直面し、いかにそれを乗り越えようとしたのだろうか(第四章)。

第二次世界大戦が勃発すると、ゴムを渇望するアメリカの莫大な融資により、アマゾンは再び覚醒して「第二次ゴムブーム」が到来した。それを底辺で支えたのは、「ゴム兵(rubber soldiers)」と呼ばれる、ブラジル北東部から来た膨大な国内移民(旱魃難民)だった。彼らはいったいどのように徴兵され、アマゾンでどんな人生を歩んだのだろうか。また、戦争により突然、敵性外国人となった日本人移民も大きな試練に直面した。戦中・戦後をアマゾンで生きた日本人移民の戦争体験や生活実態とは、いったいどのようなものだったのだろうか(第五章)。

第二次世界大戦後のアマゾンは、名実ともにブラジルが国家統合を実現するうえで看過できない重要地域として登場した。しかし、たび重なる大規模な国家プロジェクトの実施は、それまで経験したことがない広範で激烈な熱帯雨林の破壊をもたらし、多くの先住民が生活の場を奪われた。燃え盛る熱帯雨林。民族衣装を身にまとい、弓やマチェテ(山刀)を手にした先住民の抗議活動。こうした映像は、今や瞬く間に世界中に拡散して、すぐにブラジルへの激しい批判が湧き起こるが、抜本的な問題解決には至っていない。ブラジルには、アマゾンが人類やブラジルの将来のためにどうあるべきかという、地球環境問題や国際社会でのブラジルの立ち位置を見据えた、長期的展望に立った政策の立案と着実な実行が求められている(終章)。

〔注記〕アマゾン川流域は、正確には「アマゾニア」と表記すべきだが、本書では一般に日本人になじみのある「アマゾン」の用語を用いた。なお、本書は主にブラジル領アマゾンについてまとめたものである。また、文中の写真は特にことわりがない限り、筆者が撮影したものである。

目次

第二章　アメリカの進出と南欧移民の導入 ……67

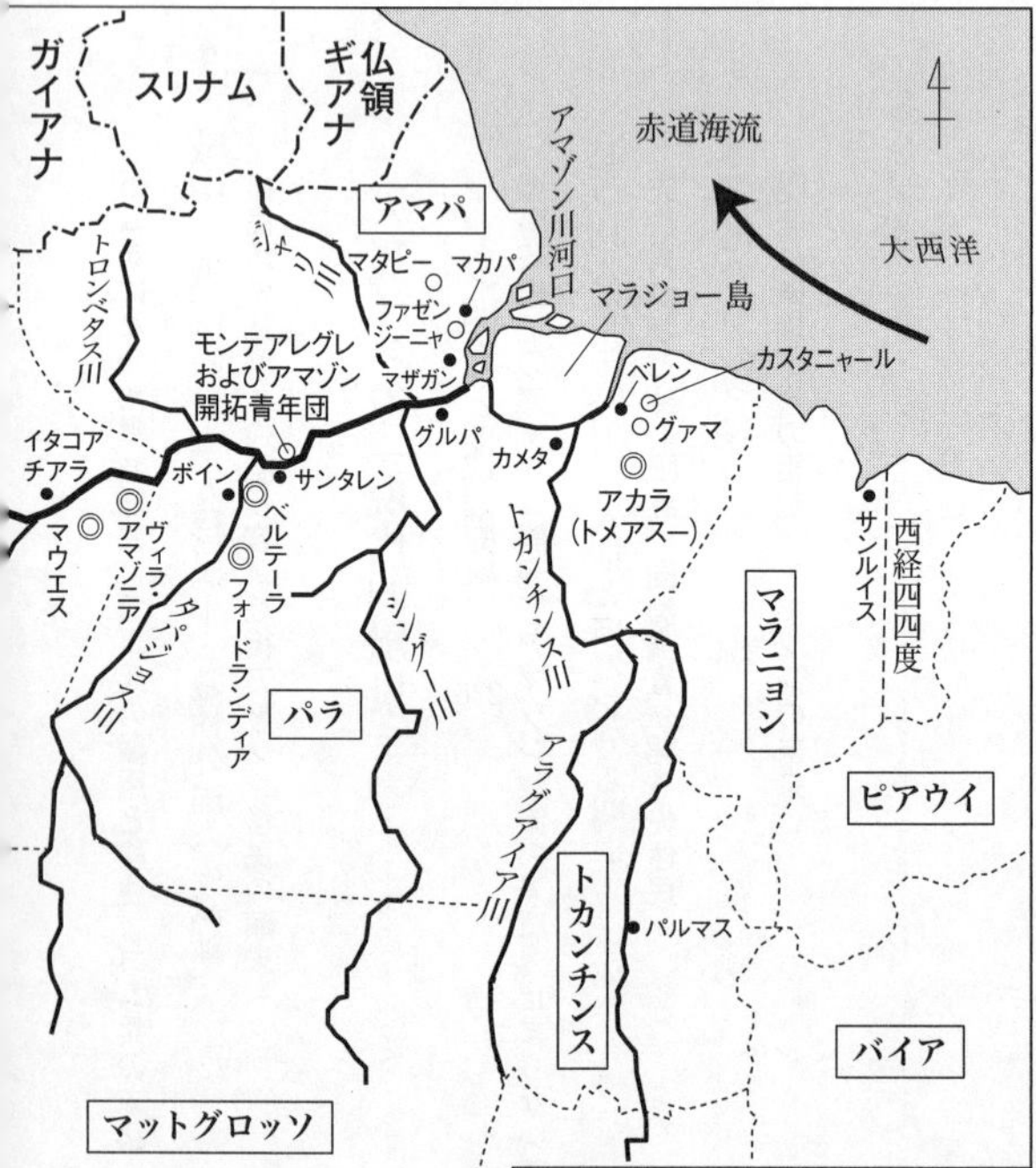
ガイアナ
スリナム
仏領ギアナ
赤道海流
大西洋
アマパ
アマゾン川河口
マラジョー島
マタピー
マカパ
ファゼンジーニャ
マザガン
モンテアレグレおよびアマゾン開拓青年団
ジャリ川
トロンベタス川
カスタニャール
ベレン
グヮマ
グルパ
カメタ
アカラ（トメアスー）
イタコアチアラ
ボイン
サンタレン
マウエス
ヴィラ・アマゾニア
ベルテーラ
フォードランディア
タパジョス川
シングー川
トカンチンス川
アラグアイア川
サンルイス
西経四四度
マラニョン
パラ
ピアウイ
トカンチンス
パルマス
バイア
マットグロッソ
クイアバ
ゴイアス
マットグロッソドスル
都市・町
日本人植民（移住）地
戦前の主要な日米植民地
マデイラ・マモレ鉄道
アマゾン川本流
支流
国境
州界
州名

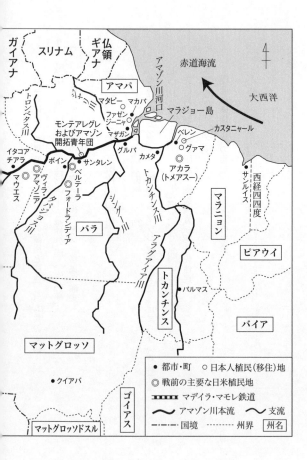

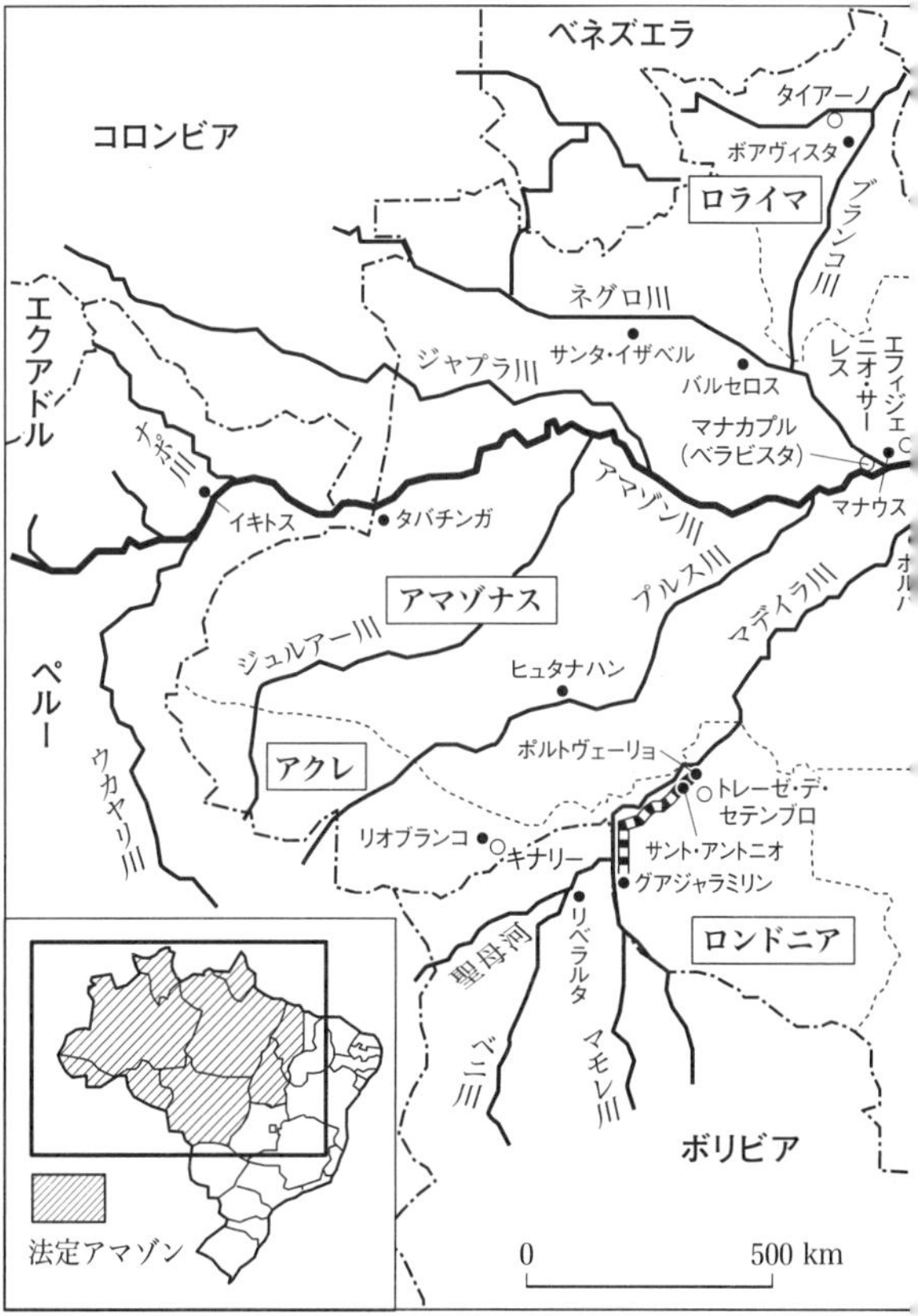

巻頭地図1　アマゾンの領域(法定アマゾンの範囲)

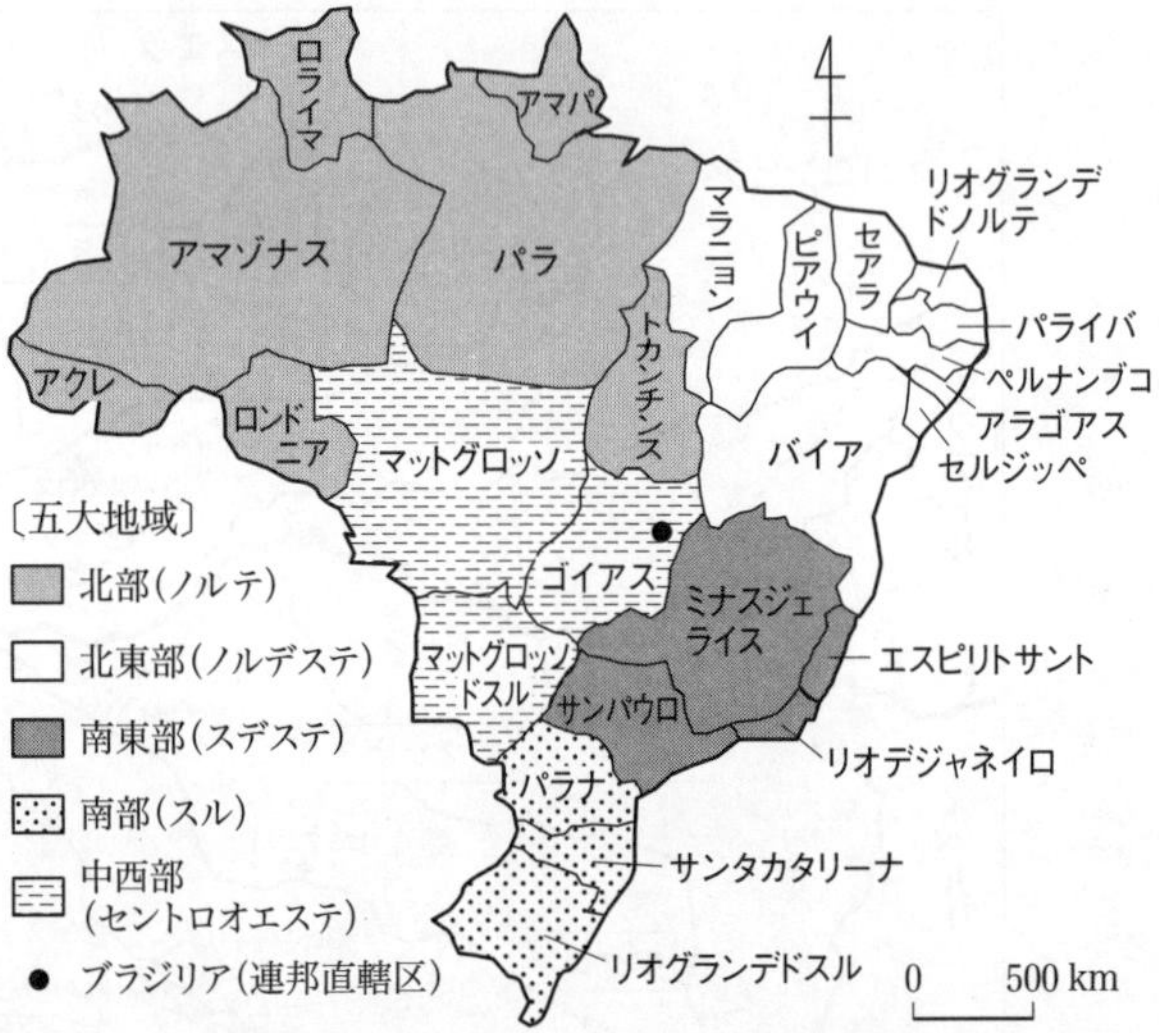
ロライマ
アマパ
アマゾナス
パラ
マラニョン
ピアウイ
セアラ
リオグランデドノルテ
パライバ
ペルナンブコ
アラゴアス
セルジッペ
アクレ
ロンドニア
トカンチンス
マットグロッソ
バイア
〔五大地域〕
北部(ノルテ)
北東部(ノルデステ)
南東部(スデステ)
南部(スル)
中西部(セントロオエステ)
ブラジリア(連邦直轄区)
ゴイアス
ミナスジェライス
エスピリトサント
マットグロッソドスル
サンパウロ
リオデジャネイロ
パラナ
サンタカタリーナ
リオグランデドスル
0 500 km
巻頭地図 2　ブラジルの行政区分

序章

アマゾンの「原初的風景」

先住民の生活風景 [Spix e Martius (1981), p. 231]

この挿画は，19 世紀初頭のアマゾン先住民の生活風景である．中央はカヌーの建造風景で，リクガメと遊ぶ子どもたちも見える．一見平穏な日常風景にも見えるが，川からは戦士たちが上がってくる．挿画のキャプションには，「マルティウスに奴隷として売るために，部族の首長が近くの敵を攻撃して，捕虜を連れて村に戻ったところ」とある．

一六世紀にヨーロッパ人に「発見」されて以降、アマゾンは大きく姿を変えた。序章では、その舞台となるアマゾンの「原初的風景」（自然環境と先住民の生活世界）を押さえておこう。

1　多様な自然環境

アマゾンの領域と形成史

アマゾン川には、かつてさまざまな呼称があった。ヨーロッパ人が到来する以前、この川はマラニョン川と呼ばれていた。一五〇〇年、ヨーロッパ人として初めてこの川を「発見」したビセンテ・ヤーニェス・ピンソンは、大量の淡水が海へと流れ出していることに驚愕し、この川を「甘い海の聖母マリア川」と名づけた。

その後、後述する「シナモンの国」探検隊の一員で、この川を上流から河口まで踏査したスペイン人士官フランシスコ・デ・オレリャーナにちなんで、オレリャーナ川とも呼ばれた。さらに、オレリャーナに随行したガスパール・デ・カルバハル神父が、遭遇したアマゾン（ギリシャ神話に登場する勇猛果敢な女性だけの部族。別名アマゾネス）との激闘ぶりを世に伝えると、衆目を集めたこの川は次第にアマゾン川と呼ばれるようになった。

一般にアマゾンとかアマゾニアと呼ばれる地域は、南アメリカ大陸の北部に広がる、アマゾン川流域の熱帯雨林に覆われた平野を指す。この広大な自然地域は、スリナム、ガイアナ、ベネズエラ、コロンビア、エクアドル、ペルー、ボリビア、ブラジル、フランス領ギアナの八か国と一地域にまたがって広がり、南アメリカ大陸の約四〇%を占める。世界一を誇るその流域面積は、七〇五万平方キロメートルにも達し（日本の国土の約一八・六倍）、ヨーロッパの多くの国々を内包するほど広大である（**図序-1**）。

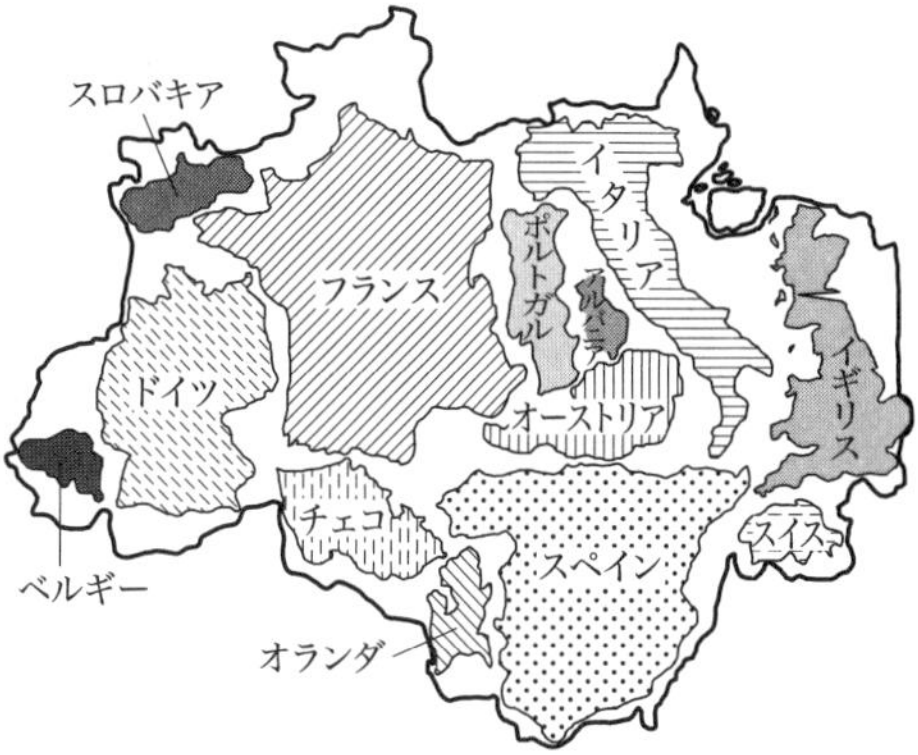

図序-1　広大なアマゾン
［Migueis (2011), p. 13（原典は *Revista Veja*）］

アマゾンの七八％（約五五〇万平方キロメートル）は熱帯雨林で、その約六〇％（三三五万平方キロメートル）をブラジルが占めている。その領域はブラジルの北部（Norte）に属し、アマパ、パラ、ロライマ、アマゾナス、アクレ、ロンドニア、トカンチンスの七州とほぼ重なる（**巻頭地図2**）。アマゾンは、面積的にはブラジル全体の四五％を占めるが、人口はその約九％、人口密度は一平方キロメートル当たりわずか五人にすぎない(二〇二一年)。

ブラジルにはもう一つ、アマゾン開発を担う国家機関の行政管轄地域である「法定アマゾン」と呼ばれる地域がある(**巻頭地図1**)。これは一九五三年の「アマゾン経済開発庁(SPVEA)」設立時に制定された地域で、六六年の「アマゾン開発庁(SUDAM)」設立など、国家機関の改編とともにその範囲も法令により見直されてきた。「法定アマゾン」は、前述したアマパ以下の北部六州に加え、南緯一三度以北のトカンチンス州、南緯一六度以北のマットグロッソ州、西経四四度以西のマラニョン州の一部を含み、その面積はブラジル全体の約六〇%にも達する。

アマゾンは一般的な平野と異なり、上流部が広く下流部が狭い漏斗《ろうと》状の独特な形状をしている。これは南アメリカ大陸の大規模な地殻変動に関わる、アマゾン川の特異な形成史に起因している。その実態はまだ究明途上だが、おおむね次のようである。

アンデス山脈が本格的に隆起を始めた新生代古第三紀(約六五〇〇万年前)より前の中生代白亜紀には、南アメリカ大陸はまだ低い平坦な土地で、その中央部には広大な浅い内陸湖が形成されていた。その後、アンデス山脈の急激な隆起により、その東側の麓に沿う地帯は南北に沈み込み、さらにその東側は隆起するという地盤の変形が生じた。ギアナ高地やブラジル高原の一部は、かつての内陸湖が隆起した結果、砂質の湖底堆積物に覆われた広大な台地となり、そこを源流として東に流れて大西洋に注ぐ、長さ二〇〇〇キロメートルほどの川が形成された。一方、新生代新第三紀には、アンデス山脈の東側の南北に沈み込んだ地域に「イキトス湖」と呼ばれる巨大な湖が形成された。そして、アマゾンの地下に東西にのびる断層で生じた陥没により、湖水がその低くなった場所から東へと流れ出し、前述したアマゾン台地を源流として大西洋に注ぐ川とつながって、長大なアマゾン水系が出来上がった。アマゾン川下流の川幅が狭い場所は、アマゾン台地から大西洋に注いでいた川、漏斗状に広がるアマゾン川中〜上流の広大な流域は、かつての「イキトス湖」の名残である。

アマゾン川は、世界中の河川の総流量の約二〇%を占めている。年平均の流量は、毎秒一七万五〇〇〇トンで、一年間の総量は約五兆五〇〇〇億トンにも達する。この莫大な水量は、赤道周辺の広大な熱帯地域に降る多量の雨(平均年降水量は約二三〇〇ミリ)からもたらされている。この降雨をもたらす水蒸気は、その約半分が大西洋上から、残りの約半分が熱帯雨林や川などの水面からの蒸発散により流域内から供給されている。

地球上の熱帯雨林面積の約三分の一が存在するアマゾンは、生物多様性の宝庫でもある。ここには、一ヘクタール当たり二〇〇種を超える樹木が生育する。動物も種類が多く、魚類は三〇〇〇種、鳥類は一三〇〇種、哺乳類は三〇〇種を超えるという。

さらに、大規模な地殻変動により造り出されたアマゾンは、「世界の宝庫」と称されるほど天然資源が豊富な大地である。金やダイヤモンドなどの貴金属や宝石に加え、鉄、マンガン、ボーキサイト、ニオブなどの鉱床も数多い。

アマゾン水系の特徴

アマゾン川の名前は、一般に本流を指して漠然と使われることが多い。しかし、全長六五二〇キロの長大なこの川は、地域的に細分された異なる名前をもっている。ブラジルでは、支流のネグロ川との合流点より下流をアマゾン川、それより上流をソリモンイス川と呼ぶ。またペルーでは、ウカヤリ川との合流点より下流をアマゾン川、それより上流をマラニョン川と呼んでいる。アマゾン川の本流には一〇〇〇を超える支流が流入しており、その最大の支流であるマデイラ川は、全長が三三八〇キロもあり、世界の大河に比肩する。

アンデス山脈東麓の源流域を除いて、アマゾン川流域は極めて平坦である。河口から約三七〇〇キロ上流に位置するペルーのイキトスでも、標高はわずか一〇六メートルにすぎない。川幅や水深は、場所、季節、年により大きく変動するが、アマゾン川で最も狭隘《きょうあい》なオビドス付近でも、川幅は約三〇キロ、水深は一三〇メートルにも達する。アマゾン川の水深は、通常五〇〜六〇メートルとされ、河口から約一五〇〇キロ上流のマナウスまでは、常時一万トンクラスの外航船(喫水約六メートル)が航行できる。また、喫水が四メートル程度の船なら、常時ペルーのイキトスまで遡航が可能である。

アマゾン川の本流は、河口付近を通る赤道よりわずかに南側(南緯四度付近まで)を、ほぼ赤道に沿って流れている。そのためアマゾン川の支流には、その流域が南半球にある川と北半球にある川があり、雨の降り方は両半球でほぼ反対になる。南半球の本格的な雨季は、早いところで一〇月頃(遅くとも一二月)に始まり、翌年の五~六月まで続く。一方、北半球では四月頃から本格的な雨季となり、南半球の雨季にあたる年末から翌年二月頃は乾季の盛りである。

アマゾン川の水位変化は、南北両半球から流入する河川流量の結果であり、両半球の雨季が重なる五~六月に最高水位に達したあと、最低水位となる一〇~一一月にかけて急速に水量が減少する。その後、南半球での雨季の到来とともに再び最高水位へと水量を増していく。その年間水位変動量は、場所や年による差が大きいものの、アマゾン川中流のマナウスでは、平年で一〇メートル以上にも達する。

アマゾン水系の河川は、水の色から「白い川」「黒い川」「澄んだ川」の三つに大別される。「白い川」は、大量の土砂が水に浮遊しているため、ミルクコーヒーのような褐色である。その代表がアマゾン川の本流で、支流ではマデイラ川、プルス川、ジュルアー川、ジャプラ川など、アンデス山脈を源流とする長大な河川がこれに属する。氾濫原(洪水時に氾濫する低平な土地で、ブラジルでは「ヴァルゼア」と呼ばれる)の農業に欠かせない肥沃な土壌を毎年大量に運搬するため、別名「肥えた川」とも呼ばれる。水質は中性から弱アルカリ性である。

「黒い川」は、コーラのような赤みを帯びた黒色で、川が運ぶ土砂が少ないため透明である。

黒い水は、分解されたリター（落葉と落枝）から生じるフルボ酸やタンニンなどの有機物の色で、水質はpH4前後の酸性である。白砂《しろすな》（熱帯ポドゾルと呼ばれる石英の砂）の台地が黒い水の主要な発生源となっており、その分布域の大小により黒色の濃さが多様に変化する。長大な支流のネグロ川は「黒い川」の代表だが、その多くが中小河川である。栄養塩類（生物の生育に必要な水に溶けた塩類）が乏しいこの川は、別名「飢餓の川」とも呼ばれる。

「澄んだ川」も、川が運ぶ土砂や有機物が少ないため、栄養分に乏しく透明度が高い。水に吸収されにくい青や緑の光が、水面で反射して緑がかって見えることから、別名「緑の川」とも呼ばれる。台地上の熱帯雨林がこの川の水源で、激しい雨も透水性が高い森林土壌にしみ込んでしまう。つまり、雨水が地表水となって土壌を侵食せず、川に土砂を運びにくいため、川の水は澄んでいる。アマゾン川の代表的な支流であるタパジョス川、シングー川、トカンチンス川、トロンベタス川などは、「澄んだ川」の代表である。

このような川の水の色や水質の違いは、流域に独特な自然景観を生み出している。水の色が異なる川の合流点では、水温や水質が異なるため、水はすぐに混じり合うことなく、墨流しのように縞模様を描きながら下流へと広がっていく。マナウスの下流で、「黒い川」のネグロ川と「白い川」のアマゾン川が合流する地点では、より水温が高く軽いネグロ川の黒い水が、アマゾン川の褐色の水の上に長さ数十キロにもわたり独特な縞模様を描きながら広がり、やがて褐色の水に

図序-2　アマゾン川とネグロ川の合流風景(2013年9月)

飲み込まれていく光景に出会う(図序-2)。同様の景色は、「澄んだ川」のタパジョス川が「白い川」のアマゾン川と合流する地点でも見られる。

水が運ぶ土砂が少ない「黒い川」や「澄んだ川」では、河岸に土砂が堆積しにくいぶん、川幅は広くなる。一方、水が運ぶ土砂が多い「白い川」では、河岸に土砂が堆積して川幅は狭くなる。例えば、マナウス付近のアマゾン川の川幅は約五キロだが、それに合流する支流のネグロ川は川幅が約一〇キロもあり、どちらがアマゾン川の本流か見間違うほどである。

かつて氷河時代が終わり海水面が上昇した際、アマゾン台地に刻まれた深く広い谷の奥にまで海水が浸入して、おぼれ谷(入り江)が形成された。氾濫原の多くは、このおぼれ谷が川が運ぶ土砂で埋められてできた土地で、特に「白い川」の沿岸で発達して

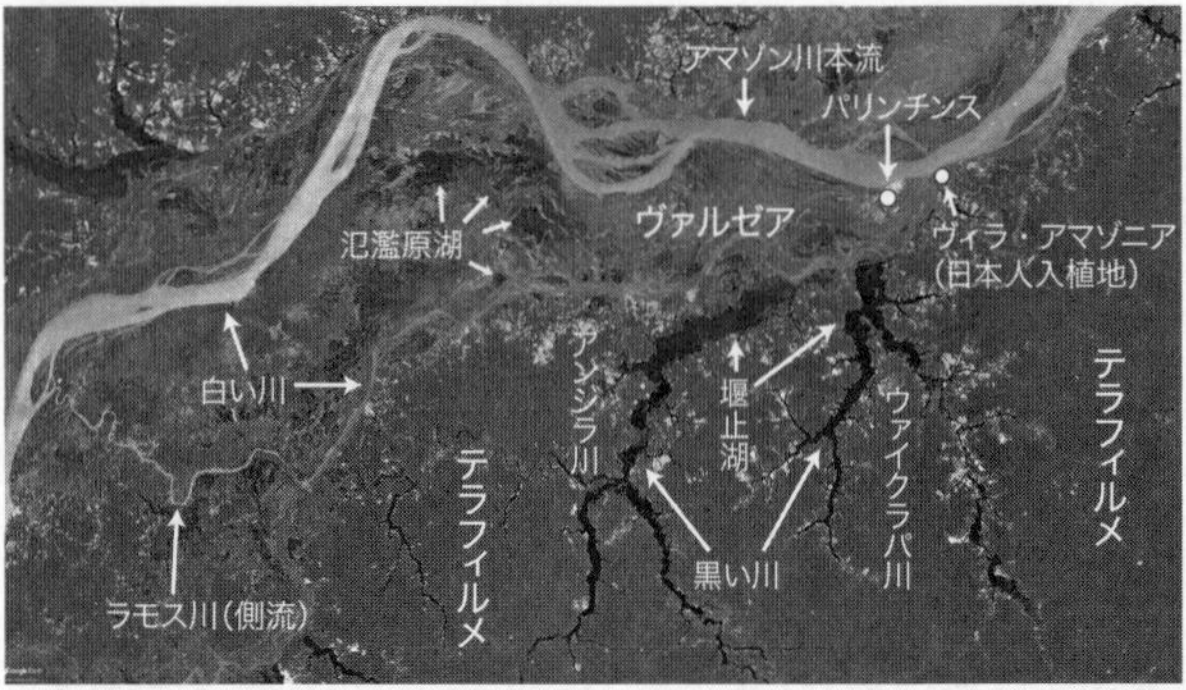

図序-3　異質な川の合流が生み出す自然景観(2022年6月)

いる。一方、川が運ぶ土砂が少ない「黒い川」や「澄んだ川」の下流部(「白い川」との合流点)には、川幅が湖のように広くなった場所が各地に見られる。これらは、「白い川」が運ぶ土砂でおぼれ谷の出口が堰き止められてできた、いわゆる堰止湖《せきとめこ》である(図序-3)。

氾濫原と台地のコントラスト

広大なアマゾンの地形は、氾濫原の「ヴァルゼア」と台地の「テラフィルメ」からなり、それぞれ独特な生態地域や生活空間を形成している。洪水時に氾濫する低地の「ヴァルゼア」は、アマゾン川やその支流の流路に沿って細長く帯状に分布する。面積的にはアマゾン平野のわずか数パーセントにすぎないが、川が提供する魚などの豊富な食料、氾濫がもたらす肥沃な土壌、船による水上交通の利便性などから、古くより多くの人口を養う重要な生活空間だった。

「ヴァルゼア」は、起伏の小さな低地で、その内部にはさまざまな水域が見られる（**図序-4**）。川の本流や側流（本流から分枝して再び本流に合流する水路で「パラナ」と呼ばれる）の両側には、洪水で運ばれた土砂が堆積して形成された自然堤防と呼ばれる高まりがある。ここは大洪水のとき以外は浸水しない「高ヴァルゼア」で、住民の高床式住居や自給用の野菜畑が作られている。

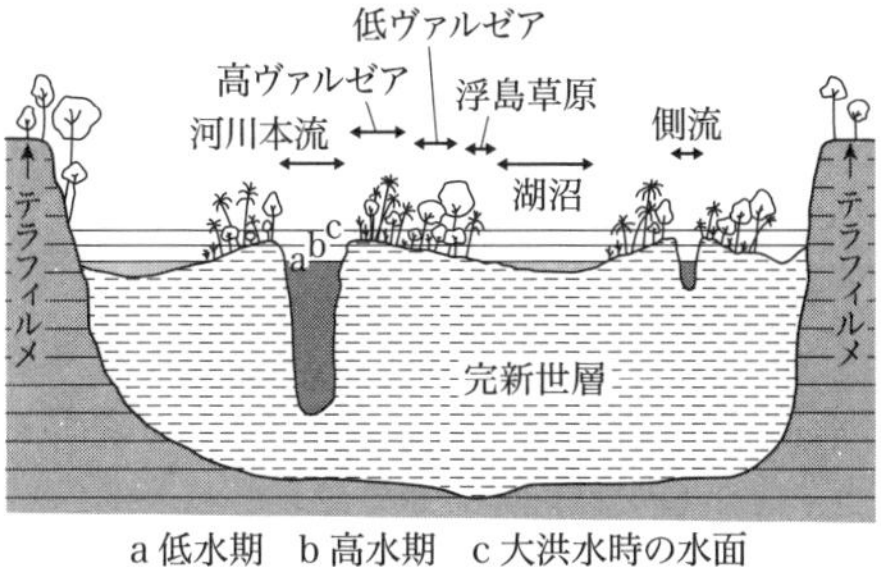

図序-4　ヴァルゼアの細かな地形
［松本（2012），p. 153 に加筆］

自然堤防の高まりの背後には、洪水であふれ出した水が溜まる低い後背湿地が広がる。ここは毎年定期的に浸水する「低ヴァルゼア」で、浸水期間は長いところで約七か月にもおよぶ。「低ヴァルゼア」には、恒常的湖沼、一時的湖沼、三日月湖（河跡湖）といったさまざまな湖沼があり、住民に豊かな漁場と水上交通路を提供している。

「ヴァルゼア」の植生は、水はけの悪い土地でも生育できる林冠《りんかん》が不揃いな森林で、「ヴァルゼア林」と呼ばれる。ヤシ類が多いが樹種は豊富で、スマウーマ（カポック）は「ヴァルゼア林」を代表する巨木である。しかし、「低ヴァルゼア」よりも低く、一年の三分の二以上が水に浸かっている土地では森林が形成されず、浸水期には浮き草で覆われる「浮島草原」が広がる。

一方、「しっかりした土地」という意味の「テラフィルメ」は、洪水時も浸水しない台地である。その面積はアマゾン平野の大部分を占め、「ヴァルゼア」とは比較にならないほど広大である。「テラフィルメ」の高さは場所により変化し、川との高低差が数メートルから高いところは約二〇〇メートルにも達する。

土壌は、鉄やアルミナ(酸化アルミニウム)を主成分とする黄色ラトソルで、植物の生育に必要な無機養分が少なく痩せている。「テラフィルメ」で例外的に肥沃な土壌が「テラ・プレータ(黒土)」で、一般に「ヴァルゼア」に面する台地上に点在している。土壌中から土器の破片や人骨を収めた埋葬壺などが数多く出土するため、かつての住人である先住民の生活が、この土壌形成に深く関わっているものと考えられる。別名「インディオ黒色土」と呼ばれるのは、そのためである。この土壌は有機物の含有量が多く、保水性や保肥性にも優れている。

特に注目すべきは、土壌中に木炭が豊富に含まれていることで、これは樹木などの有機物を完全燃焼させて木灰にしたのではなく、火をくすぶらせて樹木を不完全燃焼させることで、土壌に木炭を供給したものと考えられる。木炭のかたちで土壌に炭素を貯留し(温室効果ガスの排出を抑制)、そこに有機物を吸着させて、土壌の肥沃度や保肥性を高める「焦がし畑農業(slash and char farming)」は、現在の焼畑農業(slash and burn farming)とは似て非なるもので、鉄の道具をもたなかったアマゾンの先住民が獲得した持続可能な農法だったのかもしれない。

「テラフィルメ」の植生は、水はけの良い広大な台地に生育する熱帯雨林である。一般に「テラフィルメ林」と呼ばれ、面積的にもアマゾンの典型的な植生とみなされている。その林相は「ヴァルゼア林」と異なり、高さ三〇メートル前後の樹冠の揃った高木層と、その下の亜高木層や低木層から構成される美しい階層構造を示す。高木層の中には、高さが五〇メートルを超えるような巨木も見られる。

熱帯雨林を構成する常緑広葉樹は樹種が豊富で、まさに生物多様性の宝庫である。日射が遮断された薄暗い森林の林床は、下草が貧弱で比較的歩きやすく、ジャングルとはほど遠い。林床のリターは微生物により急速に分解され、その養分が地表から浅い場所に張りめぐらされた樹木の根などに吸収されることで、痩せた土壌にもかかわらず豊かな森林が維持されている。台地上の広大な熱帯雨林のほかに、「テラフィルメ」から流出する「黒い川」や「澄んだ川」の岸辺には、ほとんど一年中水に浸かったままの森林も見られる。これは「イガポー林」と呼ばれ、氾濫原の「ヴァルゼア林」よりも樹高が低く落葉樹が多い。

洪水でも浸水しない「テラフィルメ」は、人々に安全な居住地と、一年中栽培可能な農地（焼畑）を提供する。また、広大な「テラフィルメ林」は、木材、ロープ（蔓植物）、樹脂（天然ゴムなど）、食料（果実や野生動物）、薬用植物など、生活に必要な天然資源の宝庫でもある。しかし、ひとたび樹木が乱伐されてギャップ(林冠が途切れた場所)ができると、激しい雨による土壌侵食でわずかな腐植土も流出して、森林の自然再生は困難になってしまう。

アマゾンの先住民たちは、「ヴァルゼア」と「テラフィルメ」の自然環境を熟知し、その異質な生態空間の環境資源を複合的に利用することで、部族社会の自給性を維持しつつ、彼らの生活世界を守ってきたのである。

2 先住民の生活世界

先住民の起源と人口

アメリカ大陸の先住民(アメリンド)は、最終氷期(約七万～一万年前)の終盤、ユーラシア大陸から徒歩でベーリング陸橋(氷期の海面低下でベーリング海峡に出現した陸地)を渡り、アメリカ大陸へと進出した現生人類(ホモ・サピエンス)の子孫である。母系遺伝を示すミトコンドリアDNAの解析は、彼らのルーツがユーラシア大陸のモンゴロイド集団にあることを裏づけている。アメリンドのミトコンドリアDNAの系統(ハプログループ)は主に四つあるが、アメリカ大陸における各系統の分布には地域差があり、先住民集団の大まかな出自の違いを表現している。

例えば、北アメリカの先住民では、北アジア起源のハプログループの発現頻度が高いのに対して、中央アンデスでは東南アジア起源、南アンデスやフエゴ島では、内陸部と沿岸部の東アジア起源のハプログループの発現頻度が高い。一方、アマゾンの先住民は、アマゾン川の北と南で差があるものの、総じてハプログループが多様で混在している。これは、中央アメリカを南下してきた異なる系統のモンゴロイド集団が、南アメリカ大陸に足を踏み入れたのち、そのまま太平洋岸を南下する集団と、カリブ海に沿って東へ移動する集団に分かれ、その後河川を通じてさまざまな方向から多様な系統の先住民がアマゾンに集結したことを示唆している。

はるばるユーラシア大陸からアマゾンまでたどり着いたアメリンドの子孫たちは、そこでどのように暮らしてきたのだろうか。また、コロンブスが新大陸を「発見」した一五世紀末頃のアマゾンには、いったいどれくらいの先住民がいたのだろうか。史料がない当時の先住民人口について、研究者はさまざまな試算を公表しているが、その値には大きな隔たりがある。

アメリカの人類学者ベティ・メガーズは、一九八八年、ブラジル・アマゾンでの考古学的研究成果をもとに、先史時代のアマゾンの人口支持力(ただし「ヴァルゼア」も「テラフィルメ」もほぼ同じと考えた)を、一平方キロメートル当たり〇・三人、先コロンブス期の先住民人口を一五〇〇万〜二〇〇〇万人(アマゾン全域だと二九〇〇万人)と見積もった。彼女は、先住民の焼畑が熱帯の生態学的制約に適応した賢明な農法だと認めつつも、アマゾンの脆弱な環境と貧弱な土壌のもとでは、多くの人口を養うことも、社会や文化を発展させることも困難だったと指摘した。

図序-5　先住民が描いた壁画(2013年8月，モンテアレグレ)

ところが一九九一年、アメリカの考古学者アンナ・ローズヴェルトは、アマゾン川河口にあるマラジョー島での発掘調査に基づき、マラジョアラ族は新世界で傑出した文化的業績を残した先住民集団で、一〇〇〇年以上も続く彼らの土地には優に一〇万人を超える人口があったと主張して、メガーズの見解に異を唱えた。その後、彼女はパラ州モンテアレグレのペドラ・ピンターダ洞窟でも壁画・発掘調査を行い、アマゾンではメガーズの推計値よりもっと多くの先住民が、農業や狩猟採集を営み、土器などを制作して豊かに暮らしていた可能性を指摘した(図序-5)。

アメリカの地理学者ウィリアム・デネヴァンは、メガーズの試算よりはるかに多くの先住民人口の存在を主張した。彼はアマゾンの人口支持力を、「ヴァルゼア」が一四・六人、「テラフィルメ」が〇・二人と試算し、それをもとに一四九二年当時のアマゾン全域の先住民人口を五六六万四〇〇〇人と推計している(一九九二年)。

またイギリスの歴史学者ジョン・ヘミングは、「一五〇〇年にヨーロッパ人が到達したとき、アマゾン流域には四〇〇〇万から五〇〇〇万の人びとが暮らしており、その中の三〇〇〇万人がブラジルで四〇〇の部族に分かれて住んでいた」と指摘している。

このように、先住民がアマゾンの多様な生態空間を複合的に利用してきたことや、彼らが先コロンブス期に独自の社会・文化的発展を遂げていたことを容認する研究者たちは、メガーズが主張したよりも多くの先住民が、アマゾンで豊かに暮らしていたと考えるようになっている。

先コロンブス期の先住民社会

先コロンブス期のアマゾンの先住民社会については、限られた知識や情報しか残されていない。それは、彼らが文字をもたなかったことに加え、彼らの社会や文化がヨーロッパ人の侵入により瞬く間に絶滅へと追いやられてしまったからである。そのため、この時期のアマゾンの「原初的風景」は、一六世紀にアマゾンを最初に「発見」したスペイン人が書き残した記録や、現代の考古学的研究の知見などから推測せざるを得ない。

先コロンブス期のアマゾンでは、カシカド(cacicado)と呼ばれる先住民の部族集団が数多く存在し、カシケ(cacique)と呼ばれる強い権力をもった首長に統率・支配されていた。言語、生業、習俗、文化などを異にする多様な部族社会がモザイク状に分布する様態は「カシカド複合(cacicados complexos)」と呼ばれ、この時代のアマゾン先住民社会を特徴づけていた。

彼らがヨーロッパ人と接触した当時の民族分布をみると、トゥカノ語、アラワク語、カリブ語、トゥピ゠グァラニー語、パノ語といった異なる言語集団の民族が、川沿いやその背後の台地にモ

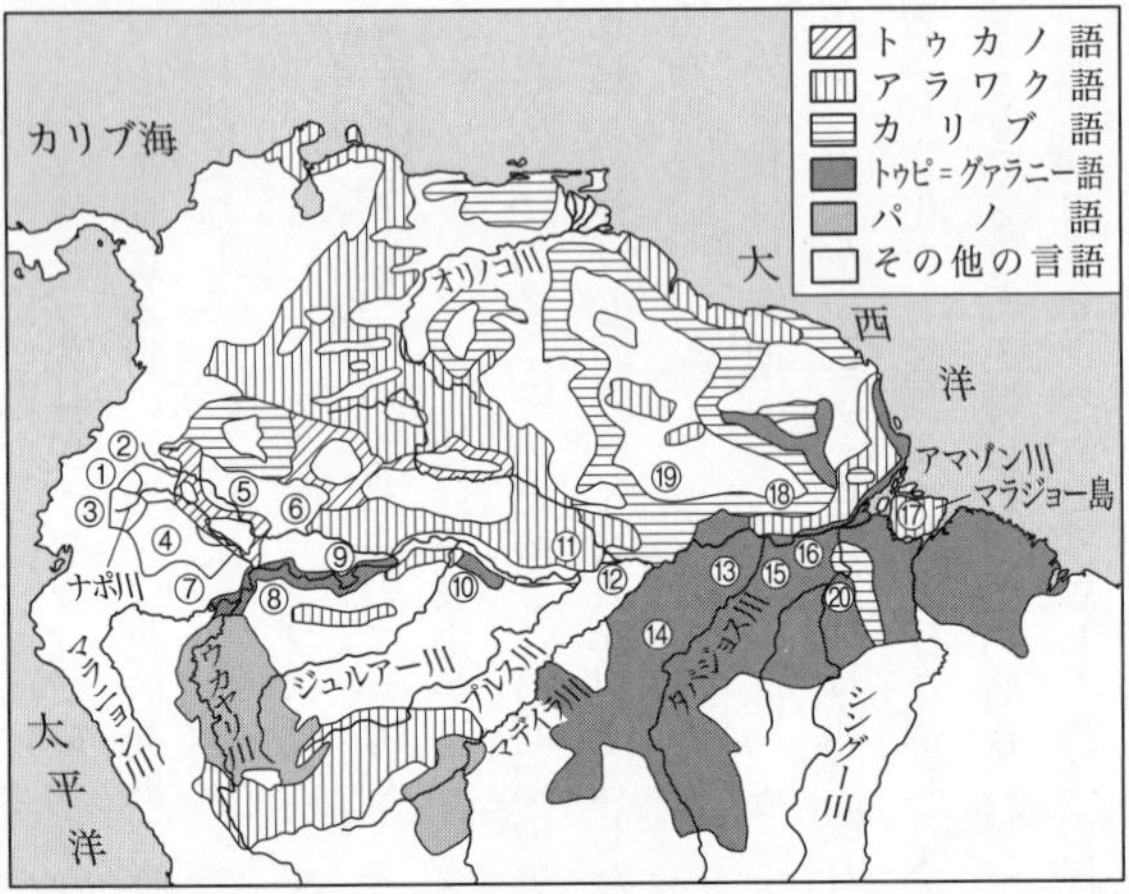

①キホ
②コファン
③カネロ
④サバロ
⑤エンカベリャード
⑥コト(オレホン)
⑦コカマ
⑧オマグア
⑨ティクーナ
⑩ユリマグア
⑪マナオ
⑫ムラ
⑬マウエ
⑭ムンドゥルクー
⑮タパジョス
⑯アラワク
⑰アルアン
⑱アパライ
⑲ワイワイ
⑳ユルーナ

図序-6　16・17世紀のアマゾンの民族と言語の分布
[カルバハル著，大貫訳(1980)，p. 643(原典はSteward ed. (1950))]

ザイク状に分布している(**図序-6**)。アマゾン川の中・下流域やタパジョス川、シングー川の流域にはトゥピ=グァラニー語族、アマゾン川の中・上流域やネグロ川の流域にはアラワク語族の先住民が広く居住していた。また、アンデス山脈東麓のウカヤリ川やマデイラ川の上流域にはパノ語族、アマゾン川左岸の中・下流域からギアナ地方にかけてはカリブ語族の先住民が居住していた。

前述したカルバハル神父や、次章で述べるアクーニャ神父が後年に上梓した旅行記からは、言語を超えた各部族のさまざまな特徴を読み取ることができる。具体的には、領地の広がりやその立地環境、人口の規模や密度、成員間の階層構造（首長やシャーマンの地位）、集落や家屋の形態と居住様式、生業や主食、食料やカヌーなどの所有状況、服装（素材、形、模様など）や装身具、彩色土器の特徴、他の部族やヨーロッパ人に対する姿勢（好戦的か、戦争捕虜を奴隷にするかなど）である。

例えば、カルババハル神父がアマゾン川の中・上流域で遭遇したオマグア族（トゥピ＝グァラニー語族）に関する記述からは、彼らの領地が広大で、人口の多い村が川岸に数多く並んでいたことが分かる。オマグア族の肥沃な土地と住民の家屋は、長さ一〇〇レグア（一レグアは約五・五七キロ）にもわたって川岸に連なり、上陸した最初の村と次の村との間隔は約二レグアだった。村には多数の戦士がいて、陸上から激しい攻撃を仕掛けてきた。また、おびただしい数のカヌーが水上からも押し寄せ、スペイン人のベルガンティン（小さな帆船）を奪おうとした。

スペイン人は大弓や小銃で応戦し、辛うじて先住民に勝利した。そして、上陸後に占拠した村で、トウモロコシとキャッサバの粉で作った大量のビスケットや豊富な果物などを奪っている。また、川岸の村から内陸へと通じる立派な道路がたくさん建設されていることも報告されている。これは「ヴァルゼア」にある集落から、食料、生活資材、薬草などの天然資源が豊富な「テラフィルメ」へと通じる重要な生活道路だったと考えられる。

先住民の家の中には、かめ、壺、鉢、皿、燭台、偶像などの土器がたくさんあった。それらは、表面に釉薬《ゆうやく》をかけたように彩色豊かで（実際は釉薬でなく化粧土）、模様や絵も実に精細だった。カルバハル神父は、オマグア族の複雑で精巧な彩色土器は、これまで見たものの中で最高の出来栄えで、スペインのマラガで作られている陶器ですらかなわないと絶賛している。

これらの記述は、オマグア族が村を防衛したり新たな領土を征服したりするために、規律の取れた好戦的な戦闘集団を組織していたことや、彼らが農業や狩猟採集により豊かな食料を得ていたこと、優れた工芸品を制作する技術や文化を備えていたことなどを物語っている。

先住民の伝統的生活様式

先コロンブス期の先住民の生活様式は、アマゾンの代表的な生態地域に対応するかたちで、「ヴァルゼア型」と「テラフィルメ型」の二つに分類できる。

「ヴァルゼア型」の部族は、河畔の氾濫原に村を構え、毎年の洪水がもたらす肥沃な土壌と豊かな水を利用して、キャッサバ、トウモロコシ、サツマイモ、アボカドなどを栽培する農業を生業とした。また、川や湖沼で魚、カメ、マナティなどを捕獲し、森林ではブラジルナッツやさまざまなヤシ類、果実などを採集する複合的な営みを行っていたが、農業に比べると狩猟採集の比重は小さかった。肥沃な土地と生産性の高い農業を背景に、人口や人口密度は大きく、首長やシャーマンに統率される階層社会が発達していた。

代表的な「ヴァルゼア型」の部族には、アパリア族、オマグア族、マチャパロ族、ユリマグア族、パグアナ族、タパジョス族、トゥピナンバ族などがあった。このうち、前述のオマグア族や、タパジョス族、トゥピナンバ族は、いずれもトゥピ＝グァラニー語族に属する好戦的な部族で、新たな領土や住民の征服を目指して熾烈な戦闘を繰り広げた。そして、戦闘で捕虜にした敵の戦士を奴隷にしたり、儀式のために首をはねて首級《しゅきゅう》をさらしたり、あるいは人肉を食したりする、首狩りやカニバリズム(食人)の習俗をもつ部族もあった。

アマゾン川の中・下流域は、こうした「ヴァルゼア型」の部族が多い地域だったが、一六世紀以降、そこはヨーロッパ人の主要な侵入ルートになったため、これら先住民部族の伝統的な生活様式や文化は急速に消滅していった。

一方、アマゾン川の上流域やその支流域は、「テラフィルメ型」の部族が多い地域で、村は川岸から少し離れた台地に建設された。そこは肥沃な「ヴァルゼア」と異なり、鬱蒼《うっそう》と茂る広大な熱帯雨林の中に広がる痩せた土地だった。そのため、彼らは森林を焼き、木炭や灰を肥料に数年間キャッサバやバナナなどを栽培し、その後はまた別の場所に移動する焼畑を行った。

土地生産性が低いため、ここでは農業よりも狩猟採集の比重が大きかった。彼らはブラジルナッツ、カカオ、ヤシなどの果実、シナモンなどの香辛料、薬草、パラゴムノキなどの樹脂、建築用材、蔓植物など、熱帯雨林に自生する豊かな天然資源を採集した。また、さまざまな野生動物の捕獲も、食料を得るための重要な生業だった。

農業に生活基盤を置く定住性の高い「ヴァルゼア型」の部族と異なり、狩猟採集への依存度が高い「テラフィルメ型」の部族は、一般に人口が少なく移動性が高い特徴があった。シングー川流域のカマユラ族やカヤポ族、ガイアナとブラジル国境地域のワイワイ族などは、アマゾンの代表的な「テラフィルメ型」の部族だった。

こうした、さまざまな先住民部族がモザイク状に分布するアマゾンの「原初的風景」は、一六世紀を迎えて突然始まったヨーロッパ人の侵入と、彼らの残虐な植民政策、そして旧世界から持ち込まれた感染症などにより、急速に変貌を遂げながら次第にその姿を消していった。

第一章 ヨーロッパ人に「発見」されたアマゾン

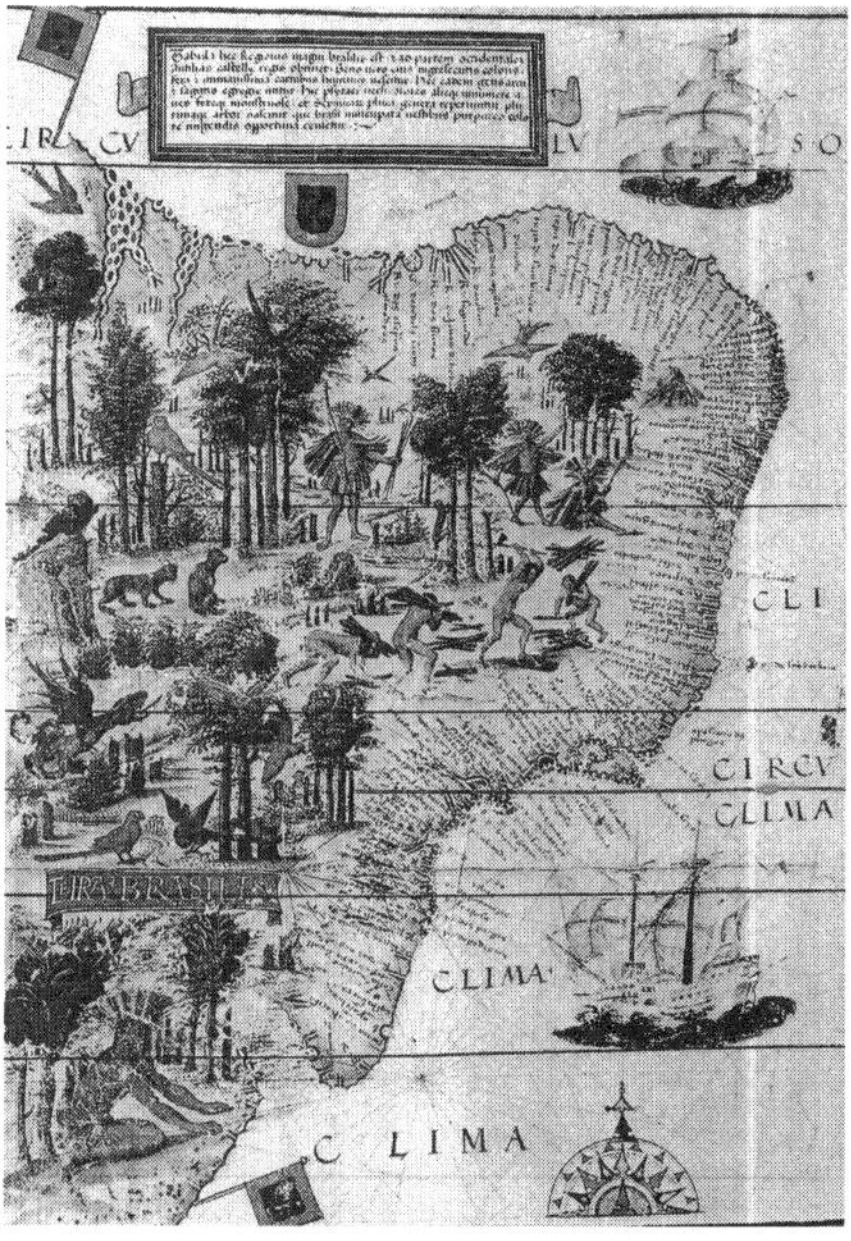

ブラジルの地図［1519年頃，『ミラー・アトラス』，レリー著，二宮訳(1987)の口絵］

ブラジルボク(pau-brasil)からは，染料の紅色色素(ブラジリン)が抽出できるため，ヨーロッパ人は先住民を使ってこの木を盛んに伐採し，船で国へと持ち帰った．カルヴァン派牧師のジャン・ド・レリーは，略奪行為に耽る彼らを「飽くことなき強欲の輩は，すべてこの未開人の国に閉じこめられるがよい」と記した．ブラジルの国名は，この樹木名に由来する．

1 西欧列強の進出と覇権争い――一六〜一七世紀

アマゾンの「発見」

大航海時代の幕を切って落としたスペインとポルトガルは、新たな植民地をめぐる衝突を回避するため、一四九四年に海外領土における両国の排他的権利を保障する「トルデシリャス条約」を締結した（図1-1）。これにより、同条約が定める「境界線（子午線）」の西側に広がるアマゾンは、スペインの支配領域となった。しかし、実際にスペイン人がアマゾンを「発見」するのは、同条約締結から約半世紀もあとの一五四二年で、序章でも触れたフランシスコ・デ・オレリャーナによるアマゾン川の踏破を待たねばならなかった。

一六世紀前半のスペインは、アステカ王国やインカ帝国、そしてラプラタ地域での征服活動に手一杯であり、密林に覆われたアマゾンにまで触手を伸ばす余裕などなかった。しかし、一五三三年にフランシスコ・ピサロがインカ帝国を征服し、四三年にペルー副王領（スペインが海外領土を統治するために創設した副王が治める領土）が設置されてアンデスの統治基盤が固まると、ついに新たな野望を抱くスペイン人たちがアマゾンへと足を踏み入れた。

アマゾン川を最初に踏破したのは、オレリャーナである。彼は一五四一年二月、ゴンサーロ・

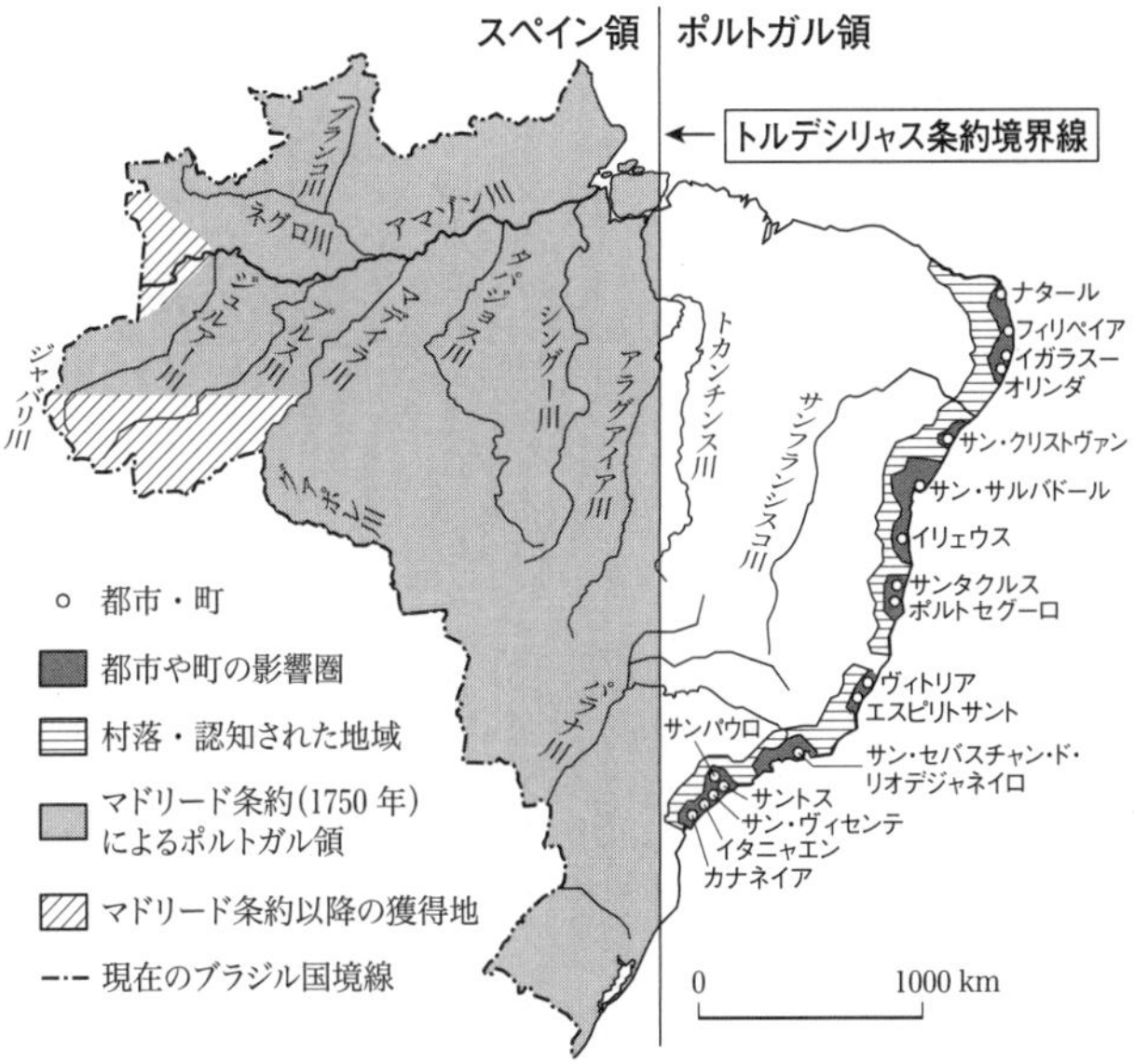

図1-1　16世紀のブラジル植民地域と「トルデシリャス条約」「マドリード条約」のポルトガル領

［IBGE (2000), p. 20をもとに筆者加筆作成］

ピサロ(インカ帝国を征服したフランシスコ・ピサロの異母弟)が企てた「シナモンの国」探検隊に加わった。騎兵二二〇人、荷担ぎの先住民四〇〇〇人からなる遠征隊は、食料の豚と荷運びのリャマ各二〇〇〇頭を引き連れて、キト(現エクアドルの首都)からアマゾンへと向かった。アンデス越えでは多数の凍死者を出し、さらに深刻な食料不足が一行を苦しめた。そこでピサロは、同年一二月、オレリャーナを隊長に五七人の部下とドミニコ会士のカルバハル神父を、一二日間の期限つきで食料の探索に送り出した。

一行はまずコカ川を流れ下り、その後ナポ川に合流したのち、先住民のアパリア族から食料の調達に成功した。しかし、部下たちは上流で待つピサロのもとに戻ることを拒絶した。そこでオレリャーナは、このまま川を下り海まで出て、海路でキトへ戻ったのち、残してきたピサロたちの救出に向かう決断をした。こうして、コカ川を発ってから約八か月後の一五四二年八月、一行はついにアマゾン川を踏破して大西洋に出た。

一方、置き去りにされたピサロたちは、命からがらキトへ帰還した。そして、オレリャーナの裏切りをスペイン国王に告訴した。海路でキトへ戻る途上のオレリャーナたちは、カリブ海のクバグア島(現ベネズエラ)で、自分たちが裏切り者として国王に訴えられていることを知り、急遽汚名をそそぐためにスペインへと帰還した。一五四三年、オレリャーナはセビリアのインディアス枢機会議に出頭し、自らの行動を釈明するとともに、アマゾンの詳細な探検報告を行って無罪放免となった。また、同行したカルバハル神父が著書に記した未知なるアマゾンの先住民、とりわけ彼らが遭遇した女戦士アマゾネスとの生々しい激闘ぶりは、ヨーロッパの人々を熱狂させた(図1-2)。

西欧列強がアマゾンへの関心を高めるなか、スペインはいち早くオレリャーナと契約を結び、アマゾンの植民と実効支配に向けて動き出した。一五四五年、スペインはオレリャーナを隊長に、修道士や兵士など総勢四五〇人からなる遠征隊を再びアマゾンへと派遣した。しかし、航海中に多数の病死者を出し、アマゾン到着後も感染症や飢餓、先住民の攻撃などで死傷者が続出して、遠征隊はすぐに壊滅した。四六年にはオレリャーナも病死して、スペイン人による最初のアマゾン植民計画は水泡に帰した。

図 1-2　スペイン人が遭遇したアマゾネス
アマゾネスに殺戮される戦争捕虜.
［テヴェ著，山本訳(1982)，p. 420］

スペイン人のアマゾン探検は、その後も続いた。一六世紀にはパリマ湖のほとりのマノアと呼ばれる黄金の都市を探し求めて、探検家たちがアマゾンをさまよった。一五六〇年には、ペドロ・デ・ウルスアを隊長とするエル・ドラド探検隊が、ペルーからアマゾンへ派遣されたが、失敗に終わった。

西欧列強の覇権争い

スペインのアマゾン進出がいっこうに進まないなか、「トルデシリャス条約」のもう一つの当事国であるポルトガルは、一五七八年、国王ドン・セバスティアンがイスラム教徒の討伐と北アフリカの征服を夢見てモロッコへ侵攻した。しかし、「アルカセル・キビールの戦い」で大敗を喫し、国王は絶命して国家も大きく疲弊した。未婚の王には世継ぎがなく、後継者をめぐる政争が勃発したが、スペインのカルロス一世とセバスティアンの叔母の子であるフェリペ二世が、八〇年にポルトガル王位も継承してフェリペ一世となった。こうして、ポルトガルはイベリア連合と呼ばれる同君連合(同一の国王を戴くが、政府や議会などの国家機構は別々に存在し、それぞれが国家として独立している国家形態)のもとで、一六四〇年までスペインに併合されることになった。

疲弊したポルトガルにとって、スペインによる併合は大きな好機でもあった。同君連合となったことで、ポルトガル、スペイン両国の国境税関は廃止され、ポルトガルの商人たちは合法的にスペイン領に進出して大きな利益を得ることが可能になった。両国の国境線をまたぐ人やモノの移動が活発化したことを逆手にとり、ポルトガルは「トルデシリャス条約」の境界線を越えて西側のアマゾンへ打って出る好機を得た。しかし、スペイン同様、一六世紀にはポルトガルもまだブラジルの植民と防衛にかかりきりで、アマゾン進出をうかがえる状況にはなかった。

スペイン、ポルトガル両国のアマゾン進出が進まないなか、「トルデシリャス条約」により一方的に領土獲得の優先権から締め出されたフランス、オランダ、イギリスなどの西欧列強は、同条約を等閑視し、香辛料や染料、薬用植物などの天然資源や、新たな領土を求めてブラジルやアマゾンへ進出し、先住民との交易を活発化させていた。

中でもフランスは、一六世紀初頭には染料のブラジルボクを求めてブラジル北東部（ノルデステ）に進出し、先住民のトゥピナンバ族と交易を行って利益を上げていた。一五五五年には、カトリックからの迫害を逃れるユグノー（カルヴァン派の新教徒）や兵士など約六〇〇人が、セリジペ島（現リオデジャネイロ沖合）に上陸してアンリヴィル植民地を建設するなど、「南極フランス（França Antártica）」植民地の創設を目指してブラジルに侵攻した。これに対しポルトガルは、六〇年と六七年の二度にわたり大規模な攻撃を行ってフランスを撃退した。

「南極フランス」植民地の創設に失敗したフランスが、一七世紀に再起をかけて挑んだのが、アマゾン進出と「赤道フランス（França Equinocial）」の建設だった。一六〇四年、国王アンリ四世の命を受けたダニエル・デ・ラ・トゥッシュ（別名ラヴァルディエール）は、オヤポク湾（現仏領ギアナ）に港を建設した。フランスはそこから南下して、アマゾン川左岸とその北部の大西洋岸に広がるカーボ・ノルテ（現アマパ州）に砦を築き、先住民と交易を始めた。さらに海岸沿いに南下して、サン・マルコス湾のマラニョン島（別名サンルイス島。現マラニョン州の州都）に上陸し、先住民のトゥピナンバ族と交易を行って彼らを味方につけた。

その後、いったんフランスに戻ったラヴァルディエールは、一六一二年にカプチン会の修道士や兵士ら約五〇〇人を引き連れて再びマラニョン島に上陸した。そしてサン・ルイ要塞を築き、サン・ルイ植民地（国王ルイ一三世に敬意を表して命名）を創設した。これに対し、ポルトガルは一四年、「グアセンドゥバの戦い」でフランスと激突した。フランスは、約三〇〇人の兵士と二〇〇〇人以上のトゥピナンバ族の加勢を得て戦ったが、タバジャラ族の加勢を得たポルトガルに大敗を喫した。両者は一五年に再び激突したが、リスボンからの援軍とイエズス会の教化村(missão, キリスト教への改宗を目的に先住民が集められた村)の先住民の加勢を得たポルトガルが、サン・ルイ要塞を奪取してフランスを撃退した。

カーボ・ノルテでは、イギリスも砦を築き、町を建設して先住民と交易を行っていた。一六二三年、ポルトガルはイギリス人らを追放するため七〇人の遠征隊を派遣した。遠征隊には、ポルトガルに加勢する一〇〇〇人の先住民がカヌーに分乗して参加した。敵の数に圧倒されたイギリスは、友好関係にあった先住民を頼ってアマゾンの奥地へと敗走した。三一年、イギリスはカーボ・ノルテで再びポルトガルと一戦を交えたが敗退した。

オランダのアマゾン進出も活発だった。一六〇〇年頃、既にオランダは二つの砦を築いていた。一つはシングー川とアマゾン川の合流点付近に築かれたオレンジ砦、もう一つはそこから七〇キロメートルほど上流のシングー川沿いに築かれたナッソウ砦である。〇九年には、アマゾン川沿いのグルパに交易所を開設し、木材や染料の商いを始めた。またシングー川の河畔では、サトウキビ栽培を導入した。さらに一六年には、一五〇〇人のゼーラント遠征隊がジニパペ川沿いに砦を築き、先住民と交易を始めた。オランダは、西インド会社の支援を背景に、アマゾンからブラジルに至る大西洋沿岸で植民地建設を活発化させていた。

　ポルトガルは一六二三年、グルパに砦と村を建設した。そして軍隊を投入し、約二年におよぶオランダとの戦いに勝利した。しかし、オランダの西インド会社は二九年、アマゾンを熟知したアイルランド人のバーナード・オブライエンを現地に派遣した。彼は交易品で味方につく先住民を集め、アイルランド人とともにポルトガルと戦った。しかし、一二〇〇人の兵士と一六〇〇人の先住民からなるポルトガル軍に砦を包囲され、武器を引き渡して投降した。

図 1-3　ベレンのプレセピオ要塞(2011 年 3 月)
グアジャラ湾に面して大砲が並ぶ.

　このように一六世紀の探検時代には、まだ原初的な先住民世界が広がっていたアマゾンも、一七世紀初頭には西欧列強が続々と進出して、無政府状態の中で激しい覇権争いが繰り広げられた。そんななか、フランス、イギリス、オランダといった列強が次々とポルトガルに撃破されていった背景には、一六世紀にブラジルの植民・開発を推し進め、侵攻を企てる他の西欧列強とのたび重なる戦いにも勝利して、既にこの地域ではポルトガルが優位にあったことや、覇権争いを事実上有利に先導するポルトガルに加勢する（せざるを得ない）、多くの先住民の存

図1-4　ベレンの港とまち並み（2011年3月）
ヴェル・オ・ペゾ市場横の港と住居群.

在があったことも看過できない。

前述したマラニョン島のサン・ルイ要塞からフランスを追放した一六一五年、ポルトガルはアレシャンドレ・デ・モウラにグランパラ（現パラ州）の征服と外国人の追放を命令した。ポルトガルがアマゾン征服に乗り出した嚆矢である。多数の兵士と武器を載せた船団は、一六年にグアジャラ湾に面したピリ水路沿いの港（現ベレン市ヴェル・オ・ペゾ市場付近）に着岸し上陸した。そして、湾を望む高台にプレセピオ要塞（現カステロ要塞）を築き（図1-3）、その周辺にアマゾン最初のポルトガルの都市となるフェリス・ルジタニア（現パラ州の州都ベレン）を建設して、大行政区カピタニア・ド・グランパラが誕生した。大西洋に面する大きな湾内に位置するこの町は、奥地へと通じる諸河川の河口でもあり、アマゾンの天然資源やヨーロッパの商品を積載した多くの船が集まる交通の要衝として急速な発展を遂げた（図1-4）。

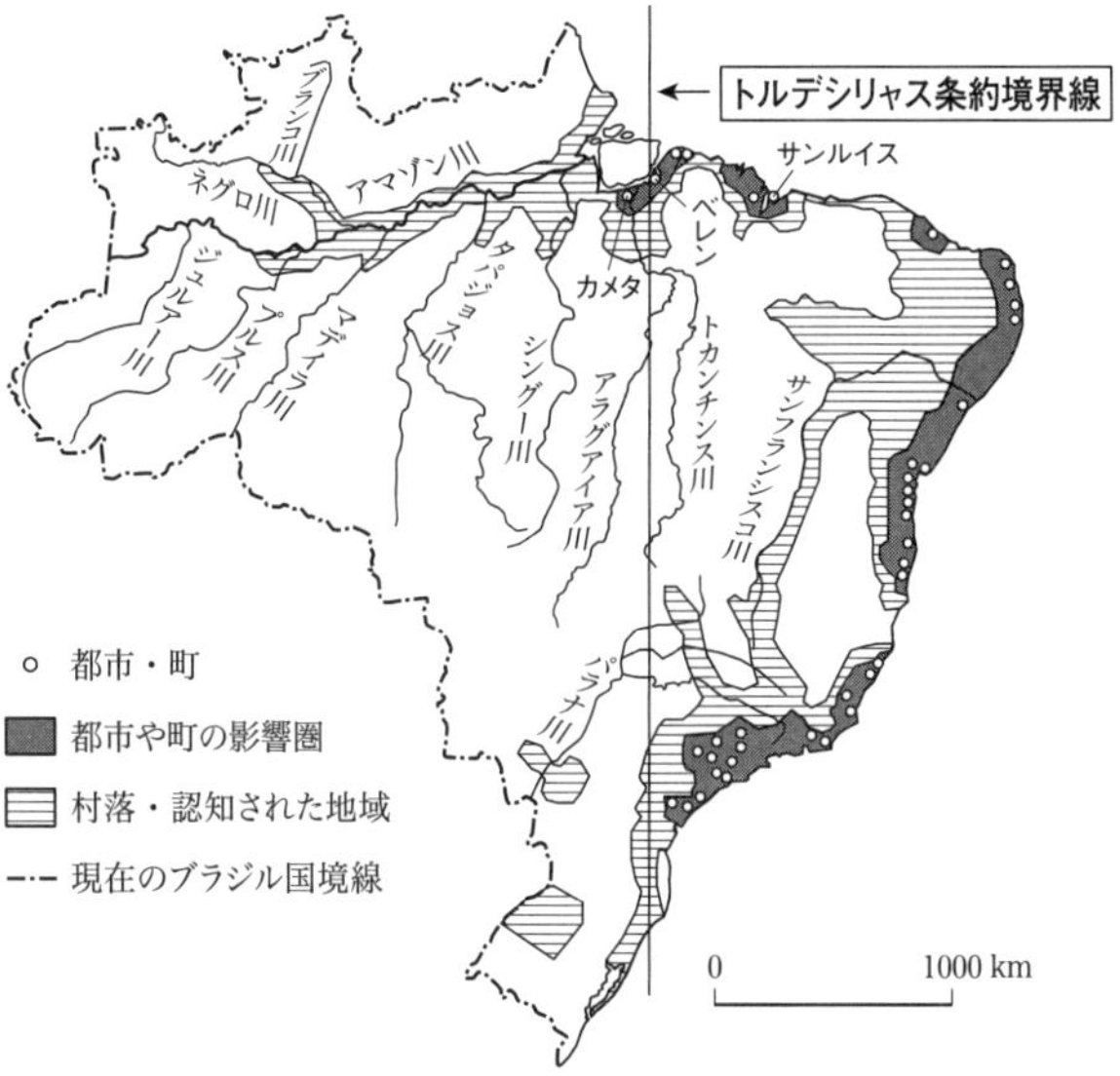

図 1-5　17 世紀のブラジル植民地域
［IBGE (2000), p. 25 をもとに筆者加筆作成］

　ブラジル総督は一六一七年、同君連合のポルトガル・スペイン政府に対して、植民を進めるために、大西洋上のポルトガル領アソーレス諸島の島民をマラニョン島に移住させるよう提案した。こうして、一六二一〜七七年までに同地に送り込まれたアソーレス移民は、四二〇家族にも達した。彼らは、マラニョンやグランパラの植民・防衛のためにポルトガルが選抜して移住させた、時に兵士にもなる移民たちで、男性は軍事訓練を受けた屈強な青壮年たちだった。

　同君連合のもとで、ポルトガルは要塞都市フェリス・ルジタニアを拠点に、他の西欧列強との熾烈な覇権争いを有利に展開した。ポルトガルは、アマゾン川やその支流の要衝に軍事拠点となる要塞を次々と建設した。そして、その周辺に町を造り、兵站《へいたん》を整え、外国勢力を駆逐しながら、さらに奥地へと実効支配地域を拡大していった(図1-5)。

こうして一七世紀初頭にはまだ無政府状態だったアマゾンも、一六三〇年代にはポルトガルが他の西欧列強をほぼ一掃し、領土や天然資源をめぐる熾烈な覇権争いに勝利した。ポルトガルにとって残された難敵は、同君連合を組むスペインだけとなった。ポルトガルは、アマゾンでは大遠征を企て、本国ではスペインからの独立を画策し始めた。

ポルトガルのアマゾン遠征

一六三七年、アマゾン川をカヌーで下ってきたスペイン人の一行(フランシスコ会士二人と兵士六人)がベレンに到着した。カピタニア・ド・グランパラ(当時マラニョン州は、グランパラ、マラニョン、セアラの三つのカピタニアから構成されていた)の長官は彼らを軟禁し、アマゾンの情報がスペインにもたらされるのを阻止した。そして、アマゾンで外国人追放の実績があるペドロ・テイシェイラに、大規模な遠征隊の派遣を命じた。長官はテイシェイラに命令書を託し、先住民のオマグア族が住む領域を越えてスペイン領のキト地方に入ったら、それを開封するよう指示した。そこには、ポルトガル人の入植地を建設し、ポルトガルの紋章のみを示した境界線の標識を立てるよう記されていた。

一六三七年、テイシェイラ率いるアマゾン遠征隊は、一二〇〇人の先住民や黒人が漕ぎ手を務めるカヌーに、武装兵士七〇人と食料や弾薬などを積み込んでベレンを出立した。一行は、かつてスペイン人のオレリャーナが流れ下ったルートを反対方向に遡航し、アマゾン各地の天然資源を探査し、敵対的な先住民を打ち破りながらペルー副王領のキトを目指した。そして翌年、スペインのアマゾン「発見」から約一世紀の時を経て、ポルトガル人はキトに到着した。

ペルー副王領のスペイン人たちは、同君連合にあるポルトガルの遠征隊を表向き歓待したが、彼らをそのまま帰すわけにはいかなかった。十分に目が行き届かないスペインの支配領域（アマゾン）で、ポルトガルはいったい何をやっているのか、つぶさに確認する必要があった。そこでスペインは、イエズス会士のクリストバル・デ・アクーニャ神父を、グランパラに戻るポルトガル遠征隊の監視役として同行させ、彼らの活動や先住民の状況などを子細に観察して報告させることにした。当時、アマゾンではカトリック修道会が、各地に教化村や先住民村（aldeia）を造り布教していた。

一六三九年、ポルトガル遠征隊は監視役のアクーニャ神父とともに帰路についた。神父は、オマグア族の先住民社会や彼らの生活に感銘を受けると同時に、残忍なポルトガル人の奴隷狩りをやめさせようとして対立した。遠征隊は約一〇か月におよぶ長旅の末に、同年一二月にグランパラに帰還した。この大遠征で大きな功績を残したテイシェイラは、四〇年にグランパラ長官に任命されたが、その翌年に体調を崩して亡くなった。

ポルトガルは、同君連合がもたらしたアマゾン進出の好機を最大限に利用して、現地で植民活動を活発化させる一方、本国では同君連合の軛《くびき》からの解放を画策していた。そもそもスペインのポルトガル併合は、一六世紀後半に衰退し始めたポルトガルが、王朝断絶の危機のなか、もっぱらその経済的効果を期待して合意したものだった。

同君連合からの解放

ポルトガルでは、モロッコ遠征で戦死した国王セバスティアンの遺体が見つからないことから、次第に「国王は死んでおらず、必ず生還してスペインの軛からポルトガルを解放してくれる」というセバスティアニズモ（メシア待望論）が台頭し、一七世紀にはポルトガル人の心を捉えて反スペイン暴動まで起きるようになっていた。

一方、同君連合のもとで優位なスペインは、ポルトガルがアマゾン各地に砦や町を建設していることを知りながら黙認していた。スペインは、アマゾンから他の外国勢力を追放して領土の実効支配を強化する仕事をポルトガルに任せる一方で、「トルデシリャス条約」による支配領域の分割規定は堅持する立場を取っていた。しかし、スペインに有利なはずの同君連合体制は、その後のアマゾン支配をめぐって両国の明暗を分ける要因となった。

ペルー副王領を統治するスペインの指示で、前述したテイシェイラ率いるポルトガル遠征隊に監視役として同行したアクーニャ神父は、遠征が終わるとすぐにスペインに帰国し、一六三九年、国王フェリペ四世にポルトガルのアマゾン遠征に関する報告書を提出した。折しも、ポルトガルではスペインからの独立運動が勃発し、四〇年にはブラガンサ家（ポルトガルの王家）を中心に結束したポルトガルが、ジョアン四世をポルトガル王に擁立して反乱に決起した。フェリペ四世は、アマゾンでのポルトガルの活動を伝えるアクーニャ神父の報告書が、ポルトガルの独立運動をさらに刺激することを恐れ、その公開を禁じようとした。神父はスペインのアマゾン進出を国王に上奏し、ポルトガルへの注意喚起を行ったが、時すでに遅しの状況だった。

ポルトガルは一六四〇年、スペインで勃発した「カタルーニャの反乱」に乗じて動き、同反乱に介入したフランスの支持も得て宮廷革命（宮廷内部の抗争で国王や指導者が交代）に成功した。こうして、ジョアン四世がブラガンサ朝の初代ポルトガル国王となり、悲願だったスペインからの独立を果たした。また翌年には、アクーニャ神父の著書『アマゾン大河の新発見』も上梓された。同君連合で優位に立つスペインは、「トルデシリャス条約」で承認された自国の領土を、併合したポルトガルを利用して開発・防衛させ、その利益を享受しようとしたが、その思惑は大きく外れた。スペインからの独立は、既にアマゾンを実効支配していたポルトガルの優位を揺るぎないものとした。同君連合というスペインの軛から解放されたポルトガルは、くしくも最後にアマゾンという大きな贈り物を手にすることになった。

一六五四年、ポルトガルはアマゾンの実効支配を内外に示すべく、グランパラとマラニョンを並置するかたちで、既存のマラニョン州をマラニョン・グランパラ州（州都サンルイス）に改称した。そして、スペインの反撃に備えて、アマゾンの要衝に要塞や町の建設を急いだ。

「トルデシリャス条約」の境界線が反故同然となるなか、ポルトガルはアマゾンだけでなく南部のラプラタ地域にも進出を始めた。一六七五年には、リオ司教区の境界をラプラタ川までと定め、八〇年にはスペイン領ポトシの銀の流通を支配する目的で、ラプラタ川の北岸にコロニア・デル・サクラメント(現ウルグアイの町)を創設した。

このように、一七世紀に西欧列強との覇権争いに勝利し、アマゾンでの実効支配領域を大きく拡大させたポルトガルの次なる課題は、国際条約のもとでアマゾンを正式に自国領とすることだった(3節参照)。

2 ポルトガルの先住民政策——一六〜一七世紀

カトリック修道会の進出

ポルトガルがアマゾンを実効支配するうえで、先住民の監督と統治は最重要課題となった。他の西欧列強をアマゾンから追放して植民と開発を進めるためには、先住民の協力が何よりも必要不可欠だったからである。ポルトガルは、プロテスタントが先住民を味方につけて戦うことを恐れ、それを封じ込めるためにカトリック修道会を利用して先住民の監督・統治を進めようとした。

一七世紀初頭、最初にアマゾンで布教を始めたのはフランシスコ会士で、一六一七年に四人の宣教師がグランパラで布教を始めた。彼らは国王の信託を受け、トカンチンス川左岸にカムタ族の先住民村（現カメタ）を建設した。フランシスコ会に続き、イエズス会、カルメル会、メルセス会の宣教師たちもアマゾンへ進出し、ポルトガル名を冠した教化村や先住民村が続々と創設されていった。

カトリック修道会の中でも、イエズス会の発展には目を見張るものがあった。イエズス会は、一五四九年に新大陸で最初にブラジルに宣教師を派遣した。同会の布教活動は、一般に「王室布教保護権」制度に基づき、ポルトガル国王の経済援助を受けて進められていた。宣教師たちは、先住民を教化村などに集め、彼らのキリスト教への改宗や生活様式の「改善」（狩猟採集から農工業への生業転換）に強い使命感をもって取り組んだ。

時には彼らを武装させて、「バンデイランテ」（奴隷とする先住民狩りや、貴金属・宝石の探査を目的に派遣された奥地探検隊とその事業）や敵対する外国勢力との戦闘に動員した。イエズス会士は、西欧列強との覇権争いに勝利するために必要な先住民の協力は、同会の布教により実現可能になると説いた。そして、先住民に非人道的な強制労働を強いるポルトガル人植民者や、先住民を「土着の黒人奴隷」とみなし、残忍な先住民狩りを行う「バンデイランテ」を厳しく非難した。

これに対し、ポルトガル人植民者は真っ向から反論した。彼らは、先住民を教化村や先住民村に集めて一定期間働かせることで繁栄しているイエズス会の農場と、労働力不足で立ち行かない自らの農場を比較することで、アマゾンでのイエズス会の活動や存在そのものが、ポルトガル人植民者の貧困の原因だと反駁した。彼らは総じて貧しく、黒人奴隷を購入することもできず、先住民の労働力に頼らなければアマゾンで生きていけなかった。

王室やアマゾン政府は、宣教師と植民者の激しい対立の板挟みとなり、その時々の国王や長官の姿勢や社会情勢などで対応が変わる、一貫性のない先住民政策が展開された。為政者たちは、表向きは先住民の自由と保護を標榜する一方で、アマゾンで植民・開発を進めるためには植民者の協力が欠かせないことも認識していた。そのため、イエズス会士と植民者の激しい対立は、抜本的解決をみぬまま、イエズス会がアマゾンから追放される一八世紀まで続いた。

先住民奴隷化の抜け道

ポルトガルの植民者たちは、ヨーロッパの鉄製品や装身具などを先住民に与えて、代わりに労働力を確保しようとした。しかし、農作業を女性の仕事と考える先住民を農場で働かせることは難しかった。また、限られた先住民労働力の奪い合いにより、労働対価の商品価格がつり上がり、モノとの交換による労働力確保は困難を極めた。こうしたなか、植民者は先住民の奴隷化を要求するようになる。

しかし、一五四八年にポルトガル国王ジョアン三世が初代ブラジル総督に宛てた「規約」に示されたように、王室は先住民のキリスト教への改宗を植民の目的に掲げ、それを平和裏に実現して植民地の拡大と交易の増大を完遂しようとした。そのため、植民者が先住民を奴隷化することを厳しく取り締まり、違反者には厳罰をもって対処しようとした。

ブラジル植民地時代を通じて、ポルトガルは一貫して先住民保護を基本原則とし、無秩序な先住民の奴隷化を許したことはなかった。しかし、王室の先住民政策には例外規定があり、それが植民者に先住民奴隷化の口実を与え、巧妙に悪用される結果となった。そして、前節でもみたように、王室は常に先住民労働力をめぐる植民者とイエズス会士の激しい対立の板挟みとなり、その時々の両者の力関係や社会情勢などをうかがいながら、先住民法を頻繁に改定せざるを得なかった（**表1-1**）。先住民奴隷化の例外規定は、次に挙げる三つである。

第一は、奥地に住む先住民を集めて沿岸などに設置した教化村や先住民村に連れてくる「降下(descimento)」と呼ばれる規定である。「降下」は、先住民の改宗と文明化を目的として宣教師により進められた。この規定により集められた先住民は、法的には自由人であり、ポルトガル人に友好的な同盟者とみなされた。彼らを使役する場合には、その労働対価として食料、衣類、物品などで一種の「賃金」を支払う必要があったが、実際にはその履行は不確実だった。

第二は、「正義の戦争」と呼ばれる規定である。これは宣教師の布教を妨害したり、ポルトガル人や同盟者の先住民に敵対行為を働いたりする部族を襲撃し、その戦争で捕虜となった先住民を合法的に奴隷化するものである。「正義の戦争」は、植民者の利益に合致していたが、その発

表1-1　ポルトガルのアマゾン先住民政策

年	事　項
1537	教皇パウルス3世が大勅書「スブリミス・デウス」で，先住民が自由をもつ真の人間であると宣言.
48	国王ジョアン3世が「規約」で，総督や地方長官の許可なく先住民を襲撃したり戦争を仕掛けたりすることを禁止.
70	国王セバスティアン1世が，先住民の自由と奴隷化禁止を定めた最初の法律を公布.
95	国王フェリペ1世が勅令で，先住民の完全な奴隷化禁止と，不正に奴隷となった先住民の解放を命令.
96	イエズス会に対し，奥地の先住民を沿岸の村に移す「降下」の独占権を承認.
1609	国王フェリペ2世が，先住民の自由と奴隷化の全面的禁止を謳う「先住民保護法」を制定. *
11	国王フェリペ2世が，「正義の戦争」による先住民の奴隷化を承認. イエズス会から「降下」の独占権を剥奪.
16	「先住民村の長官制度」の導入. この制度は1686年まで継続.
17	4人のフランシスコ会士が，ベレン近郊で布教活動を開始.
47	マラニョン州で先住民の捕囚と奴隷化を禁じる法律が施行. 植民者の反発が激化.
53	先住民の自由と捕囚に関する国王令が公布され，植民者の利益に沿って修道会の権限が制限.
55	先住民の自由に関する法律が公布. イエズス会に先住民教化の絶対的な優先権を承認.
58	ヴィエイラ神父が，アマゾンにおける先住民布教の指針となる「先住民村の規則」を公布.
61	宣教師に有利な法律に植民者の不満が高揚. イエズス会士は逮捕されてブラジルから追放.
63	アフォンソ6世が，マラニョン・グランパラ州の先住民に対するイエズス会の世俗的権利(統治権)を剥奪.
77	先住民の分配に関わる権限が，議会から司教へと変更になり，再び入植者たちの反発が強化.
80	「マラニョンにおける先住民の分配に関する王室命令」「マラニョンの異教徒の自由に関する法律」の公布. *

84	「ベックマンの反乱」勃発．植民者の不満が高まり，再びイエズス会士がマラニョン・グランパラ州から追放．
86	イエズス会がマラニョン・グランパラ州において「教化村の規約」を施行．
93	アマゾンにおける各修道会の活動領域を確定．イエズス会が広大な支配圏を獲得．
1755	国王ジョゼ１世が「自由法」で，先住民の自由と自治を宣言．＊
57	「先住民指導官制度」を施行．先住民の管理・統治権が宣教師から，長官が選ぶ指導官に移譲．
59	一連の法律でイエズス会士はブラジルから追放され，その財産は接収．
73	教皇クレメンス 14 世が回勅を発し，イエズス会の解散を命令．
98	王室令により「先住民指導官制度」が廃止．

（注）アマゾンでの植民活動が始まる 1616 年より前の先住民政策は，主にブラジル植民地の先住民を対象としたものである．

＊　先住民の絶対的な自由と奴隷化禁止を謳った代表的な先住民法．

動を決める権限は王室や総督、長官に属しており、植民者が自由に使える規定ではなかった。

第三は、「救出（resgate）」と呼ばれる規定である。これはブラジルの先住民がカニバリズム（食人）の慣習をもつ「人喰い」であることを前提に、先住民間の戦争で捕虜となった者が食人の犠牲になるのを防ぐ名目で彼らを身請けし（ヨーロッパの鉄製品や装身具などと交換）、その代償に戦争捕虜を奴隷化するものである。人道的な意味合いをもつ「救出」は、植民者にとって先住民を合法的に奴隷化できる最も手っ取り早く好都合な規定だった。そのため、不正な「救出」の横行が無秩序な先住民奴隷化の温床となり、それを糾弾するイエズス会士と非難される植民者の激しい対立の火種となった。

一六〇九年には、国王フェリペ二世が先住民の絶対的な自由、奴隷化の全面的禁止、不正に奴隷化された先住民の解放を謳った法令を公布して、その厳格な施行を命じた。しかし、植民者はこれに強く反発し、各地で激しい抗議活動を展開した。彼らはイエズス会士をすべての元凶とみなし、宣教師の追放と本法令の撤廃を求める請願書を王室に送った。その結果、王室は一一年に新たな先住民法を公布した。同法では、一〇年間の期限つきながら「救出」による先住民の奴隷化を認めるなど、植民者の要求に沿うかたちで法令が改定された。

このようなポルトガル王室の日和見的な先住民政策は、一七世紀以降のアマゾンにおける先住民統治に深刻な影響をおよぼした。一六一一年の先住民法に基づき一六年に導入された「先住民村の長官制度(o sistema de capitães de aldeia)」は、各先住民村に配置された長官が先住民労働力を管理するアマゾン初の先住民統治制度で、その後八六年まで続いた。長官は王室の課役を代行し、奥地から集めた先住民を植民者や宣教師などに分配する一方、彼らが不当に搾取されないように「賃金」の支払いを監視する任務も担っていた。

しかし、植民者たちは労働対価の「賃金」を支払わないだけでなく、労働時間の大幅な延長、強制労働、虐待などを行って先住民を搾取した。さらにそれを長官が看過することで、この制度は不法な先住民奴隷化の温床となった。宣教師は同制度を厳しく非難したが、植民者の協力がなければ植民地経営が成り立たないことを認識していた王室は、結局彼らの利益にも配慮する姿勢を取らざるを得なかった。

ヴィエイラ神父の奮闘

先住民の保護者を任じるイエズス会士は、王室の先住民政策を糾弾した。その先鋒となったのが、雄弁家として定評があったアントニオ・ヴィエイラ神父である（図1-6）。一六五二年、一七人の宣教師とともにサンルイスに赴任した彼を待っていたのは、マラニョン州での先住民の捕囚と奴隷化を禁じる法律（四七年制定）に抗議する植民者の激しい反乱だった。

一六五三年、ヴィエイラはアメリカ大陸における先住民の奴隷化を糾弾する有名な「魅惑の説教」を行った。そして、自らトカンチンス川流域に赴いて先住民への布教を始めたため、彼は植民者の明確な攻撃対象となった。翌年、ヴィエイラはリスボンへ戻り、国王にマラニョン・グランパラ州（五四年にマラニョン州が州名変更）での布教活動の困難性について報告し、布教を続けるためには先住民法の変更が不可欠だと主張した。ヴィエイラの訴えは国王ジョアン四世を動かし、五五年には先住民の自由に関する法律が公布されて、イエズス会に対し先住民教化の絶対的な優先権が認められた。

図1-6　アントニオ・ヴィエイラ神父の伝道

王室からお墨つきをもらったヴィエイラは、一六五五年に五人のイエズス会士とともにマラニョン・グランパラ州に戻り、先住民を教化村や先住民村に集めて布教を行い、農場などで働かせた。イエズス会は、同年にマラニョン・グランパラ州で五四の先住民村を管理していた。一方で、ベレンでは不法な先住民の奴隷化事件がその一年に一五〇〇件以上も発生していた。イエズス会士と植民者の双方が、限りある先住民労働力を奪い合っていた。

王室を後ろ盾にアマゾンでの伝道を活発化させたヴィエイラは、一六五八〜六〇年にかけて「先住民村の規則(Regulamento das Aldeias)」を公布し、布教の方法から住居配置に至るまで細かな運営指針を示した。この規則は、その後一世紀以上ほとんど変更されずに、アマゾンにおける修道会の教則として利用された。しかし、アマゾンで絶大な権力を掌握したイエズス会に対して、植民者は激しく反発した。六一年には再び反乱が勃発して、ヴィエイラたちイエズス会士は拘束・監禁されたのち、ポルトガルへ追放された。

リスボンに戻されたヴィエイラは「アマゾニアの説教」を行い、再び王室の支持を得ようと努めたが、時の国王アフォンソ六世はイエズス会の活動に批判的だった。一六六三年、国王は先住民を監督・統治する世俗的権利をイエズス会から剝奪し、代わって植民者の利益を代弁するベレン、サンルイス両市議会がその権利を掌握した。市議会は先住民の分配者を選任する権限を握るとともに、「救出」を名目とする先住民の奴隷狩り遠征隊を一年中派遣できるようになった。一方、ヴィエイラはアマゾンへの帰還を禁じられ、六五年には逮捕されて異端審問にかけられた。

　こうして、アマゾンでは再び先住民奴隷化の無法状態が続いた。ヴィエイラが自由と名誉を回復したのは、アフォンソ六世の弟ペドロ（後の国王ペドロ二世）が兄から統治権を引き継ぎ摂政となった一六六七年のことだったが、イエズス会が再びアマゾンで主導権を握るのは八〇年のことである。この年「マラニョンにおける先住民の分配に関する王室命令」「マラニョンの異教徒の自由に関する法律」が公布され、先住民奴隷化が全面的に禁じられるとともに、すべての先住民奴隷を教化村に移して、王室の資金援助でイエズス会の修練院を設置することが定められた。七三歳となったヴィエイラは、八一年に再びアマゾンへ戻り布教を始めた。

　しかし、一六八四年には農場主で政治家のマヌエル・ベックマンに率いられた植民者が蜂起し、イエズス会士を再びアマゾンから追放する「ベックマンの反乱」が勃発した。すぐに反乱は鎮圧され、ベックマンら指導者は処刑されたが、植民者による反乱の拡大を警戒した王室は、同年に再び個人の奴隷所有や長官による先住民の奴隷狩り遠征隊の派遣を法律で認めた。一方、イエズス会は、植民者に次のように歩み寄ることで事態の収拾を図った。

　すなわち、イエズス会は一六八六年、マラニョン・グランパラ州で「教化村の規約（Regimentos das Missões）」を発表し、「降下」により教化村に集められた一三〜五〇歳の「自由」先住民が一年のうち半年間、植民者のために働くことを許可した。また、先住民奴隷化の合法的手段である

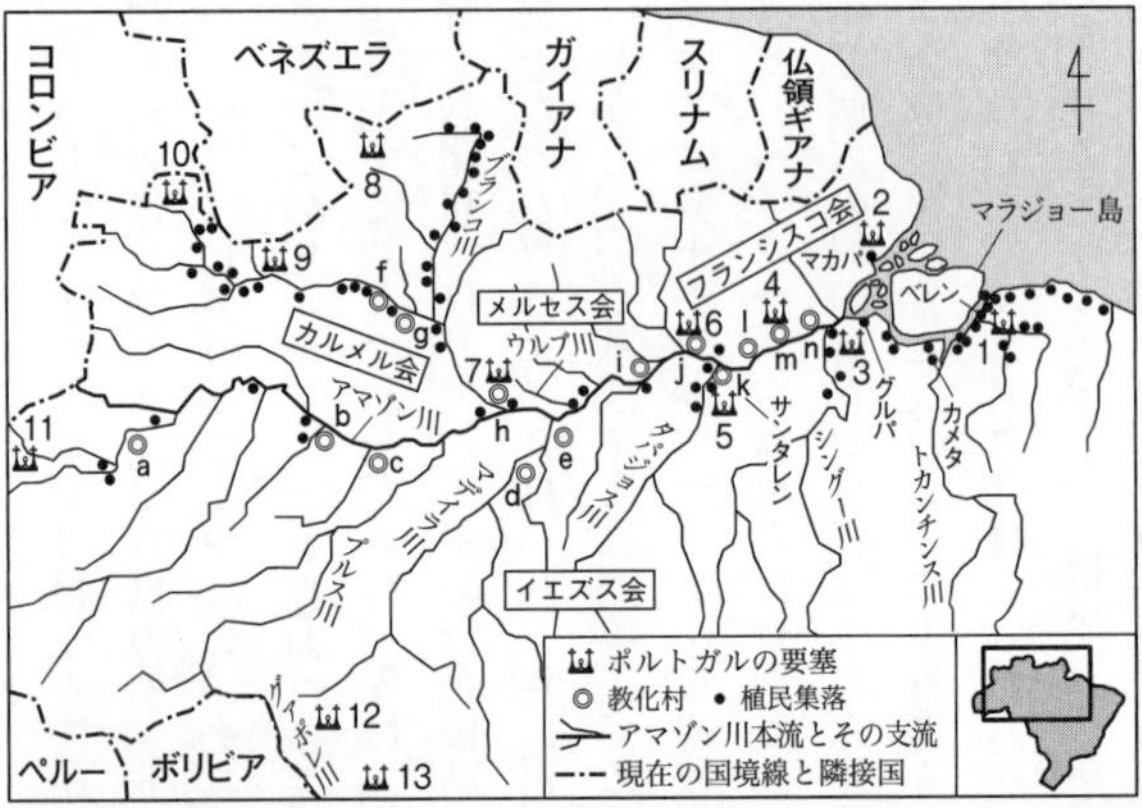

〔要塞名(建設年)〕
1. プレセピオ要塞(1616年)　2. サン・ジョゼ・デ・マカパ要塞(1764年)　3. サント・アントニオ・デ・グルパ要塞(1623年)　4. パル・デ・アルメイリン要塞(1639年)　5. タパジョス・デ・サンタレン要塞(1697年)　6. サント・アントニオ・ドス・パウシス・デ・オビドス要塞(1698年)　7. サン・ジョゼ・ダ・バーラ・ド・リオネグロ要塞(1669年)　8. サン・ジョアキン・ド・リオブランコ要塞(1775年)　9. サン・ガブリエル・ダ・カショエイラ要塞(1763年)　10. サン・ジョゼ・デ・マラビタナス要塞(1763年)　11. サン・フランシスコ・シャビエル・デ・タバチンガ要塞(1776年)　12. ブラガンサ要塞(1769年)　13. プリンシピ・ダ・ベイラ要塞(1776年)
〔教化村名(現都市名)〕
a. サンパウロ・ド・カンベバス(オリヴェンサ)　b. テフェ　c. コアリ　d. トロカノ(ボルバ)　e. アバカシス　f. マリウア(バルセロス)　g. アラカリ(カルヴォエイロ)　h. ペドレイラ(モウラ)　i. ジャムンダ(ファロ)　j. パウシス(オビドス)　k. タパジョス(サンタレン)　l. グルパトゥヴァ(モンテアレグレ)　m. ウルブクアラ(プライーニャ)　n. パラ(アルメイリン)

図1-7　アマゾンの都市・植民集落の分布と修道会の布教地域
[18世紀後半の植民集落の分布は，Costa Tavares (2011), p. 112による]

「救出」のための遠征隊に、植民者が同行することも認めた。イエズス会の管轄領域はアマゾン川の右岸となり、アマゾン川左岸の下流域はフランシスコ会、中流域左岸のウルブ川流域はメルセス会、上流のネグロ川やブランコ川流域はカルメル会のものとなった(図1-7)。

このように一七世紀のアマゾンでは、「先住民の自由」という建前とは裏腹に、先住民奴隷化の合法的な抜け道が温存されたまま、残忍な植民活動や未知の感染症が原因で、先住民人口は急激な減少に見舞われた。ペドロ・テイシェイラの兄弟で、マラニョンとグランパラの司教代理だったマノエル・テイシェイラは、ポルトガル人がアマゾン川の河口に到着してから数十年間に、厳しい労働や探検、戦争を通じて、二〇〇万の先住民を殺してしまったと推計した。

3　ポンバル侯爵の専制政治――一八世紀

ポンバルの統治戦略　先住民を巧妙に利用しながらアマゾンの実効支配を進め、一七世紀前半に西欧列強との覇権争いに勝利したポルトガルに残された仕事は、同地の安定統治と国際社会による領土の承認だった。一八世紀後半、ポルトガルで辣腕を振るい、アマゾン支配の総仕上げに尽力したのが、ポンバル侯爵(セバスティアン・ジョゼ・デ・カルヴァーリョ・イ・メロ)である。一七五〇年に外務大臣となった彼は、五五年に発生したリスボン地震からの復興で見事なリーダーシップを発揮し、国王ジョゼ一世の全面的な信任を勝ち得た。そして同年には宰相となり、ポルトガルに独裁的な啓蒙専制体制を敷いて、その頂点に君臨した。

一七五一年、ブラジルではマラニョン・グランパラ州（州都サンルイス）が、グランパラ・マラニョン州（州都ベレン）に改称された。この州名変更は、既にマラニョンよりもアマゾンを管轄するグランパラの方が、政治・経済的に優位にあったことを示唆している。

ポンバル侯爵は、当時ポルトガルに巨万の富をもたらしていたミナスジェライス州の金鉱地域、ノルデステの製糖地域、天然資源の宝庫アマゾンの三地域の植民・開発に傾注した。特にアマゾンには、彼の異母弟であるフランシスコ・デ・メンドンサ・フルタードを長官として送り込んだ。一七五三年、彼はベレンで西欧風の町づくりを進めるため、著名なイタリア人建築家を伴って着任した。こうして、アマゾンの植民と開発は、本国と植民地の両政府を掌握した二人の兄弟の堅固な絆と連携により、力強く推進されることになった。

ポンバル侯爵が進めたアマゾン統治戦略の骨子は、アマゾンの国境画定、「グランパラ・マラニョン総合貿易会社」の設立、輸出型農業の促進、アフリカ人奴隷の導入、先住民の解放と自由の実現、先住民とポルトガル人の混血の促進、そしてイエズス会の追放だった。

一方、フルタードは四年間にわたりアマゾン視察を行い、先住民を監督・統治する修道会の教化村や先住民村、現地の植民者たちを訪問した。彼は、宣教師と植民者の双方の規律や道徳の乱れに衝撃を受けたことをポンバル侯爵に報告し、特にイエズス会士に対する憎悪感を開陳した。フルタードは、宣教師が先住民に労働を強制して厳しい罰を与え、宣教を行わずに彼らを無知のまま放置し、国王への忠誠心も喪失していると厳しく非難した。さらに、教化村や先住民村に集められた膨大な先住民は、すべてイエズス会の奴隷にほかならないので、その監督・統治権を剝奪しない限り、イエズス会がアマゾンの支配者になるだろうと訴えて、ポンバル侯爵のイエズス会嫌いを一層煽った。

一方、ネグロ川流域で布教を行っていたカルメル会士は、手厚くフルタードをもてなした。一七五五年、カピタニア・デ・サン・ジョゼ・ド・リオネグロ（現アマゾナス州）が、カピタニア・ド・グランパラから分離して創設され、カルメル会が経営するマリウア教化村はバルセロスと名前を変えて、同カピタニアの首都に格上げされた。その後、同首都は西からのスペイン人の侵入に備えて、アマゾン川とネグロ川の合流点にあるルガー・ダ・バーラ（現マナウス）に移転された。

一八世紀のアマゾンでは、修道会や植民者による町や村の建設が急速に進み、ポルトガルの植民地域は川沿いに大きく拡大した（**図1-8**）。フルタードは、当時アマゾンには六三（そのうち一九はイエズス会が運営）の教化村があり、一万二〇〇〇人の先住民が収容されていると推計した。

一七七二年、グランパラ・マラニョン州は、グランパラ・リオネグロ州（州都ベレン）とマラニョン・ピアウイ州（州都サンルイス）に二分割された。前者は王室の直轄地としてポルトガルのリ

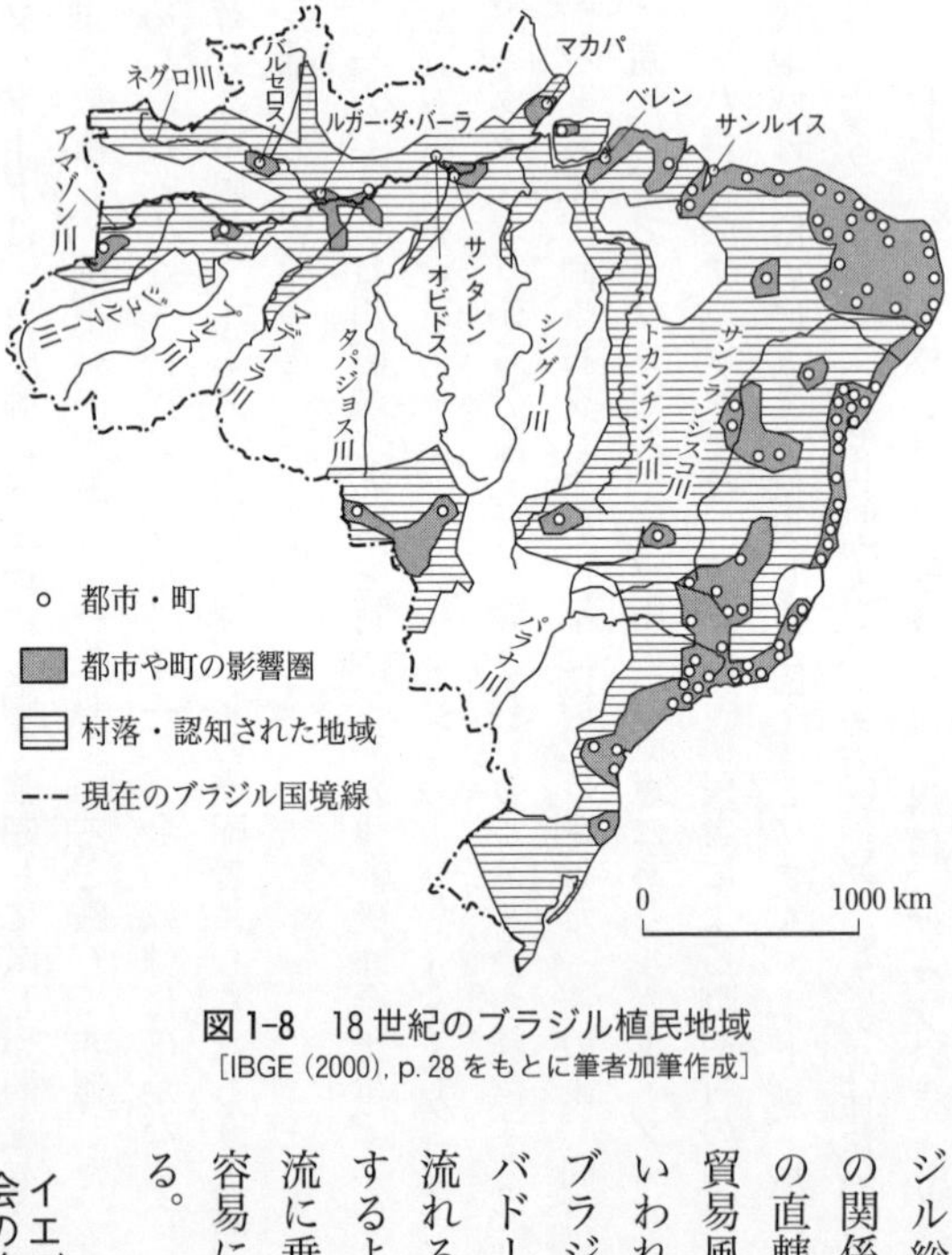

図1-8　18世紀のブラジル植民地域
［IBGE (2000), p. 28 をもとに筆者加筆作成］

スボンと直接結びついており、ブラジル総督府（サルバドール）とは直接の関係がなかった。アマゾンが王室の直轄地として存続した背景には、貿易風による海流の影響があったといわれる。まだ当時は帆船の時代で、ブラジル総督府が置かれていたサルバドールから、ブラジル沿岸を南に流れるブラジル海流に逆らって北上するよりは、ポルトガルから赤道海流に乗って大西洋を横断する方が、容易にアマゾンに到達できたのである。

イエズス会の追放

イエズス会士と植民者の対立は、一八世紀を迎えても、収まるどころか一層激しさを増していた。植民者は貧困の原因をイエズス会の布教に求め、反乱を繰り返していた。また、イエズス会に対する行政の対応も、時の為政者により大きく異なっていた。ポンバル侯爵は国王を動かし、一七五五年には「自由法」が公布されて、先住民の自由と自治が約束された。また、それまでイエズス会に認めていた先住民を監督・統治する世俗的権利を法律で剝奪した。彼は奴隷化や強制労働を行わなくても、先住民はポルトガル人に従属すると安易に考えていた。しかし、フルタードはこれらの法律を危惧した。そして五七年には、アマゾンで長く運用されてきた「先住民村の規則」が廃止され、代わりに「先住民指導官制度(Diretório dos Índios)」が導入された。

この制度は、宣教師の世俗的権利を剝奪して、代わりに住民一五〇人以上の先住民村に配置される指導官(diretor)にその権利を移譲するもので、彼らの多くは兵士だった。指導官は、先住民村の名称、先住民の姓、居住地や家屋の構造や意匠などをポルトガル風に改めた。また、先住民にはポルトガル語の教育と使用を義務づけ、その他の言語の教育と使用を禁じた。さらに裸で生活しないことや、農業や商業への就業転換など、先住民に対してポルトガルの文化や生活様式の受容を強要した。

先住民労働力を搾取する権限を掌握した指導官は、村に集められた「自由な」先住民が栽培・採集する生産物から一七%の手数料を徴収(さらに国王が一〇%を徴収して教会と分配)したり、一三

〜六〇歳までの先住民男性の半分を、植民者や政府のためにいつでも使役したりすることができるようにした。彼らは、農業、漁業、採集などの経済活動に加え、砦の建設、物資や兵士を運ぶ船の漕ぎ手、造船用の木材の切り出しなどにも駆り出された。

とある先住民村で、先住民男性が自らの生活のために充てた時間は、全労働時間の六〇%(農業二六%、漁労六%、森での採集二八%)で、残りは王室(二一%)、植民者(一五%)、村の役人(四%)のための労働に充てられたという。情け容赦ない労働搾取、ヨーロッパ人が持ち込んだ天然痘や麻疹の大流行、反乱や逃亡などにより、「先住民指導官制度」が導入された一七五七年に三万人と概算されていた先住民村の人口は、四〇年後には一万九〇〇〇人に減少した。

ポルトガル国王は一七五八年、ローマ教皇にポルトガル領におけるイエズス会士の説教や交易活動を禁じる回勅を発出させた。神権に対して王権が強いポルトガルでは、教会は王室に従属せざるを得ず、イエズス会が教皇庁に訴えても王権の優位は揺るがなかった。ポンバル侯爵は五九年、イエズス会士をポルトガルから追放し、その財産をすべて接収する強硬手段に出た。アマゾンでもイエズス会士は追放され、彼らが所有する二二の牧場で飼育されていた牛や馬、カカオなどの農場、町なかの建築物などは、すべて接収後に売却された。

ポルトガルのイエズス会士追放は、王権至上主義を掲げて教皇庁と対立するスペインやフランスなどの絶対主義(君主に絶対的な権力を認める)諸国の先駆けとなった。一七六七年には、スペインがその海外領土からイエズス会士の追放を命じるなど、教皇庁に対するイエズス会禁止の圧力が高まった。その結果、七三年のクレメンス一四世の回勅により、イエズス会は解散に追い込まれた。アマゾンでは、イエズス会士の追放により教化村が衰退する一方で、宣教師不在のなか、欺瞞に満ちた「先住民指導官制度」は九八年まで存続した。

独占的貿易会社の設立

前述のとおり、先住民の奴隷化が禁止されていたアマゾンでは、労働力不足にあえぐ植民者が不満を募らせていた。一七五二年、サンルイスの市議会はフルタードに、アフリカ人奴隷を売買できる会社の設立を懇願した。この請願に賛同したフルタードは、ベレンの有力者たちの支持も得て、それをポンバル侯爵に伝えた。彼はこれを歓迎し、五五年に王室直属の独占的特権企業である「グランパラ・マラニョン総合貿易会社」が設立された。

同社の設立趣意は、労働力不足のアマゾンにアフリカ人奴隷を導入し、輸出型農業を発展させて貿易の振興を図ることだった。その実現を加速するために、ポンバル侯爵は王室名でさまざまな特権を同社に独占的に付与した。具体的には、グランパラ・マラニョン州への奴隷やその他の商品の輸送を、同社が二〇年間独占できること、海上輸送の安全を確保するために、王室艦隊が同社の輸送船を護衛すること、商品への関税や同社の利益に関わる優遇措置や特権を認めることなどだった。

同社を通じて、ポルトガルはギニアから多数の黒人奴隷をグランパラ・マラニョン州へ送り込んだ。マラニョンでは多くの奴隷が綿花プランテーションに導入されたため、その様子は「綿花は白いが、マラニョンを黒く染めた」と形容された。同社がグランパラ・マラニョン州に輸送した奴隷数は、合計二万五三六五人(一七五七〜七九年)に達するとみられる。このうち、アマゾン(グランパラ)には一万四七四九人の奴隷が、カシェウやピサウ(いずれも現ギニアビサウの都市)、アンゴラなどから輸送された。

ポンバル侯爵は、先住民の解放と市民化を進める一方で、その代替労働力としてアフリカから黒人奴隷を輸入し、アマゾンでカカオ、綿花、米、インディゴ、コーヒー、サトウキビなどの栽培を奨励した。「グランパラ・マラニョン総合貿易会社」は、アフリカからアマゾンへ奴隷を運ぶ一方で、同地のさまざまな生産物をポルトガルに独占的に輸送して利益を上げた。しかし、ポンバル侯爵が発展を期待した輸出型農業は、カカオを除いておおむね不首尾に終わった。

奴隷の中には、農場から逃亡する者があとを絶たず、アマゾンにも逃亡奴隷が作ったモカンボ(あるいはキロンボ)と呼ばれる集落が各地に形成された。約三〇〇人の逃亡奴隷を集めたジュアバ(現カメタ)やクマ(現アレンケル)は特に有名だった。

イエズス会士は、王室からさまざまな特権を付与された同社の不公正な独占貿易が、アマゾンの商人を苦境に追い込んでいると主張し、ポンバル侯爵に再考を促した。また、マヌエル・バレストレ神父は、リスボンの講壇から「この会社に入る者は、救世主イエス・キリストとは一緒になれない」と訴えかけた。こうしたイエズス会士の活動を、ポンバル侯爵は政府に対する反逆行為とみなし、関係者を民衆煽動のかどで逮捕するなど弾圧を強めた。

このように、一八世紀後半にアマゾンの経営・統治に辣腕を振るったポンバル侯爵だったが、彼に絶大な信頼を寄せていた国王ジョゼ一世が一七七七年に逝去し、長女のマリア一世が国王に就くと状況は一変した。ポンバル侯爵の行き過ぎた独裁体制や、数々の残忍な弾圧を憂慮したマリア一世は、同年に彼の宰相職を解き、自分から遠く離れた田舎での蟄居を命じた。そして翌年、王室の独占的企業だった「グランパラ・マラニョン総合貿易会社」は廃止された。

アマゾンの領土画定

一七世紀、ポルトガルはアマゾンの探検、植民、占拠(実効支配)を進め、その実績を根拠に国境の変更を認めさせる戦略を貫いた。その結果、一八世紀にはアマゾンにおけるポルトガルの主権は揺るぎないものになっていた。残すは国際条約による領土の承認だけだった。

折しもヨーロッパでは、スペイン国王の継承者をめぐってスペイン継承戦争(一七〇一~一三年)が勃発し、イギリス、オランダ、オーストリア(神聖ローマ帝国)などの連合軍と組んで参戦したポルトガルは、フランス・スペイン連合軍に勝利した。その結果、同戦争の講和条約である一三年の「ユトレヒト条約」により、ポルトガルはスペインからアマゾン川両岸と、ラプラタ川左岸のコロニア・デル・サクラメント（現ウルグアイの町）を獲得した。また、仏領ギアナとブラジルの国境をオイアポケ川で画定した。

しかし、同条約の裁定はスペインにとって受け入れがたいものだった。特にラプラタ地域での主権確保は核心的条件で、アマゾンを譲っても同地をポルトガルに割譲することはできなかった。そのため「ユトレヒト条約」締結後も、ラプラタ地域をめぐるスペインとの紛争は続いた。

そこで、ポルトガルは一七五〇年、スペインと新たに「マドリード条約」を締結して、ラプラタ地域に関しては、ポルトガルがコロニア・デル・サクラメントをスペインに割譲し、代わりにイエズス会がウルグアイ川流域に建設したグァラニ族の七つの教化村からなるミシオネス・オリエンタレス地方（現リオグランデドスル州西部）を獲得した。

またアマゾンに関しては、西はジャヴァリ川、南はグァポレ川とマモレ川（ペルー副王領との国境）、北はギアナ高地の分水嶺（アマゾン川に合流するすべての川の流域）を国境とした。こうして、ポルトガルは「マドリード条約」により、南アメリカ大陸の約半分とアマゾンの三分の二を占有する、ほぼ現在のブラジルの国土を手に入れた。

しかし、両国はなおも同条約を厳格に履行しなかった。また、国境の画定に際して先住民は完全に等閑視されたため、彼らの生活領域は各地で分断された。ポルトガルに譲渡されたミシオネス・オリエンタレス地方では、スペインのイエズス会士と先住民が同条約に反発し、グァラニ戦争（一七五四～五六年）が勃発したが、両国連合軍により鎮圧された。

この戦争を契機に、前述のとおり、ポンバル侯爵はイエズス会士を追放（一七五九年）し、教化村を先住民指導官の監督下に置いた。さらに、彼はコロニア・デル・サクラメントをスペインから奪還し、ラプラタ地域での領土拡大を実現するために「マドリード条約」の破棄を画策した。一方、スペインも当初より同条約を危惧していたため、両国は六一年に「エル・パルド条約」を締結して、両国の国境を再び「マドリード条約」以前の状態に戻した。

一七六一年、スペインとフランスは「第三次家族協約」を結び、これに反対するイギリスやポルトガルなどと七年戦争で戦った。翌年、スペインはグァラニ族の協力を得て、再びコロニア・デル・サクラメントを奪還したが、六三年に締結された「パリ条約」により同コロニアをポルトガルに返還した。しかし、ラプラタ地域の国境をめぐる両国の覇権争いは一層激化し、ついに七六年にはスペイン・ポルトガル戦争が勃発した。リオ・デ・ラ・プラタ副王領の初代副王ペドロ・アントニオ・デ・セバーヨスは、三たびポルトガルからコロニア・デル・サクラメントを奪還し、さらにサンタカタリーナ島（現サンタカタリーナ州）にまで深く侵攻した。

こうしたなか、一七七七年にポルトガル国王ジョゼ一世が亡くなると、娘のマリア一世はスペインとの和平交渉を進め、「第一次サン・イルデフォンソ条約」を締結した。同条約によりスペインは、コロニア・デル・サクラメントやミシオネス・オリエンタレス地方を含む、バンダ・オリエンタル（主に現ウルグアイ）の領有を勝ち取った。一方、スペインはその代償としてサンタカタリーナ島を返還し、さらに「トルデシリャス条約」の境界線を越えてポルトガルが実質的に獲得した土地の領有を承認した。こうして、ポルトガルはラプラタ地域でのスペインへの譲歩と引き換えに、アマゾンを含む広大な国土の領有を国際条約により承認された。

4　王室のブラジル移転とアマゾンの混乱——一九世紀前半

王室移転と仏領ギアナ侵攻

一八世紀末のヨーロッパは、革命と戦争に明け暮れて国土が大きく荒廃した。一七八九年にはフランス革命が勃発したが、その後革命政権は動揺して、九九年にはナポレオン・ボナパルトによる軍事独裁政権の樹立に至った。ナポレオンは、フランス革命をイギリスやオーストリアといった国々の干渉から守り、革命の理念を全ヨーロッパに広げるために革命防衛の戦争を開始したが、戦いは次第に征服戦争の様相を呈していった。

一八〇六年にプロイセンに勝利したナポレオンは、難敵イギリスを弱体化させるために大陸封鎖令をだし、翌年にはポルトガルにそのすべての港湾をイギリスに使わせないよう求めた。しかし、ポルトガルがそれを拒否したため、ジュノー将軍率いるフランス軍のポルトガル侵攻が始まった。フランス軍が首都リスボンに迫る寸前、ポルトガル国王マリア一世と王族、貴族、政府高官、官僚、軍人とその家族など、約一万五〇〇〇人が三〇隻の船舶に分乗し、イギリスの護衛艦隊に守られながら植民地ブラジルへと避難した。

一行は一八〇八年一月、サルバドールに到着した。この時、ポルトガルは約三〇〇年にわたり貫いてきたブラジルの鎖国体制を撤廃し、その港湾を友好国に対して開放した。同年三月、ポルトガル王室はリオデジャネイロに移転した。その後、ナポレオン政権が倒れ、二一年に国王ジョアン六世がリスボンに帰還するまで、リオデジャネイロはポルトガルの首都として機能した。

ナポレオンに追われ、命からがらブラジルへ避難した王室は、すぐに同盟国のイギリスとともに仏領ギアナへ侵攻した。まさに一連のナポレオン戦争に対する報復戦争だった。ポルトガルは一八〇八年、イギリス海軍とともに仏領ギアナの首都カイエンヌを攻撃して占領した。

カイエンヌには、フランス王室が管理する園芸農場があり、そこにはニクズク、チョウジノキ、パンノキ、クルミ、アボカド、サトウキビ(当時ブラジルで栽培されていた品種よりもはるかに優良種)など、ポルトガルが渇望するさまざまな香辛料や果実などの樹木が集められていた。ポルトガルは、それらの樹木種をベレンやリオデジャネイロへ移送した。

一八一五年、フランスはワーテルローの戦いでイギリスなどの連合軍に敗れ、ナポレオン戦争は終結した。フランスは、占領された仏領ギアナの返還をポルトガルに要求したが、ジョアン六世はこれを拒否し、この問題はウィーン会議で議論された。その結果、同年のウィーン議定書により、ギアナは再びフランス領に戻されて、ポルトガルはカイエンヌからの撤退を余儀なくされた。

ブラジル独立とカバナージェン

リオデジャネイロに遷都したポルトガルは、一八一五年に同君連合の「ポルトガル・ブラジルおよびアルガルヴェ連合王国」を創設した。こうして、ブラジルは植民地からポルトガルに比肩する王国の一部となった。しかし、連合王国の国王となったジョアン六世が、二一年に皇太子のドン・ペドロを摂政としてブラジルに残してポルトガルに帰還すると、ブラジルではドン・ペドロを皇帝に擁立して連合王国からの独立を模索する動きが活発化した。ポルトガルが強く皇太子の帰国を求めるなか、翌二二年九月七日、摂政皇太子ドン・ペドロはポルトガルへの帰還を拒否し(フィコ宣言)、サンパウロのイピランガの丘で「独立か死か」と叫んでブラジル独立を宣言し、初代ブラジル皇帝ドン・ペドロ一世として即位した。

しかし、彼はポルトガルの王位継承権を保持したままブラジル皇帝となったため、一八二六年に父ジョアン六世が逝去すると、ポルトガル王ペドロ四世となったが、すぐに長女のマリア・ダ・グロリアに王位を譲って退位した。しかし、弟のドン・ミゲルが王位横奪を企てて反乱を起こしたため、ドン・ペドロは三一年、まだ五歳だった皇太子(のちのドン・ペドロ二世)に譲位して、反乱鎮圧のためポルトガルへ帰還してしまった。

　このように、ブラジル独立後にドン・ペドロ一世が統治した第一帝政期（一八二二〜三一年）から、幼い皇太子に代わり摂政府が政務を執り行った摂政期（三一〜四〇年）のブラジルは、政治が不安定化して、国内各地で反乱や戦争が勃発する大混乱の時代となった。

　とりわけ、植民地時代を通じてポルトガル王室の直轄地だったアマゾンでは、ポルトガルとの断絶を意味するブラジルの独立により大混乱を来した。グランパラ・リオネグロ州が改編されて、一八二一年に誕生したグランパラ県（Província do Grão-Pará）がブラジル独立を正式に承認したのは、ドン・ペドロ一世の独立宣言から約一年もたった二三年八月のことで、当時のアマゾンの混乱ぶりを反映している。その後も、アマゾンではブラジル独立派とポルトガル王朝派の激しい対立が続き、三五年にはブラジル史上最大の内乱ともいわれる「カバナージェン（cabanagem）」が勃発した。

　「カバナージェン」は、カバーノと呼ばれる、先住民、黒人、メスチーソ（混血者）を中心とする民衆の、ブラジル帝国政府やグランパラ政府に対する反乱である。その名称は、反乱軍に身を投じた彼らが、木や泥で造ったカバーナと呼ばれる粗末な掘っ立て小屋に住んでいたことに由来する。

　アマゾンでは、民衆だけでなくエリート層の中にも、ポルトガル王室に強い愛着と紐帯を感じる者が数多くいた。彼らはブラジルの独立に批判的で、これまでどおり王室の直轄地としてアマゾンが存続することを切望した。その背景には、南東部諸県(リオデジャネイロやサンパウロなど)が支配するブラジル帝国政府の統治下では、物理的にも精神的にも中央から遠く離れたアマゾンの国政参加は困難になるという、不安や不満が渦巻いていたことがある。また、当時アマゾンを襲った飢餓や天然痘の蔓延が、反政府活動をさらに後押しした。

一八三一年、ベレンの駐屯地で「カバナージェン」の前哨戦ともいえる反乱が勃発した。この戦闘で反乱軍のリーダーが逮捕され、反政府活動に対する弾圧が強化されると、事態はさらに悪化した。三五年、アントニオ・ヴィナグレ(ヴィナグレ三兄弟の一人)率いる反乱軍が、ベレンの政庁や兵舎を急襲した。そして、グランパラの知事や政府軍司令官を殺害して大量の武器類を略奪した。これが「カバナージェン」の勃発とされる。

暴徒化したカバーノたちは、これまで抑圧者として君臨してきたポルトガル人への報復を始めた。反乱軍はフェリックス・クレメンテ・マルシェ(陸軍中佐で大地主の製糖場経営者)を知事に据えて、カバーノの新政権を発足させた。しかし、地元エリートのマルシェは、政府側ともつながっていた。彼はブラジル皇帝への忠誠心を表明し、ブラジル帝国からの分離を望むカバーノたちを裏切った。

そこで反乱軍は再び挙兵し、裏切り者のマルシェを殺害して、フランシスコ・ヴィナグレを新たなカバーノ政権の知事に据えた。しかし、彼もまたブラジル帝国政府との交渉に意欲的だった。ヴィナグレは、これまでの反政府活動に対する大赦と引き換えに、政権を引き渡す合意をしてしまった。これに反発したカバーノは、武器を持って奥地へと逃走した。そして、予想どおり政府は合意を守ることなくヴィナグレを逮捕した。

そこで反乱軍リーダーのアンジェリンとアントニオ・ヴィナグレは、再びベレンを襲撃して政権を奪還した。そして、今度はアンジェリンがカバーノ政権の知事に就いた。しかし、カバーノ政権には、反政府勢力を結集する統一的な目的や政治信条、具体的政策が欠けていたため、誰が知事に就いても混乱と弱体化は免れなかった。こうした無法状態のなかで町は荒廃し、残虐な暴力や殺戮が常態化して、大きな恐怖がアマゾンを支配した。

一八三六年、ブラジル帝国政府はカサパヴァ男爵(フランシスコ・ジョゼ・デ・ソウザ・ソアレス・デ・アンドレア)をグランパラの正式な知事として任命し、本腰を入れてカバーノ政権の打倒に乗り出した。二五〇〇人の兵士からなる強力な政府軍が、四隻の軍艦でベレンに送り込まれた。政府軍は、反乱軍がカヌーなどで脱出できないように川を封鎖し、町を包囲して圧倒的な戦力でベレンを奪還した。アンジェリンや反乱軍の兵士たちは、政府軍の攻撃を逃れて奥地の森林に身を隠したが、政府軍は執拗にアンジェリンたち反乱軍を追い詰めた。

アンジェリンは一八三六年、政府軍に逮捕・収監されたが、森林に逃れたカバーノたちはその後もアマゾン各地でゲリラ戦を展開して政府軍と激しく戦った。しかし、戦力的に劣勢な反乱軍は、長引く戦いに疲弊して徐々に追い込まれていった。そして四〇年、約五年にわたりアマゾン各地で続いた「カバナージェン」は終焉を迎えた。

「カバナージェン」での正確な死亡者数は不明だが、反乱前に約一〇万人だったグランパラ県の人口の三〇~四〇%が死亡したと推定されている。このような生産年齢人口の激減により、アマゾンは深刻な労働力不足に陥り、違法な先住民の奴隷狩りまで黙認された。一九世紀前半、ブラジル独立直後のアマゾンは、「カバナージェン」により壊滅的状況に陥ったのである。

第二章

アメリカの進出と南欧移民の導入

アマゾンのガイオーラ(鳥かご)船 [IBGE (1970), p. 27]

薪を焚き，その蒸気で船尾の大きな水車を回して航行する外輪船．その船の外観と，船内のハンモックにひしめく乗客の様子が，まるで鳥かごのように見えることからそう呼ばれた．第二次世界大戦以前には，まだガイオーラ船がアマゾン川を航行していた．

1　アマゾン川の開放を迫るアメリカ——「明白な天命」の南進

モーリーの黒人植民論

一九世紀を迎えた南北アメリカでは、奴隷制の存廃をめぐり緊張が高まった。奴隷貿易が禁止され、奴隷解放が漸次進むなかで、自由労働に依拠する移民国家への移行は、奴隷国家に深刻な経済・社会的問題を誘発して国を混乱に陥れた。またラテンアメリカでは、スペイン本国の政治的混乱に乗じて植民地からの独立を果たす国々が相次いだ。アメリカは、これらの国々の独立を支持し、一八二三年には「非植民地主義」「相互不干渉」を柱とするモンロー主義を提唱して、西半球からのヨーロッパ諸国の排除と自国の勢力圏拡大を企図した。

アメリカは、「戦争なき征服」を「明白な天命」により定められているとみなし、西漸運動を通じて領土の拡大を実現してきた。一八四〇年代にテキサス、オレゴン、ニューメキシコを次々と獲得して太平洋岸まで到達すると、次なる「明白な天命」は南(ラテンアメリカ)への膨張を志向した。自由・独立を掲げる「西半球の帝国」の盟主となるために、そして直面する国内の奴隷解放問題を解決するために、アメリカでは西インド諸島(特にキューバ)やブラジルといった奴隷制圏域に、奴隷や解放奴隷を強制移住させる黒人植民論が提唱された。その主唱者の一人が、ヴァージニア州出身のマシュー・フォンテーン・モーリーである。

　モーリーは、フランス系の父とイギリス・オランダ系の母との間に生まれた（図2―1）。海軍兵学校に推薦されるほどの優秀な人物で、海軍士官として軍の文書・機材保管や気象観測などの業務に携わった。世界的な海洋学者、気象学者としても知られ、彼が作成した「海風と海流の海図」は、船の航海日数を劇的に減らして、アメリカにクリッパー船（快速帆船）の時代を到来させた。モーリーがアマゾンの黒人植民論に専心するのは、一八五〇年以降のことで、彼が五三年に出版した『アマゾンと南アメリカの大西洋斜面』は、アメリカ黒人による「アマゾン共和国（República Amazônica）」建設のための彼の奇抜な構想だった。同書は、アメリカはもとよりラテンアメリカ諸国にも大きな影響を与えた。特にアマゾン川流域諸国の為政者たちは、その内容に驚愕し、ブラジルとペルーでは出版直後に、ボリビアでは翌年に早くもその翻訳本が出版された。

図2-1　マシュー・フォンテーン・モーリー

　アマゾンにアメリカの黒人植民地を建設する構想は、モーリーの大胆な海洋学的展望に依拠していた。彼は、ミシシッピ河谷の二倍も広いアマゾンが天然資源の宝庫で、農民は一週間に一日の作業で食卓に十分な食料を得られると、その豊饒性を誇大宣伝した。そのうえで、海洋学者らしいロジック（ミズーリ川とアマゾン川の源流から流出した木は、海流の影響によりフロリダ海峡で出会うことになる）を駆使して、アマゾンをメキシコ湾とカリブ海によって形成された「アメリカ内海（Mediterrâneo Americano）」の一支流と位置づけた。そして、その相対的近接性（時間距離はアメリカの方がリオデジャネイロより近い）からも、アマゾンはアメリカの管轄下に置かれる天命にあるとの持論を展開した。彼の地政学的見地からすれば、アマゾン川流域もミシシッピ川流域同様、ニューオリンズやノーフォークといった南部の貿易港が支配する巨大な商業帝国の一部に組み込まれて発展することが、自然や神の摂理だった。

モーリーは、アマゾンを半球的な視界の中に位置づけたうえで、果たしてこの大河谷に住むのは、愚かで無気力な人々か、それとも森を征服し、そこに隠された莫大な資源を開発する力をもった先進的な民族かと修辞的に問いかけ、用意周到にアマゾン黒人植民論を展開した。彼は、先住民やヨーロッパ人が三〇〇年格闘しても開発できなかったアマゾンは、奴隷のための大地であり、アフリカ人によって開発されなければならないと説いた。そして、ミシシッピ河谷が、解放されて自由の身となった北部奴隷のための「安全弁」となったように、アマゾン河谷は南部の綿花農場で働く奴隷のための「安全弁」になるだろうと主張した。そして、彼のこの構想は、アマゾン川における自由航行権の要求を隠れ蓑にして巧妙に進められた。

モーリーは、外国資本へのアマゾン川の開放(外国船の自由航行)は、国家主権にいかなる危険もおよぼすことなく相互利益を生み出し、アマゾンに文明をもたらすと広く内外に宣伝した。折しも、ブラジルは一八五一年に「ウルグアイ内戦」に参戦し、戦いに勝利してアルゼンチンにラプラタ川の自由航行権を承認させたばかりだった。モーリーはこの事実を逆手にとり、アマゾン川の開放をブラジルに迫る絶好機と判断した。

彼は前述した自著の中で、ブラジルがペルーと結んだ蒸気船航路の契約に触れ、「この航路でブラジルは三〇年間、自国旗を掲げてアマゾン川を航行する独占権を得た。そして最初の一五年間は、年額一〇万ドルの契約金が支払われる」と、自由航行権承認の経済的メリットについて指摘した(ただし、ブラジルで出版された翻訳本では、契約金に関する記述が削除されている)。さらに「ペルーとブラジルがすべての国に対して入港地を開放し、アマゾン川の航行を許可すれば、両国の市民と臣民は一〇〇ポンドのサルサパリラ(当時欧米で珍重された薬草)を売って四ヤードの綿布を得る代わりに、三〇〇または四〇〇ヤードの綿布を得るだろう」と述べ、アマゾン川の開放と船の自由航行が両国の経済的利益を約一〇〇倍に増加させると宣伝した。

さらにモーリーは、あえて日本を引き合いに出して、「中国はわれわれとの交易を望んでいるが、日本はその通り道に立ち、自らを閉ざして世界の外にいる。日本は国家の交わりの中にいないのだから、われわれは艦隊を派遣して、日本が世界の一員でありながらその世界の外で生きていくことはできないことを思い知らせるのである」と述べ、アマゾン川の開放を渋るブラジルを牽制した。また、五つのスペイン系アメリカの共和国は、アマゾン川を上下して貿易をしたいと考えているが、ブラジルは日本よりひどく、その通路の出入口に直立して自らがアマゾンを利用することも、他国にアマゾンを利用させることもないと述べ、「ブラジルはアマゾンを三〇〇年も支配してきたが、アマゾンを開墾してその資源を開発するための最初の実用的な一歩すらまだ踏み出していない」と指摘した(Horne, 2007)。

モーリーの緻密な策略

モーリーの「アマゾン共和国」構想を支援し、その広告塔として活躍したのが、いとこで義兄弟のウィリアム・ルイス・ハーンドン海軍中尉(娘はアメリカ大統領チェスター・アラン・アーサーの妻)と、元同僚のラードナー・ギボン海軍中尉である。一八五一年、彼らはモーリーの依頼を受けて、ペルー、ボリビアのアンデス山脈とその麓のアマゾンをそれぞれ別々のルートで極秘に踏査した。そして、植民に必要な各地の地勢、水系、産業や文化、奴隷や労働力などの情報を収集した。その成果は、海軍省への報告書『アマゾン河谷の探検』にまとめられ、議会上院でも使用するために一万部の増刷が命じられるなど、政界からも高い関心を集めた。

全二巻からなる同書は、一八五三年に出版された第一巻がハーンドン、翌年出版された第二巻がギボンの探検報告である。特にハーンドンのアマゾン紀行は、キューバへの関心が色あせてしまうほど魅惑的で、一気にアメリカ市民の関心をブラジルへと仕向けた。一九世紀のアメリカが生んだ三大探検記の一つとも称され、文豪マーク・トゥエインは本書に刺激されてニューオリンズから船でアマゾンに旅立とうとして失敗したという。熱狂をもってアメリカ市民に受容された彼らの著作は、アメリカ黒人による「アマゾン共和国」建設構想の強力な広告塔となった。

モーリーは、マスメディアを駆使してアマゾン黒人植民論を煽動しただけではなく、アマゾン川の開放に向けて、政府にブラジルとの条約締結を強く働きかけた。その際、彼は交渉戦術の細部にまで言及した。すなわち、ブラジルが生産するほぼすべてのコーヒーを、アメリカが免税で輸入し消費していることを指摘したうえで、アフリカとの奴隷貿易を廃止しなければ、関税をかけて奴隷労働に依拠するコーヒーの需要を減らす、と脅すように提案した。

モーリーの提案には、アメリカ奴隷のアマゾン移転が巧妙に仕組まれていた。奴隷制支持者であるモーリーは、ブラジルにその廃止を本心で迫ってはいない。むしろ、ブラジルが奴隷大国であるがゆえに、アフリカからの奴隷供給が止まれば、ブラジルは別の場所から奴隷を受け入れざるを得なくなると考えた。それがアメリカ南部からであれば、それは単に奴隷の移転であり、新たな奴隷の輸入にはならないばかりか、奴隷は彼らに適した新たな土地で自由を獲得し、さらにその対応に苦慮するアメリカ奴隷制度の「安全弁」にもなると考えたのである。

モーリーは、アマゾン川の開放を渋るブラジルを側面から切り崩す戦略についても、アメリカ海軍長官のウィリアム・アレクサンダー・グラハムに提案している。彼は、ペルーがアマゾン河畔の町の一つ、あるいはそれ以上をアメリカの商業船の入港地として開放することを条件に、アメリカがアマゾン川近くの「島々」をペルーの領土として保証する条約や、アマゾン川の沿岸国だけに認められていた自国旗を掲げての排他的な航行権をアメリカにも認めさせる条約の締結を進言した。上流の国々にアマゾン川の開放と自由貿易を認めさせることで、下流のブラジルに圧力をかける戦法だった。

モーリーにとって、巨大な奴隷帝国として実在するブラジルのアマゾンは、奴隷制廃止を迫る北部との戦いに勝利するための希望であり、敗北した際の理想的な避難所でもあった。アメリカ大陸の二つの奴隷国家が同盟を結んで共闘することで、奴隷制廃止主義者の圧力に抗う堅固な体制を国際的に構築する必要があった。彼はその実現のためにも、奴隷制廃止論者(abolitionist)とともにイギリスとフランスを、この水域(アマゾン)とわれわれの活動から排除すべきだとグラハムに訴え、南部がブラジルとの交渉の先頭に立つべきだと進言した。

このようなアメリカ黒人のアマゾン植民論は、極めて象徴的だが特異な着想ではなかった。それは南部の奴隷州だけでなく、連邦(アメリカ合衆国)支配下の奴隷州や自由州の政治家、市民までも巻き込む活発な議論を巻き起こした。特に奴隷州では、そこに黒人奴隷がとどまったまま奴隷解放を迎えた場合、果てのない「人種戦争」に巻き込まれることを恐れる白人層にも共感をもって受け入れられた。人種主義者の彼らは、到底二つの人種が共生できない以上、「白人の土地」を守るためには、海外に黒人植民地を創設するしかないと考える向きがあった。

アメリカでは、既に一八一六年、自由黒人をアフリカに移住させる目的で「アメリカ植民協会」が設立され、二二年にリベリアに向けて最初の移送が行われている。その後、アメリカにより近いキューバやメキシコ、ホンジュラス、パナマ、西インド諸島の国々、ベネズエラなども移送先の候補に挙がった。しかし、今回はさらに南のアマゾンが、その対象を農場主と奴隷、自由黒人、企業家などにまで拡大して理路整然と提案されたため、多くのアメリカ人(特に南部人)が興味津々でその議論を見守った。黒人の中にもブラジルを好意的に評価する者がいたため、奴隷制を維持するためではなく、彼らの自由のために黒人植民論に賛同する者もあった。

その後、モーリーは南北戦争中に南部連合軍(以下南軍)の海軍司令官となり、船舶や物資の調達のため、イギリスやフランスをめぐって交渉に当たり、ロバート・E・リー将軍から厚い信頼と寵愛を受けた。彼は、外国勢力と組んで連邦に対抗する戦略を志向した、最も強硬な分離論者(secessionist)の一人だった。一八六四年、フランスがオーストリアのマクシミリアンをメキシコ皇帝に据えて傀儡政権を樹立すると、モーリーは南軍を離れ、移民局長としてメキシコに移住した。そして、南部連合(アメリカ連合国)の承認や外交関係の樹立、植民地の創設などに尽力した。

モーリーは、緻密な思考と戦略にたけ、大胆な行動力と国際性も兼ね備えた、奴隷帝国主義

(slave imperialism) の信奉者だった。ちなみに、ヴァージニア州のリッチモンドには、彼の記念像が設置されていたが、黒人に対する人種差別撤廃の声(Black Lives Matter, BLM)が高まるなかで、二〇二〇年に同像は市により撤去された。

アマゾン川の開放をめぐる攻防

モーリーの「アマゾン共和国」構想は、アメリカ政府にも好意的に評価された。ノースカロライナ州出身で、テネシー州知事を務めたウィリアム・トゥルースデールは、一八五三年にブラジル特命全権大使に任命され、五七年までリオデジャネイロに赴任した。彼の任務は、モーリーの構想に倣い、自由貿易を推進するための貿易協定の締結と、国際的なアマゾン川の開放をブラジル帝国政府に認めさせることだった。

アメリカは、アマゾン川を海洋と同一視し、その航行は神が人類に与えた「天賦の自然権」なのだから、神以外の何人もそれを奪うことはできないと指摘して、「自然法」を主張の根拠に据えた。そのうえで、アマゾン川の開放は国家主権になんら危険をおよぼさず、むしろ地域に文明をもたらすと主張して、ブラジルの懸念を払拭しようと試みた。さらに、他のアマゾン川流域諸国にも同様の圧力をかけて、アマゾン川の自由航行と開港を迫った。ブラジルに比べて欧米諸国との自由貿易に前向きな上流の国々を巻き込むことで、アマゾン川の開放を渋るブラジルを孤立させて切り崩そうとしたのである。

一方、ブラジル側は外務大臣のアバエテ子爵(アントニオ・パウリーノ・リンポ・デ・アブレウ)と、駐米大使のフランシスコ・イグナシオ・デ・カルヴァーリョ・モレイラが交渉の窓口になった。

ブラジルは、アメリカの高圧的な要請を危険なものと認識した。アマゾン川の開放や開港は、「アヘン戦争」後に中国で起きた現実を想起させて人々の恐怖心を煽った。また、アマゾンでの植民地建設は、アメリカが引き起こした一連の「テキサス併合」(一八四五年)、「アメリカ・メキシコ戦争」(一八四六〜四八年)を想起すれば、単に植民だけでは終結しない、その後の進展が深く憂慮された。ブラジルは、「フィリバスター(filibuster)」と呼ばれる、他国での非合法な活動により革命や反乱、分離独立運動などを引き起こし、政治・経済的利益を得ようとする略奪者たちの侵入を極度に警戒していた。即答不能な難問に苦慮したブラジルは、アメリカの煽動には乗らず、外交を通じて冷静かつ防御的に対応することで、何よりも時間を稼ぐ作戦に打って出た。

一八五四年、ブラジルは『アマゾン——アマゾンの自由航行の恩恵に関するアメリカ海軍のF・モーリー海軍士官の報告への短い返答』を上梓して、自国の見解を示すとともに、三人の傑出した外交官を任命して外交交渉に当たらせた。すなわち、ドゥアルテ・ダ・ポンテ・リヴェイロとミグエル・マリア・リスボアは、ベネズエラ、ヌエバ・グラナダ(主に現在のコロンビアとパナマ)、エクアドルに赴いて反米体制の構築を図った。また、ワシントンに派遣されたモレイラ大使は、マスコミを通じて粘り強くモーリーの企てを批判した。

ブラジルは、アメリカが交渉に持ち出した「自然法」に対して、アマゾン川の航行権は「慣習法」(国家間に成立した慣習が法的確信をもって行われる法律)の問題だと反論した。そして、航行権は国家間の協定によってのみ認められることが公正かつ安全だと主張して、協定外の第三国の侵入を排除する立場を示した。実際、同国は一八五一年にペルーと協定を交わし、国境を調整したうえで双方の船の航行を許可しており、この方法を可能な限り長く継続したいと考えていた。その一方で、この論法を固持すると、アルゼンチンと対立するラプラタ川での自国の航行権を失いかねないという自己矛盾には気づいており、いずれ自国に有利な条件で開放できるまでの先延ばし戦略だったといえる。

一八五四年九月、ブラジルはアメリカに対し「アマゾン川の自由航行の要求が一部である限り、帝国政府はアマゾン川を海と同一視して捉えるその主張の根拠となる原則と教義に従うことはできない。帝国政府は、実際に新しく、そして初めて提示されたそのような教義を、国民と公法(direito público)の原則により受け入れることはできず、利益と力の原則を法と正義の原則に置き換えない限り成功しないことを理解している」(Luz, 1968)と、恐れながらも毅然と反論した。そして、これが最後通牒ではなく、国内の貿易環境(港湾や税関・税制など)が整備され、自らその開放が必要であると判断した場合には実施することを示唆した。

それにもかかわらず、一八五四年一二月、トゥルースデールはアバエテ子爵に、アマゾン川の航行権をアメリカに認める条約の草案を一方的に提示した。これにブラジルが応じなかったため、アメリカは五五年七月、再び「自然法」を盾にアマゾン川の開放をブラジルに強硬に迫った。ブラジルは自己決定権と国家主権を死守すべく、忍耐と冷静さを旨に外交交渉を続けた。

この間、ブラジルはアマゾンの貿易環境の整備に着手した。外国の船会社や企業のアマゾン進出に先駆けて、一八五二年、マウア男爵（イリネウ・エヴァンジェリスタ・デ・ソウザ）に「アマゾン船舶・貿易会社」を創設させ、同社と三〇年間のアマゾン川でのコンセッション（独占的営業権の無償譲渡契約）を締結した。創業当初には三隻だった船が、四年後には一〇隻となり、収益も三倍に増加した。しかし、民間でありながら補助金を受け、法律でその特権的地位が認められたこの会社は、事実上、皇帝ドン・ペドロ二世が作らせた独占的国営企業で、すぐに国内外から批判が噴出した。

アメリカでも、モーリーを先頭に自由貿易主義者による辛辣な批判が起きた。ブラジルの法令では、「アマゾン船舶・貿易会社」に与えられた特権は、ベレン―マナウス、マナウス―ナウタ（ペルー）の二航路に限定されていたが、アメリカはアマゾン全域で独占的な貿易と船の航行権が同社に許可されたかのように非難した。また、ブラジルがペルーと結んだ二国間協定を根拠に、第三国のアマゾン川航行を排除していることも批判した。

同社への批判の声は、ブラジル国内からも上がった。自由貿易主義者のタヴァレス・バストスは、アマゾンはこの独占的国営企業のためにあると非難して、ブラジルの保護主義と閉鎖的な外交政策を批判した。その結果、一八五四年には同社のマナウス―ナウタ航路の独占的な特権が破棄された。しかし、ブラジルはマウア男爵との契約を五七年に刷新し、ベレン―マナウス(月一回)、ベレン―カメタ(月二回)、マナウス―タバチンガ(年六回。タバチンガはペルー、コロンビア、ブラジル三国の国境の町)の新たな三航路での運航を義務づけた。

アマゾン川の開放と開港を求めるアメリカの圧力は、一八五〇年代後半になると急速に弱まった。その背景には、奴隷制をめぐるアメリカ国内の対立が激化して、アマゾン問題に関わる余裕がなくなったことがある。また、同国のホイッグ党が奴隷制の維持と強化につながるモーリーの構想に強く反発したことや、彼らが吹聴する理想郷としてのアマゾンが誇大宣伝であり、非現実的な幻想にすぎないとの批判が続出したこともある。しかし、モーリーの「アマゾン共和国」構想はいっとき潜在化したものの、六〇年代になると、南北戦争のさなかにリンカン政権下で再燃することになる。

南北戦争の勃発でアメリカが混乱するなか、一八六〇年代にはブラジルの政界内部でも、アマゾン川の開放と自由貿易の推進を主張するリベラルな潮流が強まった。そして六六年一二月、ついにブラジルはすべての国に対し、軍艦を除きアマゾン川の航行を無条件で認めることを決定した。ただし、アマゾン川の支流については、外国船が内陸の奥深くまで侵入できないように、トカンチンス川はカメタまで、タパジョス川はサンタレンまで、マデイラ川はボルバまでと、その航行可能な範囲を限定した。また六七年には、ブラジルの「アマゾン上流船舶会社」に、マナウス―サント・アントニオ航路（マデイラ川）、マナウス―ヒュタナハン航路（プルス川）、マナウス―サンタ・イザベル航路（ネグロ川）の開設を認可し、二五年間のコンセッションを締結した。

さらに一八七〇年、ブラジルは河川航行が困難なマデイラ川の滝・早瀬地帯に蒸気機関車を走らせる目的で、アメリカ人土木技師のジョージ・アール・チャーチ大佐（旧連邦軍将校）と五〇年間のコンセッションを締結して、「マデイラ・マモレ鉄道」の建設を託した（第三章3節参照）。近年、この鉄道建設には、サンパウロのアメリカーナ（ノリス）植民地に移住した南軍の退役軍人らが関わっていたことが報告されている。彼らはバプテスト派のプロテスタントだったが、皇帝ドン・ペドロ二世もそのメンバーだったフリーメイソンの信奉者でもあった。

図 2-2　イギリスとアマゾンを結ぶ蒸気船会社のポスター
リバプールから出航し，ルアーブル，ポルト，リスボン，マデイラ諸島を経由して，アマゾンのベレンやマナウスを結んでいた．ニューヨークからもバルバドス経由のパラ・マナウス航路があった．
［Amazon Steam Navigation Company (1904)］

一八七一年、ブラジ

図2-3　マナウス港の浮きドックに係留された蒸気船リオ・グランデ号
［CD Manaus Antiga］

ルはマウア男爵に与えた「アマゾン船舶・貿易会社」のコンセッションを外国企業に移譲することを許可した。その結果、同社は翌年にイギリスに売却され、その営業は「アマゾン蒸気船会社」に引き継がれた(図2-2)。また七四年には、「アマゾン上流船舶会社」のコンセッションも「アマゾン蒸気船会社」に移譲された(図2-3)。こうして、アマゾン川の開放と自由貿易の実現というアメリカの悲願は達成されたが、ブラジルの船舶・貿易会社が独占的に所有していたコンセッションは、すべてイギリス企業に移譲されてしまった。また、モーリーはアマゾン川の開放が国家主権になんら危険をおよぼさないと主張したが、ブラジルが危惧したとおり、アマゾンの貿易と河川輸送を掌握したイギリスは、一八七六年に自国船で天然ゴムの種子を国外へと持ち出し、ブラジルの国家主権を経済的に脅かした(第三章2節参照)。

2　南北戦争とアメリカ黒人の国外移転

リンカン政権と黒人植民論

一八六一年三月に大統領に就任したエイブラハム・リンカンは、奴隷制度の拡大には明確に反対しつつも、アメリカ南部の既存の奴隷制には積極的に干渉しない姿勢を示した。連邦の分断と消滅を回避したいリンカンは、奴隷解放は潜在的に奴隷制よりも危険であるとの思いを抱いていた。リンカンが企図したのは、白人と解放奴隷が共存・共生する国家ではなく、彼らの海外移転、すなわち人種間の分離による白人のための国づくりだった。リンカンは、演説や新聞で黒人の国外移転と植民地化に触れ、その移送適地としてリベリアよりアメリカに近いラテンアメリカを挙げた。そして、解放奴隷の海外移転を進めることで、奴隷州でありながら連邦に残った境界州が南部連合に同調するのを防ぐ思惑もあったといえる。しかし、同年四月、ついに南部連合は連邦との絆を断ち、その後約四年におよぶ激烈な南北戦争に突入した。

リンカンは一八六一年一〇月、ジェームズ・ワトソン・ウェッブをブラジルの臨時大使兼全権大臣に任命した。ニューヨーク出身の元陸軍士官だったウェッブは、熱烈な人種主義者で、奴隷制支持者(escravagista)でもあった。彼は奴隷制廃止論者の四分の一は狂信者、四分の三は悪党であるとまで述べて、奴隷解放運動への嫌悪感をあらわにした。彼はリオデジャネイロのコーヒーブームに伴う北部諸州の慢性的な労働力不足、特に奴隷の減少とその急激な価格の高騰について指摘したうえで、北部の気候と土壌は白人よりも黒人に望ましいと述べた。そして、現地の劣った黒人とは異なり、一人でその三人分の価値があるアメリカ黒人が四〇〇万人もいると主張した。そして、ブラジルでは白人と黒人の人種間の社会的区別がほぼ根絶されていると述べて、アメリカから解放された黒人は、労働力不足に苦しむブラジル北部を救い、そこで土地を与えられて政治的・社会的に平等なブラジル市民になれると主張した。彼はアメリカ黒人のブラジル移転を、「明白な天命」に導かれた慈善事業と考えていた。

もちろん、リンカン政権は必ずしも一枚岩ではなかった。リンカンのもとで国務長官を務めたウィリアム・ヘンリー・スワードは、ウェッブの強引で拙速な外交に冷静に反対した。彼は、神の指が、アメリカ南部の奴隷たちの約束の地、休息の地、そして回復の地としてブラジル北部諸州を指し示していると妄信し、彼らの移転を効果的に推進するための条約交渉の許可を要求しているウェッブに対し、大統領は現時点であなたにその権限を与えることを拒んでいるが、あなたが議論を続けることは望んでいると返答した。スワードは、ブラジルが他の人口供給の可能性よりも、アメリカから追放されたカーストの受け入れを好むと仮定する権利などないと述べ、そもそもこの潜在的な「トロイの木馬」をブラジルが受け入れるかどうか疑問だとした。

解放奴隷の国外移転と植民地建設を容認する大統領と、彼らを国内にとどめて自由労働力にすべきだと考えるサーモン・ポートランド・チェイス財務長官やチャールズ・サムナー上院議員などとの間で、真剣な議論が続いていた。また、奴隷制廃止運動家のフレデリック・ダグラスも、このような奴隷制度の維持・拡大の試みは成功しないと反対した。スワードは、事前に政府の許可なく、解放された黒人をいかなる国や植民地へも移転させてはならないと、ブラジルでの黒人植民地の建設に猛進するウェッブを戒めた。

一八六二年四月、アメリカ連邦議会は黒人植民のための資金として六〇万ドルの予算を組み、国の費用で解放奴隷をハイチやリベリアに植民させようとした。海軍長官ギデオン・ウェルズによると、リンカン政権では当初から黒人の国外移転が議論されていたという。彼は、南アメリカには植民地化の余地が安く豊富にあるので、互いに励まし合えるほど十分な数になれば、解放された人々がそれほど「行きたがらない」ということはないだろう、とリンカンは語ったと述べた。そして大統領は、黒人を国外へ移転するために「黒人移民局」を創設した。ウェルズやチェイスを除き、大統領や他の閣僚たちは黒人の国外移転に賛成していた。アメリカ奴隷制度の「安全弁」としての黒人植民論が、連邦議会でも支持を得ていたのである。

一八六二年五月、ウェッブは「秘密」で「私的かつ非公式」な提案として、アメリカ黒人の植民地を建設するための合弁会社の設立をブラジルに打診した。その内容は、ウェッブ自身に二五年間またはその後ブラジル政府が取り消すまでの間、アメリカで解放された、あるいは解放されようとしている黒人を、年季奉公人や入植者としてブラジルに移住させる既得権を与えること、この会社の資本金は二五〇〇万ドルを超えてはならず、アメリカ、ブラジル両政府は有価証券により一〇〇万から最大三〇〇万ドルの株式を申し込めること、各入植者には一〇〇エーカーの土地、小屋、特定の農機具が提供されること、黒人は入国日から五年一か月の間、この会社やその社員・株主のために働くこと、そしてこの期間を過ぎると彼らは「見習い期間」を終えて自由が宣言され、ブラジル帝国の臣民となってそのすべての権利が保障されることなど、植民地政策の細部にまで踏み込んだ、何ともずうずうしい一方的な提案だった。

これに対し、ブラジル外務大臣のアブランテス侯爵(ミグエル・カルモン・ドゥ・ピン・エ・アルメイダ)は、ブラジルにはいかなる解放黒人もわが国に入ることはできないと禁じた法律があるため、あなたの要求に応えることはできないと、その法律を添えて丁重に返答した。こうして、ウェッブの提案は事実上棚上げにされた。黒人奴隷の代替労働力として、ヨーロッパ系移民を積極的に招致し、ブラジル人の「白人化」も併せて実現することに夢中だった当時のブラジルの為政者たちにとって、ウェブの提案は驚愕に値するものだった。彼らは威圧的な相手を刺激せぬよう、遠回しに拒絶して冷静に事態の沈静化を待った。

同時代人の地理学者で、アナーキズム思想家としても有名なエリゼ・ルクリュは、『アメリカ合衆国』の中で黒人の海外移住に触れ、かつてリベリア共和国を建国させたときのような世論が再び巻き起こっているが、今度は一つの人種全体を運び出すという桁違いの規模だと記している。また、南部諸州の政治団体が、全黒人の海外移住をスローガンに数百万人を出国させるための甘美な移住計画を提案して、黒人自らそれを望むように説得していることや、ブラジル、キューバ、ハイチなどのアンティル諸島、中米、アフリカが、黒人の将来の楽園として出国先に挙げられていることを報告している。さらに、移住に際しては純血ないしほぼ黒人と、白人の要素が加わるムラート(黒人と白人の混血)の二つの経路を設けるべきとの提案さえあるが、それは黒人とムラートの協和が、白人と有色人種の協和と同じくらい不可能であるといわれるからだという。そして、人種間闘争はますます激化し、黒人を遠ざけてその影響を無効化するために、白人の諸党派はお互い和睦して黒人に対抗するようになったと述べている。

南軍私掠船の暗躍

アメリカ南北戦争の影響は、遠くブラジルにまでおよんでいた。アメリカ南部の綿花地帯が戦場と化したことで、一躍ブラジルのノルデステ(北東部)は世界の綿花貿易の中心地となった。また、バイア県やリオデジャネイロ県の港には、南軍の私掠船などが入港し、南軍旗を掲げて連邦(アメリカ合衆国)の船を攻撃する海賊行為を繰り返していた。ブラジルは、南軍が戦争を遂行するための補給基地の一つになっており、石炭、水、食料などが提供されていた。アメリカは一八六二〜六三年にかけて、「海賊(南軍)」に隠れ家や避難所を提供するのは、国家の法律を逸脱した非友好的で不当な介入行為であり、直ちにやめるよう繰り返しブラジルに抗議した。しかし、ブラジルから満足ゆく返答は得られなかった。

南軍海軍の中でも、軍艦「アラバマ」の船長ラファエル・セムスは、連邦軍(以下北軍)の追跡を巧妙に逃れ、アメリカ商船を次々と襲撃して連邦に甚大な損害を与えたことで有名である。南軍は、戦争に勝つためには、ブラジルやイギリス領ケープ植民地(現南アフリカ共和国)など、奴隷制を維持する国や植民地の支援が不可欠だと認識していた。セムスは、南北戦争はブラジルに対する戦いでもあり、もし南軍が敗北した場合、次はブラジルが「ヤンキー(当時、南部の人々が敵対する北部の住人に使った蔑称)」のプロパガンダに攻撃されるだろうと煽動して、ブラジルに南軍への協力と支援を求めた。彼はイギリスで建造された軍艦に、イギリス人の乗組員を乗せ、イギリスの国旗を掲げてリバプールを堂々と出港した。そして、南軍に好意的なケープタウンやリオデジャネイロを補給基地として、南大西洋をわが物顔に往来してアメリカ商船などを襲撃した。一方、連邦は、奴隷貿易弾圧のために共闘しているはずのイギリスが、ブラジルとともに南軍の活動を実質的に容認し、物資供給まで行っていることに動揺し、外国勢力の動きにも強い警戒感を抱くようになった。

一八六二年九月、リンカンは「奴隷解放予備宣言」を布告して(翌年の元日に本宣言として布告)、南北戦争が奴隷解放のための戦い、民主主義国家を守るための戦いであることを世界に向けて宣言した。しかし、それは「人道のための戦争」と位置づけることで、国内外の世論を味方につけ、特に南部連合が期待しているイギリスやフランスの介入を防ぐことが目的だった。外国が南部連合を承認して支援することは、断固阻止せねばならなかった。その一方で、連邦の維持という本来の目的は変わっておらず、「奴隷解放宣言」を出したあともリンカンは黒人の海外移転を模索していた。彼は黒人の移送先を求めて、スワードに、ラテンアメリカに植民地をもつイギリス、フランス、スペイン、デンマークなどと交渉させていた。南部連合がブラジルに接近して黒人植民地の創設を企てたのに対し、連邦の主要な関心地は中米やカリブ海沿岸のイギリス領(現ベリーズ、ジャマイカ、英領ヴァージン諸島、ガイアナなど)にあった。

スワードは、駐米イギリス大使のライオンズ卿(リチャード・ライオンズ)に、アメリカ黒人のイギリス領移送の可否について打診した。イギリスでは、黒人がワシントン(アメリカ)の「トロイの木馬」になるのではないかとか、深刻な政治的問題に巻き込まれるのではないかといった懸念が高まり、一八六三年の夏頃には、アメリカの提案に否定的な意見が優勢となった。また、黒人の移住先として候補に挙がったラテンアメリカ諸国も、アメリカへの従属を警戒し、また英語を話す黒人の移住をあまり歓迎しなかった。こうして、アメリカの期待に反して黒人の移住先はなかなか見つからず、海外への黒人植民論は急速にしぼんでいった。

状況はブラジルでも変わらなかった。黒人植民地を建設するための合弁会社設立を拒んだブラジルは、表向きは中立の立場を堅持しながら、実際には南部連合への共感や支持をちらつかせて連邦を牽制し、その圧力が過ぎ去るのを忍耐強く待った。そして、一八六五年四月、南北戦争は北軍の勝利で幕を閉じた。

3　南部連合支持者たちの逃亡——ヘイスティングスの植民計画

理想郷となったブラジル

南北戦争の終焉とともに、アメリカの海外黒人植民論の夢はついえた。敗れた南部連合支持者(confederate)たちは、「ヤンキー」による復讐や支配、解放奴隷との人種抗争、廃墟からの生活再建に大きな不安や恐怖を抱いた。そして、アメリカで「生命・自由・財産」を保障されずに「ヤンキー」と生きるよりは、南部人の「名誉・騎士道精神・潔白」を守りながら海外で奴隷農園を存続させて生きる方がましだと考える者たちも数多くいた。アメリカでは、一八六二年に「ホームステッド法」が施行され、西部に無償で土地を入手することも可能だった。しかし、それでもあえて遠いブラジルを目指したのは、これまでの人種規範の変更を忌避し、慣れ親しんだ奴隷制のもとで安心して暮らしたいという彼らの切実な願いからだった。

ブラジルは、アメリカ奴隷制の「安全弁」としての黒人植民地から、旧南部連合支持者(旧南軍の退役軍人や奴隷農園主などの南部人)たちの理想郷として再登場した。そして、気候風土が南部と似たサンパウロなどに土地や奴隷を求めて自発的に移住する「ブラジル熱」が高揚した。中には両国の法律に背き、解放奴隷を引き連れて移住する者や、ブラジル到着後に農園と共に奴隷を購入した者もあった。

解放奴隷の入国を拒否したブラジルも、旧南部連合支持者の移住には好意的で、その招致には皇帝ドン・ペドロ二世自らが積極的に関わった。ブラジルは、彼らがアメリカから新しい農業の知識や技術、作物や農具などをもたらすことや、ヨーロッパ系移民とともにブラジル人の「白人化」に貢献することを期待していた。移民招致を進めるため、ブラジルはワシントンとニューヨークに移民斡旋所を開設し、各地にエージェントを配置して、直接移住希望者と交渉したり新聞に広告を掲載したりした。また、ブラジルまでの船賃に補助金を出したり、時には自らチャーター船を手配したりした。

リオデジャネイロに到着した移民たちは、ディキシー(Dixie, 南軍の行進歌)の演奏で出迎えられ、二〇日間無料の食事と宿泊、入植地の最寄り港までの無料乗船券が提供された。さらに、彼らに安く土地を提供したり、ブラジルに定住する誓いを立てるだけで迅速に市民権を与えて帰化を促したりと、その厚遇ぶりは際立っていた。移民の中には、リオデジャネイロの総督官邸に宿泊先を与えられて、皇帝ドン・ペドロ二世と懇談したり、美しいまち並みや植物園を堪能したりしたことを手紙で報告する者たちもあった。

一方、アメリカでも海外移住を希望する人々を支援するため、「植民協会」が組織されて多くの会員を集めていた。協会は植民にふさわしい国や地域を探すために、ブラジル、メキシコ、カリブ海諸国にエージェントを派遣して、移住に必要な情報収集や政府関係者との移民契約交渉を行った。中でも、一八六五年にサウスカロライナ州に設立された「南部植民協会」は、旧南部連合支持者たちのブラジル移住に大きく関与した。

旧南部連合支持者がブラジルに創設した主な植民地は、サンタレン植民地(ランスフォード・ウォレン・ヘイスティングス少佐が主導)、アメリカーナ植民地(ウィリアム・ハッチンソン・ノリス大佐が主導)、ニュー・テキサス植民地(フランク・マクマラン少佐が主導)、リズィランド植民地(バラード・ダン牧師が主導)、シリリカ植民地(ジェームズ・マクファデン・ガストン医師が主導)、ガンター植民地(チャールズ・ガンター大佐が主導)、バイア・デ・パラナグア植民地(M・S・スウェイン大佐が主導)で、いずれも一八六五〜六八年に集中的に創設されている。

ブラジルに移住した旧南部連合支持者の数は不明で、いまだに定説はない。一般には二〇〇〇〜四〇〇〇人と試算する研究者が多いが、中には一万人とか、外交官のユージン・C・ハーター のように少なくとも二万人と指摘する者もいて、その数には大きな隔たりがある。その背景には、ブラジル最初の国勢調査が一八七二年と遅いことや、八四年までブラジルが正確な移民記録をもっていなかったこと、そしてアメリカ人が北米人(norte-americano)として分類されていることなどがある。一般に研究者たちは、南北戦争後にアメリカを離れた移住者の総数は一万〜二万人で、そのうち四〇〇〇〜一万人がブラジル(残りは主にメキシコ)に向かったと試算している。彼らは旧南軍の退役軍人や医者、弁護士、商人、農園主、牧師、教師などの南部連合支持者が中心で、その社会・経済的階層はさまざまだった。移民の出身地はアラバマ、ジョージア、ルイジアナ、ミシシッピ、テキサス、テネシーなどの旧南部連合州が多かった。

ブラジルでの生活は、予想以上にアメリカ人たちを疲弊させた。植民地の多くは町から遠く、生産物を市場へ輸送するインフラも未整備のままだった。また、土壌が綿花栽培に向かなかったり、病害虫の大きな被害に見舞われたりもした。言語や宗教の壁も高かった。さらに、ブラジル人の人種規範、特に黒人の社会的同化と人種混交が「過度」に進んだ現状に当惑し、そして社会的に孤立していった。植民地はその多くが創設から数年以内にほぼ瓦解し（例外はアメリカーナ植民地）、移民の多くは都市に出たりアメリカへ帰国したりした。一八七〇年代には、アメリカで制定された黒人の差別・隔離制度（ジム＝クロウ）の実施にあわせるように帰国する者もあった。

ヘイスティングスの野望

南軍関係者の中で、南北戦争後にアマゾン植民計画を実現した人物がヘイスティングスである。オハイオ州で生まれた彼は、二三歳の若さで幌馬車隊に加わり、オレゴン州に移住した初期の西部開拓移民だった。一八四二年にカリフォルニア州に移った彼は、弁護士を務める傍ら広大な未開発地の植民事業に専心した。そして四五年、幌馬車隊での自らの移住経験に基づき『オレゴンとカリフォルニアへの移民ガイド』を上梓し、西部を目指す開拓者たちを鼓舞した。しかし、彼が提案した「ヘイスティングス・カットオフ」と呼ばれるルート（グレートソルトレイク砂漠の南を横断してシエラネバダ山脈を越える）で、翌年冬に多数の開拓民が雪中に幽閉されて死亡する「ドナー隊の悲劇」が発生し、彼は西部で政治家になる夢を絶たれてしまった。

その後、ヘイスティングスは結婚し、アリゾナシティに移って弁護士として働いた。彼は自由州の出身だったが、南北戦争中は南軍に入隊して少佐となった。戦後は旧南部連合支持者たちのアマゾン移住に関心を抱き、その実現に向けて邁進した。ヘイスティングスのアマゾン植民計画の概要は、彼が約半年をかけて実施したアマゾンでの調査記録をまとめた『ブラジルへの移民ガイド』（一八六七年）に詳細に記されている。稀覯本《きこうぼん》の同書は、主に旧南部連合支持者に向けてアマゾン移住のすばらしさと安全性を訴えた移民の勧誘本である。そこには、パラ政府と結んだ「移住契約書」や「移民援助協会」の手紙なども実際に掲載されており、既に十分な現地調査により移住先が決まっていること、最寄りのサンタレン港から植民地までの道路建設、渡航費（船賃）の前払い、植民地での診療所や仮住居の建設などもパラ政府の責任で行うことを証明することで、現地での受け入れ・支援体制の盤石ぶりをアピールしている。

同書によると、ヘイスティングスは一八六六年三月二六日、アマゾンに向けてアラバマ州モービルより移民三五人とともに「マーガレット号」で出航した。しかし、数日後に船内で天然痘が発生し、船はやむなくモービルに引き返して最初の航海は終わった。しかし、彼は急遽列車でニューヨークへと向かった。そして、ブラジル領事館の協力を得て、四月三〇日に「ノース・アメリカ号」で再びアマゾンへ向け出航した。五月一六日にパラ県のベレンに入港した彼は、翌日船を乗り換えてアマゾン川を遡航し、最終目的地のマナウスを目指して船旅を続けながら、入植地にふさわしい場所を探索した。

彼のアマゾン調査旅行は、感動に満ちあふれ、幸運にも恵まれていたようである。マデイラ川とアマゾン川の合流点では、色鮮やかで壮大な虹が上空に弧を描き、オウムやインコなどの鳥たちが陽気に歌を奏で、無数の魚たちが神秘的なダンスで水しぶきを上げている幻想的な光景に心酔している。またベレンでは、彼の旅行中にパラ政府が現地の有力者や政府関係者を集めて「移民援助協会」を設立し、県知事との会談までお膳立てされていた。ヘイスティングスは、アマゾン移住の要望書を知事に提出して協力を要請した。また彼は、「移民援助協会」の支援により、ブラジル帝国政府からも植民地建設の認可をもらうため、リオデジャネイロへと旅立った。

しかし、帝国政府の対応はヘイスティングスを失望させるものだった。彼は政府の役人から、もしアマゾン移民が奨励されれば、すぐにアメリカ人がアマゾンを制圧し、カリフォルニア同様、アメリカの手に落ちるだろうという強い懸念があるために、本案件の結論はすぐには出ないだろうと知らされた。ヘイスティングスは、こんなことはブラジル人が優勢な他の地域(ヨーロッパ系移民が少ない北部や北東部の諸県)では懸念されていなかったと述べたうえで、旧南部連合支持者たちは、連邦よりもブラジルの方が好きだから国を離れて移住するのであり、ましてや連邦の膨張を支援するなど馬鹿げていると憤慨した。ブラジル独立後も、植民地時代から続くブラジル帝国政府とアマゾン政府との根深い確執が残存していたことが感知される。

ヘイスティングスはベレンに戻り、一八六六年九月一七日、移住地を画定するために仲間と候補地のサンタレンへ向かった。そして、誰もが眼前に広がる壮大な景色と良好な気候や土壌に満足し、そこに六〇平方リーグの土地を選定してベレンに戻った。彼は一一月七日、パラ政府と全一一条からなる「移住契約書」を手交したのち、同月一二日に「ガイディング・スター号」でアメリカへ戻った。

彼は同書の結びで、アマゾン川の開放をブラジルが英断したことに触れ、「世界の天文学的・地理的中心地である広大なアマゾンは、まもなく、必然的に新世界の大きな商業中心地になるに違いない。(中略)パラの町が世界の商都となり、ブラジルがその歴史上無類の速さで富や権威、壮大さを増してゆくのを目の当たりにする。そのとき、愛国心の強い市民たちは、ネイティブも外来者も、アメリカ人移民の誇らしい成功とブラジル政府のリベラルで賢明な政策が、ブラジル帝国の栄光と隆盛の主な原因で重要な根源であると、歓喜して指摘するだろう」と述べている。

アマゾン移住の夢と現実

ヘイスティングスの用意周到なアマゾン植民計画は、彼が残した『ブラジルへの移民ガイド』からうかがえる。しかし、肝心なその後の移住事業については、彼が航海中に急逝したこともあり、その実態はよく分かっていない。最初のブラジル渡航のあと、ヘイスティングスは移民を伴い三回アマゾンへと旅立ったようである。最初の航海では、船がキューバ沖で沈没し、生存者はそのほとんどがメキシコに向かった。二回目の航海では、キー・ウエスト停泊中に天然痘が発生して引き返し、四六人がその犠牲となり死亡した。そして三回目の航海では、「レッド・ガントレット号」が故障でセント・トーマス島(アメリカ領ヴァージン諸島)に寄港中、船がアメリカ領事に接収され、債権者への支払いのために売却を命じられる非常事態となった。船を失った移民たちは、約一か月間も島で立ち往生したが、アマゾン行きの定期船に乗り換えて、何とかサンタレン植民地までたどり着いた。しかし、引率者のヘイスティングスは同島で黄熱病にかかり、同植民地を再び見ることなくこの世を去った。

図 2-4　アマゾンに移住した旧南部連合支持者（1866–1910 年）
女性は糸車を回して綿から糸を紡いでいる.
［Biblioteca Nacional (Brasil), Acervo Digital-BNDigital］

リーダーを失い、一八六七年九月にサンタレンに最初に入植した移民たちは、主にアラバマ州やテネシー州の旧南部連合支持者で、その数は一〇九人だった(図2-4)。彼らは入植直後から、飢餓やマラリアに苦しめられた。そして、入植後半年もたたないうちに、在パラアメリカ領事館のJ・B・ボンド領事に宛てて、救済を求める三〇人の署名入り請願書を提出した。彼らは、「移住契約書」に記されたサンタレン港から植民地までの道路や仮設住宅を完成させていなかったパラ政府の契約不履行を非難して、アメリカに戻るための援助を求めた。しかし、困窮や失敗の原因は彼ら自身にもあった。移民の中には農業を知らない者や、都会であぶれていた放浪者なども含まれていた。ボンドは、窮状の責任は移民側にもあることを指摘したうえで、パラ政府に救済を求めた。また、アメリカ政府にも事態打開に向けた協力を要請した。

その結果、パラ政府は移民に居住地を変更することを許可し、希望者にはベレンまでの乗船券を無料で支給した。サンタレン植民地の窮状は、アメリカ大統領ユリシーズ・グラントの目にも留まった。彼はブラジル大使のヘンリー・ブローに、ブラジル全土に住む四〇〇人以上の南部人(southerners)を軍艦でアメリカに輸送するよう命じた。一八六九~七一年までに、アメリカ海軍は軍艦「カンザス」「クインネベルク」「ポーツマス」を派遣して、南部人をブラジルから連れ帰った。

アメリカ海軍省のA・P・クック司令官は、コルベット艦「スワタラ」で、サンタレン植民地の南部人約一五〇人を救出して、サウスカロライナ州のポートロイヤルまで移送した。また、ブラジル連邦上院議員のコテギペ男爵（ジョアン・マウリシオ・ワンダレイ。のちの外務・大蔵・海軍大臣）は、ブラジルのエージェントが採用したアメリカ人移民の帰国費用を、一八七〇年初めからブラジルが支払うことを約束した。こうして、移民の多くがサンタレンを離れ、都市に再移住したり、運の良い者はアメリカが派遣した軍艦で帰国したりした。アメリカの新聞は、こうしたアマゾンの惨状を、旧南部連合支持者の愚かさを示す事例として取り上げ非難した。

一八七三年、ロンドンの「アマゾン蒸気船会社」が派遣したアマゾン調査隊に参加したチャールズ・B・ブラウンとウィリアム・リドストーンは、共著『アマゾンとその支流の一万五〇〇〇マイル』の中で、サンタレン植民地で出会ったアメリカ人移民から聞いた話を紹介している。「連れて来られた移民の多くが死亡し、かなりの人数が立ち去って、現在植民地には五〇人ほどしかいない。彼らの大部分は「モービルのドブネズミ」（モービルは移民が乗船したアラバマ州の港町）で、働いてまっとうに生きるためにやって来た者たちではなかった。彼らは、夜ごとサンタレン通りでブラジル人とけんかをし、その乱闘で多くが犠牲者となった。ブラジル政府は、彼らが帰国する気になるように、アメリカに戻る費用まで出して彼らを追い払った」と記している。

南部連合支持者の子孫で外交官のハーターは、このようなアメリカ人移民のネガティブな評価を否定し、帰国者よりも多くの者が現地にとどまり、その小さな植民集落はすぐに二〇〇人に成長したと述べている。そして、ゴムプランテーションで成功したデイヴィッド・B・リッカーや、四〇人の奴隷を所有してサトウキビの製糖場やタバコ工場を経営したロームルス・J・ローム、メソジスト派の牧師で農場主になったリチャード・J・ヘニングトンなど、プランテーション経営者として植民地で活躍した移民の具体例を挙げて、農業経験と資本金を携えて移住した者たちは成功したと指摘した。成功した移民たちは、アメリカの友人に宛てた手紙で「荷物をまとめて出てきた方がいい。そうすれば、ブラウン・ロー(南部連合の分離に強く反対した政治家)も、黒人も、「ヤンキー」も、そして税金もなくなる」と記した。しかし、このような成功者が一部にいたとしても、アメリカ人はアマゾンで経済・社会・文化的に確たる地位を築くことができなかった。

人種規範の違いが招いた挫折

教育的にも、社会・経済的にも優位(なはず)だった旧南部連合支持者たちが、なぜその優位性をアマゾンで十分に発揮できなかったのか。それはアメリカ人にとっても、ブラジル人にとっても大きな疑問であり関心事でもあった。サンパウロの植民地に旧南部連合支持者を招致した牧師のバラード・ダンや、ブラジルの著名なジャーナリストで小説家のヴィアナ・モーグは、彼らのかたくなな人種規範に起因する不適応を、その大きな理由として挙げている。

旧南部連合支持者たちがブラジルを理想郷と夢見たのは、そこがアメリカと同じ奴隷国家だったからで、彼らはこれまでどおり南部と同様の生活を送れるものと信じて疑わなかった。それは、白人が黒人を支配し、両者は交じり合うことなく厳格に棲み分けて暮らす社会だった。しかし、彼らの期待はベレンの港に降り立った瞬間、戸惑いや不安に変わり、すぐに不快感となって彼らを襲った。そこには、アメリカの奴隷国家とは似ても似つかぬ光景が展開していた。港には濃淡さまざまな色と容姿の混血者がうごめいていた。彼らは自らの存在を卑下することもなく、白人の移民たちを直視して話しかけ、ほほ笑み、そしてリラックスして働いていた。白人と黒人の異人種混交など考えられない旧南部連合支持者にとって、長い植民地時代のなかで白人、黒人、先住民が複雑に混交して生み出されたブラジルの混血社会は、理解不能で耐え難いものだった。

混血が進んだブラジルでは、そもそも人種を厳格に区分して棲み分けることなど困難で、人種間の境界は驚くほど曖昧だった。社会では「黒人の同等性(negro equality)」が進んでおり、重要な地位に就く黒人やムラートもいた。そのため、一見しただけでは誰がボスなのかも分からなかった。人種的に白人であることを厳格に追求し、ジム＝クロウやワンドロップ・ルール(黒人の血が一滴でも混ざっていれば黒人に分類)まで採用されたアメリカとは、「白人」の意味合いも、「黒人」や「混血者」に対する社会の受け入れ方も根本的に異なっていた。ブラジルには「金持ちは白人で貧乏人は黒人」ということわざがあるが、社会・経済的な成功者、教養を身につけた者、誰か先祖に白人がいる者なども「白人」として認識された。このような社会に驚愕し、戸惑い、不快な気分にとらわれて植民地に閉じこもった旧南部連合支持者に残された道は、孤立かアメリカへの帰国しかなかった。

しかも、旧南部連合支持者の期待や予想に反して、長らく先住民の世界だったアマゾンは、ブラジルでも最も奴隷が少なく、一八七二年のパラ県では、全人口の一〇%が奴隷で、「白人」はわずか三四%だった。残りの五六%は、彼らが忌避する有色人種が占める、圧倒的な混血社会だった。人種の平等を嫌って移住の道を選択した人々が、奴隷が少なく、自由黒人が「白人」と対等に暮らし、彼らが白人の外国人移民よりも多くの権利をもち、そして忌み嫌う混血者が半数を超えるアマゾンを、恋い焦がれる理想郷と錯覚したことは、いかにも皮肉としか言いようがない。また、彼らの多くが兵役を逃れるために、ブラジルの市民権取得を拒み、移住後も「ヤンキー」が支配する祖国に保護を求め続けたことは興味深い。このような状況で、旧南部連合支持者がアマゾンでその優位性を遺憾なく発揮することなど、そもそも不可能だった。そして、一九世紀後半に旧南部連合支持者が味わった絶望と挫折を、半世紀以上の歳月を経て、今度は「ヤンキー」たちが経験することになる(第四章1節参照)。

4　南欧移民の導入

奴隷制廃止と南欧移民　一九世紀前半、世界が奴隷制廃止へと動くなか、ブラジルではコーヒーブームによる労働力需要の増大から、むしろ奴隷の輸入が増加していた。これに対しイギリスは、奴隷貿易の禁止を強硬に迫り、一八二六年に「奴隷貿易禁止条約」が締結された。しかし、ブラジルがその厳格な履行を怠ったため、イギリスは一八四五年、海軍が奴隷貿易船を拿捕してその関係者をイギリスの法廷で裁く権限を認める「アバディーン法」を可決し、ブラジルに条約遵守を強く促した。その結果、五〇年にブラジルは「エウゼビオ・デ・ケイロス法」を制定して、奴隷貿易を完全に禁止した。

その後、ブラジルは奴隷制廃止に向けた段階的な動きと並行して、奴隷の代替労働力として外国人移民、とりわけヨーロッパ系移民の積極的な導入を進めた。当時の支配層は、ヨーロッパの文物を崇拝する舶来主義に取り憑かれ、アルチュール・ド・ゴビノー(フランスの外交官としてブラジルに赴任)の人種主義思想(白人至上主義を提唱し、混血を文明退化の原因と主張)の影響を強く受けていた。そのため、黒人や混血者の存在を劣等性の証しだと捉え、その状況からブラジルを救出するためには、ヨーロッパ系移民を導入して白人を増やすことが必要だとする「白人化(branqueamento)」のイデオロギーを妄信した。その際、ヨーロッパ系移民の中でも、特に純血性が高く先進的なドイツ系の移民が最適だと考え、一九世紀前半にはドイツやスイスなどから多数の移民が招致された。しかし、彼らが入植したのはアマゾンではなく、故郷に気候がよく似た南部や南東部の山間地だった。

そこで、アマゾンでもヨーロッパ系移民の導入に向けて活動が活発化した。一八五二年には、移民輸送を担う「アマゾン船舶・貿易会社」が設立され、翌年にはヨーロッパ系移民のコロノ（契約農業労働者）を招致するための公庫がパラ県に設立された。その結果、移民の渡航費や食事は無料となり、到着後八日間の宿泊先も提供された。五三年には、最初の農業植民地ノッサ・セニョーラ・ド・オが創設され、さまざまな国籍の外国人四七人とブラジル人一六〇人が入植した。七〇年代には、ゴムブームに誘われてヨーロッパ系移民はさらに増加した。七一年にはヨーロッパ系移民一万五〇〇〇人をアマゾンに招致する契約が締結され、七五年にはブラガンサ鉄道沿線にベネヴィデス農業植民地が創設された。ここには、フランス人（八七人）、イタリア人（三五人）、スペイン人（三三人）など、ヨーロッパ系を中心に合計一八〇人の外国人移民が入植した。

一八八五年に設立された「パラエンセ移民協会」は、海外で「移民ガイド」を配布して移民を募集した。その際、アマゾンでは家の建築や家具に最高級の木材が使えること、狩猟により健康的な食料を入手できること、果物や野菜が簡単に育てられること、地主としてすぐに最良の結果が得られることなどを宣伝した。しかし、それでも農業植民地に入植するヨーロッパ系移民の招致は至難の業だった。

一八八九年に立憲君主制から共和制に政体が変わると、国の移植民政策も大きく変化した（行政組織も県から州に変更）。農業植民地を建設して、そこにヨーロッパ系移民を入植させる帝政時代の方法は、アマゾンではうまく機能しなかった。彼らはすぐに近隣の都市などへ転出した。こうした反省を踏まえて、共和国政府は九〇年に「グリセリオ法」を制定し、新たな移植民政策の規範をつくった。そのうえで、具体的な移植民事業の策定や植民地建設に関わる権限を各州政府に委譲する一方で、アマゾンについては環境適応力が高いブラジル人の手で開発すべきとの立場を明示し、アマゾンをヨーロッパ系移民の移植民事業計画から除外した。

これに対し、当時ゴムブームに沸いていたアマゾンの州政府は強く反発した。パラ州のラウロ・ソドレ知事は、共和国に変わって行財政面での州権限が大きく増大したことを背景に、州が独自に外国人の移植民計画を推進することを決めた。そして一八九四年、パラ州への移民導入を促進するための法律(第二二三号)が公布された。同法は、移民を入植地まで無料で輸送すること、移民宿泊所(一八九五年創設)に一〇日間無料で滞在させること、六か月間の食料、家屋、切り株を除去した二五ヘクタールの農地、道具や種子を提供することを移民に保証した。一方、契約(補助)移民には、到着日から最低三年間はパラ州に滞在する義務が課された。

こうして、パラ州では一八九三年のマラパニン植民地を嚆矢に、二〇世紀にかけて農業植民地が次々に創設された。一九〇〇年にパラ州にあった一七の農業植民地で実施された国勢調査によると、ヨーロッパ系移民は合計六六三家族三三八七人だった。その内訳は、スペイン人が全体の九七%に当たる六四二家族三二八三人を占めており、都市を志向する他のヨーロッパ系移民は、農業の担い手にはならなかったことが分かる。また、ブラジル人は一六五一家族九四八〇人で、入植者全体の四分の三を占めていた。入植者が全員ブラジル人の農業植民地も六つあり、その多くはノルデステから移住した旱魃難民たちだった。

アマゾンのヨーロッパ系移民は、主に農業植民地に入植したスペイン人を除き、その多くは都市に居住して商工業分野の発展に大きく貢献した。イギリス人やフランス人は、一般に金融や商業部門での活躍が目立つ。イギリス人は、港湾建設、エネルギー生産、電信・電話工事、下水道工事といったインフラ分野でも傑出した活躍をみせた。また、ポルトガル人やイタリア人は、卸売業や小売業など、人々の日常生活に密着した商業分野で活躍した。彼らに遅れてスペイン人、ユダヤ人、そして日本人などもこの分野に参入した。イタリア人は、建築や芸術・文化の分野でもアマゾンに大きな足跡を残した。そこで、次にアマゾンの三大ヨーロッパ系移民について詳述しよう。

ポルトガル人移民

ブラジルの独立とともに外国人となったポルトガル人にとって、言葉や文化の壁が低いことは最大のメリットだった。彼らは、ブラジルで商売を営んでいる親戚や友人など、先着同胞移民の広範なネットワークや、つてを頼りに移住し、その多くが都市に職を求めた。移住者は男性が多く、移住後の帰国率が低いことも顕著な特徴だった。

ポルトガル人移民は、南東部の大都市を中心にブラジル全土に分布するが、後述するゴムブームが隆盛を極めた一九世紀後半から二〇世紀初頭には、アマゾンにも数多く移住した。一九二〇年の国勢調査では、ブラジルの州（連邦区を含む）の中で、パラ州は五番目、アマゾナス州は七番目にポルトガル人が多く、その数はそれぞれ一万四二一一人と七六一五人だった。

一九〜二〇世紀初頭に移住したポルトガル人は、大きく二つのタイプに分けられる。第一の移民タイプは、錦衣帰郷を目的とする個人の移住で、その典型はポルトガル人が経営する商店などで店員として働く若者たちの移住だった。一九世紀後半、ゴムブームに沸くアマゾンの町や都市では、イギリス人、フランス人などとともに多数のポルトガル人が商業に参入した。彼らは「アヴィアード制」（日用品などを高値で信用貸しし、ゴムなどの天然資源で精算する封建的な仲買システム）のもとで富を蓄え、中には「ゴム男爵」などと呼ばれる大富豪になる者もあった。こうした多くのポルトガル人商店主のもとで、言葉の障壁がない移民たちは店員として働くことができた。

社会学者のマリリア・フェレイラ・エミによると、一八五八〜六〇年にアマゾンに到着した六九八人のポルトガル人移民はすべて男性で、その八五％が独身者、平均年齢は二六歳だった。移民全体の五五％が商業に関わっており、店員が全体の三一％を占めていた。移民の出身地はポルトガルのミーニョ県とドウロ県が多く（両県で全体の七二％）、彼らの多くはスペインのビーゴ港（ブラジルに向かう不法移民の出港地だった）から出航した（図2-5）。

第二の移民タイプは、農業に従事する個人や貧しい家族の移住である。彼らは州政府から補助を受けて農業植民地へ向かう契約（補助）移民であり、一八七五年以降、パラのブラガンサ鉄道沿

図 2-5　ハンブルク・南アメリカ蒸気船会社のポスター
ハンブルクからロッテルダム，ビーゴ，ポルト，リスボン，マデイラ諸島，カナリア諸島，カーボヴェルデを経て，アマゾンのベレンやマナウスへ向かう定期航路が確認できる．
［バリンシュタット移民博物館］

線に次々と創設された農業植民地に入植した。また八六年には、アゾレス諸島の二一家族一〇八人が移住した。さらに九五年、パラ政府はポルトガル人やスペイン人二万五〇〇〇人を農業植民地に招致する契約を、フランシスコ・セペダ、エミリオ・マルチンスと結んだ。しかし、移住者は一万二〇二四人しか集まらず契約は破棄された。

エミによると、一八九八～九九年に補助移民としてパラ州に到着したポルトガル人移民は合計九〇人で、このうち六二人が単身渡航者、残りが家族移民だった。平均年齢は家長が三一歳、妻が二九歳で、子どもは一～一三歳だった。農業移民にもかかわらず、自分の職業を農民と申請した者はわずか三八人で、残りは写真家、画家、大工、靴屋、鍛冶屋、仕立屋などの職人や、特定不能な労働者だった。彼らもミーニョ県やドウロ県の出身者が多く、全員がビーゴ港から「アマゾネンセ号」などで海を渡った。

スペイン人移民

スペイン人移民も、ブラガンサ鉄道沿線の農業植民地に、契約(補助)移民として招致された。農業植民地への入植は、すべてのヨーロッパ系移民に門戸が開かれていたが、実際にはスペイン人がそのほとんどを占めており、町や都市での就業を希望して自由移民となった他のヨーロッパ系移民とは対照的だった。彼らの多くは、スペイン・ガリシア州の貧しい農民たちで、自作農の夢をかなえるためにアマゾンへ移住した。移民たちは、ビーゴ港からイギリスの蒸気船などでベレンやマナウスに運ばれた。

図書館学者のルーベンス・ダ・シルバ・フェレイラとエリカ・E・コスタは、パラ政府が移民に供与した「船の無料チケット」の史料から、一八九六～九九年にベレンに到着した七九二人のスペイン人移民の属性を分析した。それによると、不明者七人を除く性別は、男性が五三九人(六九%)、女性が二四六人(三一%)だった。また年齢構成は、五〇歳以上が三人と少ない一方で、二〇歳以下の青少年や子どもが、全体の三二%に当たる二五四人にも達した。

移住形態をみると、個人移住者が六五五人(八三%)で、家族移住者の一三七人(一七%)を大きく上回っていた。農業植民地では、さまざまな困難を乗り越えるうえで家族の存在が不可欠だったが、実際には個人移住者が大半を占めていた。彼らは移動性が高く、農業植民地に定着しにくい特性があった。職業は、就労年齢にある六二五人の九三%に当たる五八三人が農業で、残りの四二人は主婦、大工、靴職人、教師、理髪師、整備士、鍛冶屋、歌手、郵便配達などだった。

農業植民地の建設は、移民が引き起こす紛擾《ふんじょう》でたびたび中断した。移民契約によると、政府は移民が入植するまでに森林を伐採し、すぐに農業が営める土地を準備することが義務づけられていた。しかし、実際には巨木が鬱蒼と生い茂る森林が、そのまま入植地として移民に分譲されることもあった。激怒した移民の中には、入植を拒否してベレンやサンパウロなどの大都市へ転出したり、遠くアルゼンチンやウルグアイへ再移住したりする者もあった。スペイン人移民は、特に顕著な功績を残すことなく、アマゾンの現地社会にひっそりと同化した観が強い。

イタリア人移民

イタリア人移民が、アマゾンの経済・社会・文化に与えた影響は大きく、確たる存在感を示している。彼らがアマゾンに入植を始めるのは、ブラジルが帝政から共和制に移行する一九世紀最後の二〇年間である。イタリア人移民は、移住の目的や出身地を異にする二つの移民タイプに大別される。すなわち、第一はパラ政府の契約(補助)移民、第二は自発的にベレンなどの都市に移住した自由移民で、両者は同時代的に発生している。

エミによると、第一の契約（補助）移民として農業植民地に入植した移民は、イタリア北東部のヴェネト州、南西部のカンパニア州、そしてシチリア島の出身者たちだった。彼らが最初に移住したのは、一八七五年にブラガンサ鉄道沿線に創設されたベネヴィデス植民地である。当初、ここには一八〇人のヨーロッパ系移民が入植し、イタリア人はその約二〇％に当たる三五人だった。しかし、その後は入植者が減少し、七六年は二人、七七年は一〇人だけとなった。

知事のソドレは、ゴムブームで発展する町や都市の食料不足を解決するためには、農業植民地の拡大と発展が不可欠であり、そのためにはヨーロッパ系移民の安定確保に貢献する、アマゾンと地中海を直接結ぶ蒸気船航路の開設が必要だと主張した。そして一八九七年、イタリアの政治家で船主のグスタボ・ガボッティと、移民を運ぶ蒸気船航路のコンセッションを締結した。ガボッティは「リーグレ・ブラジリアーナ社」（リーグレはイタリア北西部リグーリア州を指す）を設立し、ジェノバ―ベレン―マナウスを結ぶ定期航路を開設して移民を輸送した。しかし、農業植民地へ向かう移民は増えなかった。イタリア人移民が入植したのは四つの農業植民地で、一九〇〇年の移民数は合計一二家族六二人にすぎなかった。

一方、あとでみるように、アマゾンがゴムブームに沸く一九世紀末に、州都のベレンやマナウス、あるいは内陸の諸都市に自発的に移住した第二タイプのイタリア人移民は、アマゾン各地の経済・社会・文化に多大な影響をおよぼした。彼らの職業は、企業家、商人、医師、エンジニア、建築家、画家、音楽家、教師、靴職人、大工、理髪師、レンガ職人、靴磨きなどで、富裕な知識層から職人などの労働者層、そして失業者やインフォーマルセクターで働く貧困層までさまざまだった。特に建築家や芸術家の移民の存在感は、ベレンやマナウスの豪奢なオペラハウスの装飾や絵画などを見ても際立っており、それがイタリアなどで広く宣伝されることで、新たな移民招致のインセンティブにもなった。

イタリア人移民の出身地は、そのほとんどが南イタリアのカラブリア、バジリカータ(旧ルカニア)、カンパニアの三州だった。特に南アペニン山脈の麓に位置するコゼンツァ(カラブリア州)、ポテンツァ(バジリカータ州)、サレルノ(カンパニア州)各県の境界地域からの移住者は、「カラブロ・ルカーノ・カンパーナ移民」と呼ばれ、アマゾンの諸都市に移住したイタリア人移民の主要な構成要素だった。彼らは小地主や職人などで、農業植民地へ向かったイタリア人移民とは異なり、資産を携えてより大きな集団で継続的にアマゾンの諸都市を目指した。

一九二〇年時点でのイタリア人の数は、パラ州が一一一四人(ベレンに七八一人)、アマゾナス州が七二六人(マナウスに六〇一人)だった。

第三章

ゴムブームの到来とイギリスの策動

セリンゲイロ（ゴム採取労働者）のタッピング作業［Percy Lau 画，IBGE（1970），p. 50］

ゴムノキの樹幹に斜めの刻み目を入れる作業．森林内には危険な野生動物が生息するため，彼らは常に銃を携帯していた．

1　第一次ゴムブームと旱魃難民

ブラジルの開発史は、一世を風靡《ふうび》する国際商品の登場によるブーム(boom, 好景気)と、その急速な衰微によるバスト(bust, 不景気)が交互に繰り返す「ブーム&バスト」のサイクルと、それにあわせて現れる国内外からの人や資本の大規模な移動や、急速なフロンティアの拡大に特徴づけられてきた。ブラジルで興隆した主なブームとその舞台は、植民地時代のブラジルボクや砂糖(ノルデステ)、金やダイヤモンド(現ミナスジェライス州一帯)、一九世紀後半〜一九三〇年頃のコーヒー(現サンパウロ州一帯)であるが、このほかにも局地的に勃興したブームがいくつかある。一九世紀後半から二〇世紀初頭にかけて、アマゾンを舞台に激烈ともいえる大ブームを沸き起こした天然ゴムもその一つで、この期間に国内外から多数の移民がアマゾンに流入した。

第一次ゴムブームの到来

近代工業の発展に欠かせない原料として、のちに巨万の富を生み出す天然ゴムに関心を寄せ、一七三六年にその存在と先住民の利用方法を世界に初めて知らしめたのは、フランスの地理学者シャルル＝マリー・ド・ラ・コンダミーヌで、フランスがゴム産業発展の火つけ役となった。しかし、天然ゴムは、暑い夏にはべとつき、寒い冬には硬くなって弾力性が落ちる欠点があったため、なかなか用途は広がらなかった。この弱点をゴム硫化法の発明により解決したのが、アメリカのチャールズ・グッドイヤーとイギリスのトーマス・ハンコックである。グッドイヤーは一八三九年、生ゴムに硫黄を混ぜて加熱することでゴムの弾性限界が増大して、堅く丈夫な製品から柔らかく弾力性のある製品まで、多種多様なゴム生産が可能になることを発明した。またハンコックは、ゴムの機械加工技術を確立して、ゴム産業を格段に発展させた。

一八四五年にはイギリスのロバート・ウィリアム・トムソン、八七年にはイギリスのジョン・ボイド・ダンロップが空気入りタイヤの特許を取得し、その実用化は自転車や自動車の普及に大きな影響をおよぼした。一九世紀後半には、ヨーロッパと北アメリカで自転車が急速に普及した。またドイツのダイムラー、フランスのプジョーやルノーといった会社が、次々とガソリン自動車の生産を開始した。それにあわせて、フランスのミシュラン、イギリスのダンロップ、アメリカのグッドリッチがタイヤ生産に乗り出した。さらに電線の被覆、蒸気機関のパッキング、機械のベルトやホースなど、工業分野における天然ゴムの需要が急増した。

こうして、世界で唯一のパラゴムノキ(*Hevea brasiliensis*)の生産地だったアマゾンは、第一次ゴムブーム(一八七九〜一九一二年)を迎えた。ただし、パラゴムノキはアマゾン川右岸に限定的に分布するため、同属別種のゴムノキ(*Hevea benthamiana*)が生育するアマゾン川左岸は、ゴム生産の主要な舞台にはならなかった。アマゾンの天然ゴムは、先見の明がある企業家や貿易商にとって垂涎《すいぜん》の的となり、ゴムを取り扱う商人たちが世界中からマナウスやベレンなどの都市に集まって活気を呈した。パラゴムノキから採取された樹液(ラテックス)は燻蒸《くんじょう》して固め、ゴム玉に加工さ

図 3-1　マデイラ・マモレ鉄道の蒸気機関車と集荷場のゴム玉
[サンパウロ大学パウリスタ博物館, ダナ・メリルコレクション]

図 3-2　西洋風の美しいマナウスのまち並み
石畳の道路にしゃれたデザインのガス灯が立ち, 路面電車が停まっている.
[Álbum do Amazonas (1901-02), apud CD Manaus Antiga]

れたのち、船や鉄道で集散地のマナウスやベレンに運ばれ、そこから蒸気船で欧米諸国へと輸出された（図3―1）。

史上空前のゴムブームに沸き立つマナウスでは、石畳の大通りが整備され、ガス灯がともり、水道や電気が敷設され、そしてまち中を路面電車が行き交った（図3―2）。商人たちは、ヨーロッパから輸入したタイルや大理石を使って洋風の瀟洒《しょうしゃ》な邸宅を建てた。市街地には、贅《ぜい》の限りを尽くして政庁舎、市営市場、税関などが建設された。中でも、一八九六年に建設されたオペラハウスのアマゾナス劇場は、当時世界で最も富める都市となったマナウスの繁栄ぶりを象徴する文化遺産である（図3―3）。このネオクラシック様式の劇場建設には、ヨーロッパから招聘された一流の建築家、画家、彫刻家らが関わった。劇場の屋根、ドーム、柱、階段、テラスの鉄骨はイギリスから船で運ばれた。イタリアからは高級な白大理石が輸入された。ブラジル国旗をあしらった丸いドームの色瓦は、当時はドイツ領だったフランスのアルザス地方に特注して作らせた。七〇一人が収容可能な客席の下には、水冷

図 3-3　マナウスのオペラハウス，「アマゾナス劇場」(1884 年着工，1896 年完成)

式の冷房装置が設置された。舞台の緞帳《どんちょう》や天井、壁には有名画家の絵が描かれ、床や内部の装飾にはブラジルボクが贅沢に使われた。劇場公演も、ヨーロッパから著名な楽団、演奏家、バレエ団などを頻繁に招いて催された。

ゴムブームの繁栄を謳歌したのは、ベレンも同様だった。一八九七年から同市の行政長官として都市計画を主導したアントニオ・レモスは、天然ゴムの取引で莫大な富を得た「ゴム男爵」と呼ばれるエリートたちの嗜好に合った、安全で衛生的な緑豊かな都市建設を目指した。彼が企図したのは、アマゾンに「アメリカのパリ」を建設することだった。石畳の大通り、噴水や湖がある大きな広場や都市庭園、そして電気や上下水道が整備された。また、ブラジルで最初の路面電車も走った。公営のと畜場、アールヌーヴォー様式のヴェル・オ・ペゾ市場、証券取引所、焼却炉の建設なども、当時としては画期的な事業であり、リオデジャネイロやサンパウロなどの大都市も羨むほどの先進的で美しい都市がアマゾンに出現した。

アントニオ・レモス宮殿(現ベレン美術館)、サン・ブラース市場、フランシスコ・ボローニャ市場、グランデホテル、オリンピア映画館(ブラジル最古の映画館)、平和劇場(オペラハウス)、そして「ゴム男爵」の瀟洒な邸宅が、ゴムブームの繁栄ぶりを今に伝えている。そこには、ヨーロッパ文化への憧憬とともに、それを陵駕しようとする強い意気込みがうかがえる。

貨幣経済が未発達だったアマゾンに突然沸き起こったゴムブームは、「アヴィアード制」と呼ばれる、日用品の前貸し制度に基づくゴムやセリンゲイロ(ゴム採取労働者)の収奪・搾取体制のもとで発展した。当時のゴム産業は、マナウスやベレンに本部を置く貿易商(外国商社がその代表)や仲買商人(アヴィアドール)を頂点に、地方の町の商店、ゴム農園内のバラカン(農園主が経営する小売店)、そして最下層のセリンゲイロに至るヒエラルキーをなしていた。

セリンゲイロは、農園主が経営するバラカンから生活に必要な食料や日用品、道具類を前借りし、それを生産物のゴム玉で帳簿上清算するシステムが採用された。そのため、セリンゲイロに高値で前貸しされた食料や日用品の借金はすぐに膨れ上がり、必死にゴム玉を生産しても返済ができず、手元に現金は残らなかった。こうして、セリンゲイロはバラカンの債務奴隷と化し、もはやゴム農園から逃れることはできなかった。そして、バラカンは地方の商店、地方の商店は都市の貿易商や仲買商人に同様に搾取された。

「アヴィアード制」の頂点に君臨する「ゴム男爵」たちは、キューバから取り寄せた最高級のハバナ葉巻に、ブラジルの五〇〇ミルレイス紙幣で火をつけたといわれる。コロンビアの文豪ホセ・エウスタシオ・リベロは『大渦』で、ゴム産業の奴隷となった惨めなセリンゲイロと、情け容赦なく彼らを搾取するゴム商人との関係を叙情的に描いて衆目を集めた。

セリンゲイロとなった旱魃難民

ブラジル・ノルデステの内陸部は、一般にセルトンと呼ばれる。ここは旱魃常襲地帯としてつとに有名で、さまざまな史料が一六世紀以降に発生した旱魃の

図 3-4　1877 年の「大旱魃」における逃避行(Percy Lau 画)
[Castro (1963), Fig. 12]

惨状を伝えている。その中でも一八七七～七九年まで続いた「大旱魃(grande seca)」は、ノルデステ全域で農作物の壊滅的な被害をもたらした。旱魃が長期化すると、農場主はモラドール(住み込み小作農)や牧童を解雇して農場から締め出した。多くの家族を抱えて行き場を失った彼らに、飢餓や病魔が容赦なく襲いかかった。こうなると、彼らは旱魃難民となってセルトンから逃避するほかに道はなかった。差し迫った命の危険と強い恐怖心が、水や食料、仕事を求める彼らを本能的に海岸部などの都市へと駆り立てた。このような命をかけた逃避行は、旱魃の最後を締めくくる不断かつ不変的な社会現象として、何世紀にもわたりセルトンを舞台に繰り返されてきた(図3-4)。

ノルデステの旱魃難民が、その域外に最初に大移住したのは「大旱魃」のさなかであった。全体で五〇万人を超える死者(一五万人が栄養失調、一〇万人が熱病やその他の病気、八万人が天然痘、そして一八万人が飢えや喉の渇き、有毒な食物の摂取により死亡)が出る危機的状況の中で、行き場を失った彼らに用意された移住先の一つが、ゴムブームに沸くアマゾンだった。都市へ流入する大量の旱魃難民に頭を痛めるノルデステの政府、ゴムブームの到来で安価な労働者を大量に招致したいアマゾンの政府、そして両地域が抱える問題を一挙に解決したいブラジル帝国政府の三者の思惑が一致して、大量の旱魃難民がセリンゲイロとしてアマゾンへ送り出された。

アマゾンへと向かう国内移民送出の核心地となったのは、最も旱魃が深刻なセアラだった。アマゾンで、セリンゲイロを指してセアレンセ(セアラ出身者)と呼ぶのはそのためである。当初は、旱魃難民を送り出す政府が補助金を出していたが、その後は移民を受け入れる政府も助成策を実施するようになった。また、帝国政府もアマゾンへ向かう交通機関を無償で提供するなど、ゴム農園主の要望に応えようとした。

ノルデステからアマゾンへと向かう旱魃難民の移動手段やルートは多様だった。セアラ県のフォルタレーザや、リオグランデドノルテ県のナタール、アレイア・ブランカ、マカウなどの港からは、「奴隷船」と呼ばれる蒸気船にすし詰めにされた旱魃難民がベレンへと運ばれた。ベレンからは船を乗り換えてアマゾン川やその支流を遡航し、航行不能な区間は歩いて移住先のゴム農園を目指した。緑が完全に消え失せたノルデステの荒原をさまよい、命からがらセルトンから脱出した旱魃難民は、故郷と異なり豊かな水と大森林が広がるアマゾンを楽園だと信じて、時に五〇〇〇キロメートルにもおよぶ気が遠くなるような大移住に挑んだのである。

ノルデステからアマゾンへの移住者数は、断片的にさまざま報告されている。著述家のアーサー・ジアスは、一八七七〜七九年の「大旱魃」と一八八八〜八九年の旱魃により、セアラから流出した難民の総数を一五万人と推定している。また、彼はロイドブラジル汽船会社の一八九二〜九七年の乗船者記録から、この期間のアマゾン移住者(北航乗船者)を五万一五〇六人、ブラジル南部への移住者(南航乗船者)を九〇五四人と見積もっている。このような旱魃難民の国内移住は、一九世紀末にはブラジル最大の人口流動となり、その状況は二〇世紀に入ってもしばらく続いた。ノルデステ全域を襲った一九一五年の大旱魃では、少なくとも約四万人がフォルタレーザ港から船で国内移住したが、このうち三万人はアマゾン、八五〇〇人はブラジル南部へと向かった。

辛うじてアマゾンのゴム農園までたどり着いた彼らを待ち受けていたのは、ノルデステのモラドールと何も変わらない、まるで地獄のような隷農の暮らしだった。灼熱の大地が熱帯雨林に、牧場やサトウキビ畑がゴム林に変わっただけだった。彼らは一人で一日に一〇〇〜二〇〇本ものパラゴムノキを受けもたされた。そして、早朝からゴム林内のエストラーダ(ゴムノキを結ぶループ状の小道)を巡回し、ゴムノキの樹幹に斜めの刻み目を入れ(タッピング作業)、その下に流れ出る樹液を受ける小さなカップを取りつけた(**第三章扉絵**)。午後にはカップに溜まった樹液を回収し、家に持ち帰って燻煙小屋で出荷用のゴム玉を作った。ゴム玉は、棒を回転させてその周りに樹液を塗りつけながら、ヤシの実を燃やした燻煙で樹液を固化させて作った(キュアー作業)。一玉が三〇〜五〇キログラムになるまで、燻煙の中でひたすら重い棒を回しながら樹液を塗り重ねる過酷な作業だった(**図3-5**)。

図3-5　セリンゲイロのゴム玉作り(キュアー作業)
［CD Manaus Antiga］

2　イギリスの策動
——天然ゴム世界制覇への道

ウィッカムのアマゾン探検

アマゾンの天然ゴムをめぐる国家間の激しい争奪競争の中で、二〇世紀を迎えて大きく抜け出したのがイギリスである。一九世紀にヴィクトリア女王のもとで安定期を迎えたイギリスは、熱帯地域の植民地化に重要な熱帯植物の移植と栽培に力を入れ、王立キュー植物園にその実現のための中核的な役割を担わせた。茶やキナノキ(マラリアの特効薬キニーネを含む薬用樹)

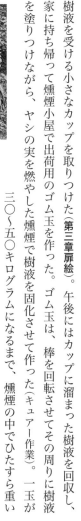

とともに、イギリスが目をつけたのがパラゴムノキである。イギリスの戦略は、アマゾンのゴム貿易を独占することではなく、パラゴムノキをアジアの自国植民地に移植して、そこで大規模なゴムプランテーションを実現することで、ゴムの国際市場を独占することだった。

その立役者となったのが、イギリス人探検家のヘンリー・ウィッカムである。彼は、アレクサンダー・フォン・フンボルト(プロイセンの地理学者)が一七九九〜一八〇四年に行った南アメリカ探検の足跡をたどるかのように、一八六九〜七〇年にかけてオリノコ川を遡航し、ネグロ川を経てアマゾン川を流れ下る探検に出た。この旅の記録は、一八七二年に刊行された『トリニダードからブラジル・パラまでの荒野を旅した時の大まかな記録――オリノコ・アタバポ・リオネグロ川の大瀑布を経由して』に詳しくまとめられている。

この旅でウィッカムは、アメリカ人(南北戦争に敗れてベネズエラに移住した旧南部連合支持者)やスペイン人の移民に出会い、彼らからゴムの話を聞いて知識を得たことが分かる。またクレオール(植民地生まれのヨーロッパ人)らに教えを乞い、タッピングから樹液の回収、キュアーに至る一連のセリンゲイロの作業を経験した。ウィッカムは旅の途上でマラリアに倒れたが、スペイン人移民の看病を受けて回復し、一八七〇年九月にはネグロ川を下り、当時ゴムの集散地として繁栄していたマナウスにたどり着いた。彼はさらにアマゾン川を下り、パラのサンタレンでは旧南軍兵士のアメリカ人移民と出会い親交を深めた。その後、ベレンでイギリス総領事にゴムの有用性について報告したのち、イギリスへ帰国した。

アマゾン移住とゴム種子採集

ウィッカムは探検記の中で、「私は熱帯アメリカでの経験から、活力、企業家精神、独立願望をもつすべてのわが同胞たちにとって、アマゾンの谷はすばらしい最良の場所であるという結論に達した」と述べ、「将来、私はサンタレンの町の背後にあるタパジョス川とアマゾン川の間の三角地帯の台地に、わが活動拠点をつくることを目指す」と記している。そして、その言葉どおり一八七一年、彼は親族を引き連れてサンタレンへ移住し、前年に親交を交わしたアメリカ人移民の隣人となった(図3-6)。

図 3-6　サンタレン近くのウィッカムの最初の仮住まい(1871 年)

[Wickham (1872), p. 138]

しかし、ウィッカムがそこで目にしたのは、熱帯農業や現地社会に適応できず苦悩するアメリカ人の姿だった。彼らには、現地人労働者の「カボクロ」から熱帯農業の知恵や方法を学び、自らの農業経営に活かそうという姿勢が欠落していた。そのため、奴隷や「カボクロ」は主人に命じられるままに働き、その結果、「インディオ黒色土」のような地力の高いわずかな土壌も激しい雨に侵食されて、農業経営はたちまち行き詰まった。マラリアや黄熱病、住血吸虫症などの病死者も続出していた。病魔はウィッカムの親族にも容赦なく襲いかかり、彼の兄弟たちは恐れをなしてサンタレンの町へ避難し、そこで英語学校を開いて資金を貯めながらイギリスへの帰国を夢見た。結局、サンタレンにとどまったのはウィッカム夫妻だけだった。

ところが、ウィッカムの与り知らぬところで事態は大きく動いていた。イギリスではジョセフ・ダルトン・フッカー(王立キュー植物園園長)、ジェームス・コリンズ(王立薬学会附属博物館館長)、クレメンツ・ロバート・マーカム(地理学者でインド省の役人)の三人が中心となり、ゴムの移植に向けて動き始めていた。中でもキナノキの移植に成功したマーカムは、次の標的をパラゴムノキに絞っていた。そんななか、一八七二年にウィッカムが上梓した探検記が彼らの目に留まった。そこには、パラゴムノキとその種子を正確に選別・採集できる能力をうかがわせる詳細な植物画が、数多く挿入されていた。

マーカムは一八七三年、アマゾンのイギリス領事館に宛てて、パラゴムノキの種子集めをウィッカムに依頼してほしいと要請した。また、コリンズも同年、広くプラントハンターたちにパラゴムノキの種子を採集して送るように手紙を送った。これに呼応してパラゴムノキの種子をイギリスに持ち込む者が現れたが、不適切な管理や低い発芽率が理由で全滅してしまった。マーカムは、アメリカやフランスの領事館が同様の動きをみせていることに焦っていた。そこで七四年、彼はウィッカムがパラゴムノキの種子を持ってくれば、インド省が一〇〇〇粒につき一〇英ポンドを支払う用意があることをフッカーに伝えた。フッカーはその旨をウィッカムに手紙で知らせた。彼はパラゴムノキの種子集めを引き受け、七五年に作業を開始した。

ウィッカムがゴム種子の採集地に選んだのは、タパジョス川左岸のボインという、かつてイエズス会が創設した古い村落だった。そこでは、モロッコのタンジェから移住したユダヤ人商人が、住民に食料や日用品を販売し、その対価にゴムやブラジルナッツなどを納めさせていた。ウィッカムは彼らの全面的支援を得て、パラゴムノキの種子集めとその梱包作業を進めた。その結果、彼が集めたパラゴムノキの種子は、合計約七万粒にも達した。

ゴム種子のイギリスへの持ち出しは、秘密裏に進められた。種子の運搬を請け負ったイギリスのインマン汽船会社は、一八七六年にリバプール―マナウス間で最新鋭の蒸気船「アマゾナス号」を就航させたばかりだった。編み籠に梱包したパラゴムノキの種子は、はしけでボイン沖に停泊した「アマゾナス号」に運び込まれ、ウィッカム夫妻も乗船してイギリスへの帰途についた。ちなみに、編み籠の中身は「ヴィクトリア女王に献上するための繊細な植物標本」ということになっていた。のちに第一次ゴムブーム終焉の原因となるゴム種子の国外持ち出しは、ブラジルからみればイギリスの犯罪的な略奪行為に映った。しかし、当時はまだ法律でゴム種子の関税やその輸出禁止について定められておらず、明白な違法行為ではなかったともいわれる。

こうして、一八七六年六月、ウィッカム夫妻と大量のパラゴムノキの種子を載せた「アマゾナス号」は、アマゾンを離れイギリスに無事到着した。

ゴムブームの終焉

ウィッカムがイギリスに持ち込んだ約七万粒のパラゴムノキの種子は、すぐにキュー植物園に運ばれて播種され、このうち約二七〇〇の種子が発芽して若木に生長した。そして一八七六年八月には、船でイギリスの植民地だったセイロン（現スリランカ）やシンガポールの植物園に運ばれて移植された。また、七七年にはシンガポール植物園に植えられた苗木の一部が、イギリス領マラヤ（現マレーシア）のクアラ・カンサーに再移植されて順調に生長した。その後、マレー半島では植物学者ヘンリー・ニコラス・リドレイの尽力によりパラゴムノキ栽培が急速に普及し、世界を代表するゴムプランテーションの中心地へと発展した。

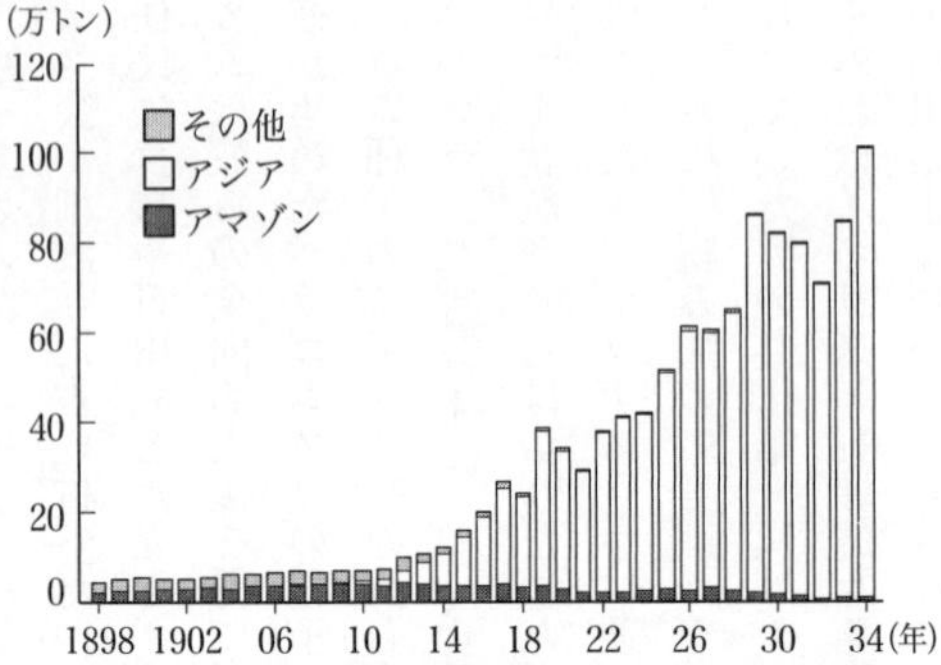

図 3-7　世界における天然ゴム生産量の推移（1898–1934 年）

［Loureiro (1986) をもとに筆者作成］

アマゾン産ゴムの生産量は、一九二〇年代まで年間二万～四万トンとほぼ横ばいで推移する一方、二〇世紀を迎えて登場するアジア産ゴムは急激な増加をみせた（図3-7）。一三年には、アマゾン産ゴムの生産量がアジア産ゴムに抜かれて世界一の座から陥落した。そして二〇年代には、アマゾン産ゴムの世界シェアが数％まで下落する一方、アジア産ゴムはその九〇％以上を占有していた。アマゾン産ゴムの世界シェアは、〇九年が六〇％、一二年が四三％、一三年が三六％、二三年が五％、そして二九年が三％だった。熱帯雨林の中に散在するパラゴムノキを巡回して樹液を採取するアマゾン産ゴムは、もはや広大なゴムプランテーションで採取されるアジア産ゴムに、量的にも価格的にも全く太刀打ちできなかった。

3 「悪魔の鉄道」建設と「アクレ紛争」

アマゾン川を目指したボリビア

アマゾン産の天然ゴムが世界市場で脚光を浴びた一九世紀後半から二〇世紀初めにかけて、ブラジル領アマゾンの辺境に建設されたのがマデイラ・マモレ鉄道である。旧グァポレ連邦直轄領（現ロンドニア州）の首府ポルトヴェーリョからボリビアとの国境の町グアジャラミリンまで、マデイラ─マモレ川の川沿いに敷設されたこの鉄道は、世界でも他に類例をみないほど多数の犠牲者を出したため、別名「悪魔の鉄道（ferrovia do diabo）」とも呼ばれている。

ゴムブームの曙光が見えた一八六〇年代、アマゾンの奥地で生産される大量のゴムを欧米へ輸出するための輸送ルートの確保は、その原産国であるボリビアやブラジルにとって喫緊の重要課題だった。当時、ボリビアがベニ川やマドレ・デ・ディオス川流域で生産されるゴムを欧米へ輸出するためには、主に三つのルートが想定された。

第一はアンデス山脈を横断して太平洋に出たのち(当時ボリビアは太平洋沿岸にも領土をもっていた)、船で南アメリカ大陸南端のビーグル海峡を回り大西洋を航行するルートである(パナマ運河は一九一四年開通でまだない)。第二は国内を南下し、パラグアイ川、ラプラタ川を下って大西洋を航行するルートである。第三はブラジル領を通過し、アマゾン川を下って大西洋を航行するルートである。このうち前二者は、いずれも移動距離が長いうえに障害も多く非現実的なルートだった。これに対し第三のアマゾンルートは、移動距離が短くそのほとんどが船輸送のため、ブラジルの協力さえ得られればボリビアにとって最良の選択肢だった。

アマゾン川やその支流を船で航行する可能性については、既に一八四六年、ボリビア人技師のホセ・アウグスチン・パラシオスが確認していた。しかし、アマゾンルートには一つ大きな問題があった。それは、マデイラ川のサント・アントニオ(ポルトヴェーリョの上流約七キロ地点)からマモレ川のグアジャラミリンに至る約四〇〇キロの河川区間が、大きな滝や早瀬が二〇か所も連続する急流部となっており、舟行が危険な難所となっていたことだった。この問題を解決するため、六一年にボリビア人のケンチン・ケヴェド将軍とブラジル人技師のジョアン・マルチンス・ダ・シルヴァ・コウティーニョは、この難所区間に沿って走る鉄道の建設を提案した。

一八六四年、折しもブラジルはパラグアイ戦争に突入した。当時は、武器、食料、兵士などを陸路で戦場へ輸送する兵站機能が未整備で、海岸部の都市と内陸部の戦場を結ぶ主な輸送ルートは、大西洋からラプラタ川やパラグアイ川を遡航する水路に頼らざるを得なかった。そのため、広大な国土の奥地へと通じる多様な交通・輸送手段の確立は、ブラジルにとって国家の存亡に直結する喫緊の課題となった。当然、アマゾンでも隣国との国境地帯に至る交通・輸送手段の必要性が強く認識されるようになった。六六年、皇帝ドン・ペドロ二世は、特別調査団の派遣をロペス・ネト男爵に命じ、彼の秘書となったタヴァレス・バストスは、マデイラ―マモレ川に沿って鉄道もしくは道路を建設する計画を練った。

こうして、南アメリカ大陸の内陸部にアマゾン川に直結する交通・輸送手段を確保する必要性で一致したボリビアとブラジルは、一八六七年に「友好・境界・航行・商業・送還条約」を締結した。ブラジルはその第七条で、領内の河川をボリビアの商人や船が自由に航行することを認めるとともに、第九条で船の航行が困難なマモレ川の最初の滝からマデイラ川のサント・アントニオまでの難所区間の右岸に、何らかの輸送路を敷設する意思を表明した。

鉄道建設の開始と中断

条約の締結とともに両国は動き出した。一八六七年、ブラジルは技師のジョゼ・ケラーとフランシスコ・ケラーの兄弟に鉄道建設の準備を命じた。翌年、彼らはボリビア人のアラウス・イナシオ副領事の支援を得て、白人労働者八人、ボリビアの先住民七〇人とともに鉄道建設の起点となるサント・アントニオに移動し、約四か月にわたり鉄道工事に従事した。しかし、熱帯雨林を伐採しながらのレール敷設は困難を極め、ケラー兄弟は期待に応えられないまま、六九年にリオデジャネイロに戻ってしまった。

一方、ボリビアではケヴェド将軍が動いていた。一八六七年、彼はアメリカを訪問し、マデイラ・マモレ鉄道の建設に関心を寄せる資本家のジョージ・アール・チャーチ大佐を見いだした。彼はブエノスアイレスなど、既に南アメリカ各地の鉄道建設に関わっていた。チャーチは六八年、ボリビア政府と舟運会社のコンセッション(営業権の無償譲渡契約)を締結したが、鉄道建設よりも運河を開削する方が困難との意見が優勢のなか、儲かる見込みのない舟運会社の設立に資金は集まらなかった。そこで六九年、チャーチはロンドンで有望な資本家を見いだしてボリビアに戻り、今度は鉄道会社のコンセッションを締結した。そして七〇年、ブラジルを訪問したチャーチに対し、ブラジル帝国政府は「マデイラ・マモレ鉄道会社」の設立を命じた。その際、サント・アントニオからグアジャラミリンまでの鉄道建設を、二年以内に開始して七年間で完成させる義務を負わせる一方で、彼と五〇年間の長いコンセッションを締結した。

一八七一年、「マデイラ・マモレ鉄道会社」が設立され、イギリスの「パブリック・ワークス・コンストラクション」が鉄道建設を請け負った。七二年には、「マデイラ・マモレ鉄道会社」の技師ら二五人がサント・アントニオに到着して、レールの敷設工事が始まった。しかし、熱帯雨林や沼沢地を開拓しながらの作業は、想像を絶する難工事となった(図3-8)。さらに、マラリア、黄熱病、赤痢などの感染症が蔓延して、労働者たちを恐怖のどん底に突き落とした。

図 3-8　困難を極めた熱帯雨林を貫く鉄道敷設工事
豪雨で線路はすぐに寸断された.
[サンパウロ大学パウリスタ博物館,ダナ・メリルコレクション]

同社はわずか一〇か月余りの工事ののち、七三年に契約を一方的に破棄し、多くの建設資材を現地に残したままアマゾンから撤退してしまった。そこでチャーチは、同年九月にアメリカの「ドーシー&カルドウェル社」、七五年にイギリスの「リード・ブロス社」と新たな請負契約を結び、再起を図ろうとした。しかし、どの会社も広大な熱帯雨林や沼沢地、猛威を振るう感染症の前には無力であり、たちまち撤退を余儀なくされた。

一八七七年、今度はアメリカ・フィラデルフィアの「フィリップ&トマス・コリンズ社」が鉄道工事を請工事に挑もうとした。

け負うことになった。同社は、これまでに撤退した会社と同じ轍を踏まぬよう、熱帯での鉄道工事に十分な知識と経験をもつ技術者や労働者を世界中から集めて現地に投入し、万全を期して難工事に挑もうとした。

用意周到に準備された人員や建設資材は、蒸気船でアメリカから現地まで輸送されることになった。工事関係者二二七人、建設資材五〇〇トン、機械・工具類二〇〇トン、石炭三五〇トンを積載した第一陣の「メルセディタ号」は、一八七八年一月にフィラデルフィアから出航した。途中、ベレンで積み荷を小さな船に積み替えてアマゾン川を遡航し、同年二月にサント・アントニオに到着した。ところが、同年二月に工事関係者二四六人、レールや機械類五〇〇トン、食料二〇〇トンを積んで出航した第二陣の「メトロポリス号」が、航海中に暴風雨に遭遇して沈没してしまい、乗船者八〇人の命と積み荷が失われる大惨事となってしまった。

のちに同社が行った総括によれば、海外からサント・アントニオに派遣された人員は、女性六人を含む合計七一九人だった。また、ボリビアの先住民約二〇〇人、ブラジルのノルデステ出身者約五〇〇人の合計約七〇〇人が、鉄道建設の労働者として現地で雇用された。ノルデステ出身者は、一八七七年に発生した「大旱魃」で故郷を追われ、ゴムブームに引き寄せられてアマゾンに移住した人々だった。しかし、環境に順応した現地人や海外の有能な労働者を選抜して現地に送り込んだにもかかわらず、状況はこれまでとあまり変わらなかった。厳しい自然環境と過酷な労働のなかで、工事関係者のほぼ全員が何らかの病気に罹患した。とりわけマラリア、黄熱病、アメーバ赤痢などの感染症や、脚気《かっけ》が原因で命を落とす者があとを絶たなかった。「フィリップ&トマス・コリンズ社」がサント・アントニオに開設した病院には、数百人の患者が収容されて治療を受けたが、同社が派遣した労働者だけでも死亡者は一四一人に達したという。

結局、工事開始から約二年後の一八七九年、「フィリップ&トマス・コリンズ社」は倒産した。所期の目標だった一〇〇キロのレール敷設工事のうち、同社が実際に完成させたのはわずか七キロにすぎなかった。コリンズ社長はすべての財産を失い、彼の妻はサント・アントニオの病院で亡くなった。こうして鉄道建設は再度中断し、工事現場には「チャーチ」と名づけられた蒸気機関車や建設用の機材がそのまま残された。ブラジル政府は八一年、チャーチと締結したマデイラ・マモレ鉄道のコンセッション失効を宣言した。

鉄道工事が遅々として進まないなか、ボリビアは一八七九年、硝石（黒色火薬の原料）の輸出をめぐるトラブルからチリと戦闘状態に陥った。この戦いは「太平洋戦争」とか「硝石戦争」と呼ばれる。ボリビアは八四年に降伏し、太平洋に面したアントファガスタ県をチリに割譲した。その結果、内陸国となってしまったボリビアにとって、アマゾン川を経由して大西洋に通じる交通・輸送ルートの確保は、以前にも増して国家の存亡に関わる重要課題となった。

一八八二年、ブラジルは河川航行とマデイラ・マモレ鉄道の建設に関わる条約をボリビアと結び、再び鉄道建設を進める約束をした。そして、鉄道建設の調査・検討を行う「モーシング委員会」を設置し、八三年には委員が現地入りして調査を開始した。しかし、すぐに彼らを病魔が襲い、現地調査は頓挫してしまった。そこで、すぐに「ピンカス委員会」が設置され、八四年に再び委員がサント・アントニオに派遣された。彼らは二一人ずつ五つの隊に分けられ、各隊がそれぞれ調査を行いながら上流を目指し前進した。彼らは七七日間にわたる現地調査の末、約二〇〇キロにおよぶ鉄道建設予定地の詳細な情報を収集してマナウスに戻った。

その後、鉄道工事の再開に向けてブラジル政府、モーシング、ピンカスの三者間でたびたび協議が重ねられた。しかし、意見が対立したまま鉄道工事は再開のめどすら立たず、歳月だけが過ぎ去っていった。そして、八方塞がりのなか、今度はブラジルとボリビアの間に厄介な領土問題が勃発した。

「アクレ紛争」の勃発

ペルー、ボリビア、ブラジルの三か国が一八六七年に締結した「アヤクチョ条約」では、アクレは正式にボリビア領とされた。しかし、その後のゴムブームの到来で、アクレにはブラジルから大量のセリンゲイロが「黒い黄金」(天然ゴムを指す)を求めて流入した。そのため、アクレはボリビア領でありながら、住民のほとんどがブラジル人という異常事態が起きていた。そこで両国は九五年、国境問題を検討するための委員会をプエルト・アロンソ(現ポルト・アクレ)に設置するが、ボリビアが同地に税関を置いてアマゾン川経由で輸出されるゴムに関税をかけたことで、ブラジルと激しく対立した。九九年には、ブラジル人の一団が税関を包囲し、ボリビア人を追放する事態となった。さらにその二か月後には、スペイン人のルイス・ガルベスが機に乗じてアクレを無血占拠し、「アクレ共和国」を建国するという信じ難い事態となった。いわゆる「アクレ紛争」の勃発である。

ブラジルの正史ではあまり扱われないこの紛争は、ゴムブームに沸くアマゾンの狂乱頽廃的で無秩序な時代を象徴している。首謀者のガルベスは、スペインのセビリア大学で法学と社会科学を修めたジャーナリストで、外交官でもあった。ローマやブエノスアイレスのスペイン公使館で書記官も務め、語学力と文章力にたけたインテリだった。天性の冒険家で放浪癖のある彼は、一八九八年暮れに突然ベレンに姿を現し、そこでボリビア領事館に職を得た。新年をゴムブームに沸くマナウスで過ごしたガルベスは、そこでアマゾナス州知事のジョゼ・カルドーゾ・ラマーリョ・ジュニオールと懇意になり、高級クラブに出入りしては乱痴気騒ぎに明け暮れ、一躍社交界のスターとなった。

ガルベスは三か月もマナウスに滞在したのち、ベレンに戻った。そして、約束どおりボリビア領事館に勤務する傍ら、地元紙『ア・プロヴィンシア・ド・パラ』でも働いた。ある日、彼は領事から一通の文書の英訳を頼まれた。それはボリビア政府がアメリカ政府と取り交わす秘密協約の草案だった。そこには、アメリカは「アヤクチョ条約」で定められたアクレにおけるボリビアの権利を認めること、ボリビアが戦争状態に陥った際、アメリカは必要な資金や武器を調達すること、アメリカはボリビアのアマゾン川での自由航行権をブラジルに承認させ、ベレン、マナウスの税関に関係なく、ボリビアの輸出入が自由にできるようにブラジルに働きかけること、などが記されていた。さらに、こうしたアメリカの功績に報いるため、ボリビアは一〇年の期限でアクレにおけるゴム採取権の五〇%をアメリカに与えることや、ブラジルと交戦状態に陥った場合には、ボリビアは「アヤクチョ条約」で定められた国境線を守り、それ以外のアクレ河口かブラジル寄りの地方はアメリカに譲渡する、といったことまで記されていた。

ガルベスは自社の紙上にこの密約をすっぱ抜き、ボリビア領事館から立ち去った。ブラジル国内は騒然となったが、ブラジル政府は動かなかった。そこでガルベスは、自らアクレ占領に立ち上がる決意をする。彼は懇意にしているアマゾナス州のジュニオール知事に支援を仰いだ。アクレを占領すれば、ゴム産業から莫大な利益が得られることは自明だった。連邦政府の頭越しに、州知事としてガルベスの蜂起を支持できないが、アマゾナス州にとって十分支援に値する挑戦だった。

知事は密かにガルベスを支援し、資金、武器、弾薬、食料、大砲を備えたチャーター船と船員二〇人を提供した。一八九九年、ガルベスは募集で集めた三〇人の義勇軍を率いてマナウスから出航し、ソリモンイス川、プルス川、アクレ川を遡航してアクレへと向かった。彼はそこで多くのセリンゲイロたちが、ボリビア政府だけでなく、なんらの支援や保護もしてくれないブラジル政府にも強い不満を抱いていることをすぐに察知した。彼はアクレ独立を旗印に掲げ、その実現のために武器を取れとセリンゲイロを煽動して攻め込んだ。ボリビア兵は、武装した多勢のブラジル人に恐れをなしてあっさり降伏した。

一八九九年七月一四日、ガルベスはフランス革命でバスティーユ牢獄が陥落してから一一〇周年の記念日にあわせて「アクレ共和国」の独立を宣言し、自身が大統領に就任した。そして国旗を作り、革命委員会を組織し、学校、病院、軍隊、消防署などを建設し、ヨーロッパにいる知人を外交官に任命した。しかし、彼の稚拙な国家運営はたちまち住民の離反を招き、同年末にガルベスは大統領を辞職した。

一方、ボリビアとアメリカの密約話もあり、ブラジル政府は突然の「アクレ共和国」出現に慌てた。ボリビアから反乱鎮圧の要請を受けたブラジルは、一九〇〇年三月、歩兵部隊を現地に派遣し、ガルベスを逮捕してマナウスへ連行した。こうして茶番ともいえる「アクレ共和国」は消滅した。ちなみに、ガルベスはその後ペルナンブコ州レシフェで解放された。彼はブラジルにとって明白な国事犯だが、一方でアクレの解放を進めた功労者に違いなかった。実際、アマゾナス州知事はガルベスに功労金を与え、彼は大金とともにスペインへ帰国した。

しかし、ひとたび火がついた反乱は容易に鎮まらなかった。ボリビア政府はプエルト・アロンソの奪還に向けて遠征隊を送り込むが、一九〇〇年末にはブラジル人のオルランド・コレイア・ロペスが反乱を引き起こして平定された。また〇二年には、ブラジル人ゴム農園主のプラシド・デ・カストロが、アクレの分離独立運動を煽動してボリビアと戦闘状態に陥り同地を占領した。これら一連の「アクレ紛争」は、ブラジル政府の与り知らぬ戦争だったとはいえ、多数のブラジル人が武器を手に国際法を犯し、ボリビア領を奪取したことに変わりはなかった。

ボリビアは一九〇一年に「ボリビアン・シンジケート」を組織して、アメリカの投資家グループにアクレのゴム開発とその輸出を独占させる契約を一方的に推し進めた。ブラジルはこれに強く反発し、同契約の撤回をボリビアに迫ったが応じなかったため、アクレに軍隊を送り込んで〇三年に同地を占領した。そして、外務大臣のリオ・ブランコ男爵(国境問題の解決に手腕を発揮した「ブラジル外交の父」)に、「アクレ紛争」の恒久的な解決を託した。

リオ・ブランコは、ブラジルがアクレを併合する代償として十分な対価の支払いを提案した。そのうえで、ボリビアに軍隊のアクレ派遣を中止するよう要請し、仮に受け入れない場合には交戦も辞さないと最後通牒を送った。彼はウティ・ポシデティス(紛争後に双方が保持する領土や財産をそのまま維持する専有物保有の原則)を根拠に外交交渉を進め、一九〇三年一一月、ボリビアと「ペトロポリス条約」を締結した。この条約により、ボリビアは一九万平方キロメートルにもおよぶアクレをブラジルに割譲する見返りとして、ブラジルから賠償金二〇〇万英ポンドの支払いと、マデイラ・マモレ鉄道の確実な建設の約束を取りつけた。

こうして、同条約に則った国境線画定作業が、両国でつくる混成委員会のもとで始まった。戦勝国のブラジルが領土の購入というかたちで紛争処理を行った背景には、ゴムブームに沸くボリビアを背後で後押しするアメリカの影と圧力があったことはいうまでもない。ヨーロッパ志向が強かった一九世紀のブラジル外交軸は、二〇世紀を迎えて急速にアメリカへとシフトした。

4 鉄道の開通と悲惨な運命

鉄道建設の再開

「ペトロポリス条約」の締結により、ブラジルはサント・アントニオとグアジャラミリンを結ぶマデイラ・マモレ鉄道を、四年間で建設しなければならなくなった。

一九〇五年、鉄道工事の競争入札が行われ、翌年には技師のジョアキン・カトランビとマデイラ・マモレ鉄道の六〇年間のコンセッションが締結された。彼はすぐにアメリカの「ファーカー社」を請負会社に選定した。この会社は、キューバやグアテマラでの鉄道工事やブラジルでの築港工事(ベレン港やリオグランデドスル港)など、既に十分な実績を備えていた。社長のパーシヴァル・ファーカーは、当時ブラジル最大の個人投資家であり、ブラジルの鉄道、電話、電気などのインフラ整備事業への参入に強い関心を寄せていた。

「ファーカー社」は、さっそく三人のエンジニアをアマゾンに派遣した。現地会社は、三人の名前を取って「メイ・ジェキル&ランドルフ社」と呼ばれた。一九〇七年、サント・アントニオへ向けて一二人のエンジニアと契約労働者がニューヨークから出航した。途中ベレンでは、一〇〇人の労働者が現地調達され、総勢一四〇人がアマゾン川を「ジャヴァリ号」で遡航した。

鉄道工事は一九〇七年六月に始まったが、すぐに労働者たちが逃亡を始め、七月一日時点の残留者はわずかに二八人という有様だった。また、残留者たちも労働・居住環境の改善を求めてストライキを起こすなど、工事は遅々として進まなかった。当時、サント・アントニオには、インド人やボリビア人を中心に約三〇〇人の労働者が、竹や木を組み、その上をヤシの葉で覆っただけの粗末な小屋に住んでいた。「メイ・ジェキル&ランドルフ社」は、先に倒産して撤退したアメリカの「フィリップ&トマス・コリンズ社」が現地に残していった蒸気機関車や建設資材を有効利用した。また、作業拠点をサント・アントニオからポルトヴェーリョに移し、そこで駅舎やプラットホーム、整備工場、住居などの建設を進めた。

一九〇七年、「ファーカー社」はカトランビが所有するコンセッションの取得を狙い、アメリカ・メイン州のポートランドに「マデイラ・マモレ鉄道会社」を設立し、同社が工事を引き継ぐことになった。ブラジル政府は〇八年、カトランビと締結したコンセッションの「マデイラ・マモレ鉄道会社」への移譲を承認した。同社は、世界中から鉄道建設労働者を集めてアマゾンへと送り込んだ。その背景には、そもそも人口が少ないアマゾンでは、現地で労働者を大量に雇用することが困難なうえに、彼らは常に死と隣りあわせの過酷な鉄道建設労働者より、慣れ親しんだセリンゲイロを志向したことがある。

「マデイラ・マモレ鉄道会社」の雇用者数は、一九〇七年には四四六人だったが、翌年には二四五〇人に急増した。これは中央アメリカや西インド諸島の国々で、鉄道建設の経験があるスペイン人やイタリア人、ギリシャ人などが大量に送り込まれたからである。また〇九年には、キューバから約四〇〇〇人の労働者が到着して、雇用者は四五〇〇人に膨れ上がった。さらに一〇年には、バルバドス、トリニダード・トバゴ、ジャマイカなどの西インド諸島から二二一一人、ブラジルやポルトガルから一六三六人、スペインから一四五〇人の鉄道建設労働者が到着して、雇用者は全体で六〇二四人にも達した。当時建設中だったパナマ運河の労働者までが、高賃金で引き抜かれてアマゾンへと送り込まれた。

一九〇七年から一二年までの工事期間に、「マデイラ・マモレ鉄道会社」が世界各地で募集して雇用した労働者数は合計二万一八一七人を数える。国籍別にはスペイン、イタリア、ギリシャ、ポーランド、キューバ、ポルトガルが多く、このほかにドイツ、ロシア、スイス、スウェーデン、トルコなど、中国や日本も含めて合計二十数か国を超える国々の労働者が投入された。

このような会社の募集に応じて正規雇用された契約労働者のほかに、仕事を求めて各地から自

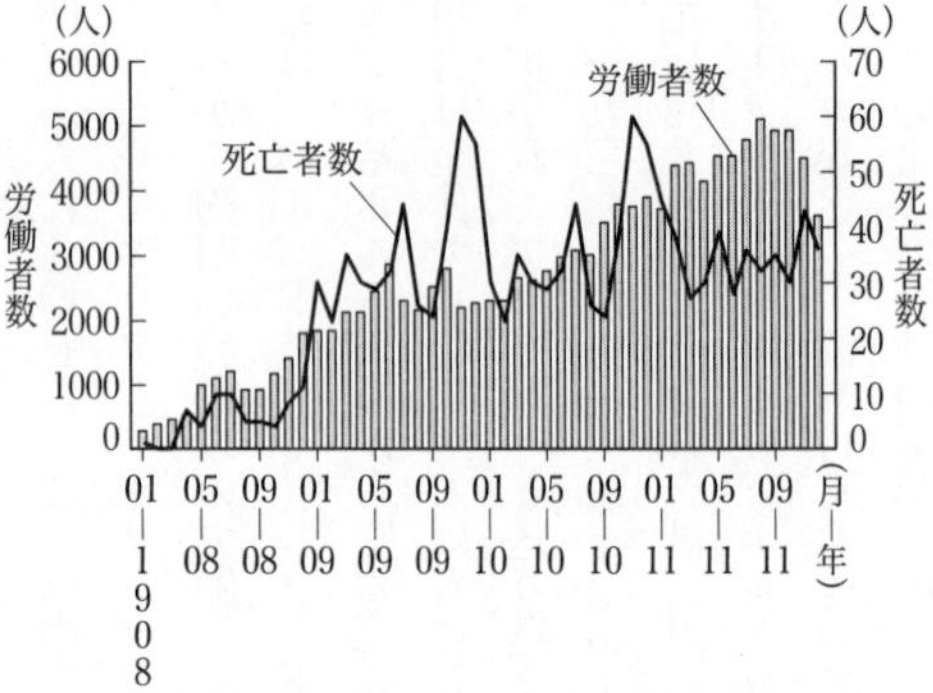

図 3-9 労働者数と死亡者数の月別推移(1908 年 1 月〜1911 年 12 月)

[Ferreira (1960)をもとに筆者作成]

前で集まった流れ者のような労働者も数多くいた。彼らは「タレフェイロ(tarefeiro)」と呼ばれる、出来高制で賃金が支払われる労働者で、線路に沿って一〇キロ置きに設置されたキャンプに寝泊まりしながら、熱帯雨林の伐採やレールの敷設作業に従事した。このような労働者まで含めると、実際には約三万人におよぶ鉄道建設労働者がアマゾンに集結したとみられる。

しかし、その一方で実際に鉄道工事に従事できた労働者数は、会社が雇用した契約労働者数に比べてはるかに少なかった。これは労働者の多くが劣悪な食事や居住環境、過酷な労働により次々と病に倒れたり逃亡したりして、到着後まもなく工事から離脱していったことを物語っている。死亡者数の月別推移をみると、その数は一年で大きく増減を繰り返しており、特に雨季が始まる一一月から翌年一月頃にかけて死亡者が急増する傾向が読み取れる(**図3-9**)。実際に工事に参加できたのは、全労働者の四〇%にも満たなかったといわれ、このような多数の離脱者を埋めあわせるために、会社は毎月大量の雇用者を補充し続けなければならなかった。

鉄道建設の成否は、マラリアに代表される感染症をどこまで押さえ込めるかにかかっていた。会社はイタリア人より土地を購入し、一九〇七年二月、ポルトヴェーリョとサント・アントニオ間の高台にカンデラリア病院を開設した。ここには、結核や黄熱病患者の隔離病棟も設けられていた。その施設や医療器材は、都会の病院と比べても全く遜色のないもので、三〇〇床あるベッドは常に満床状態だった。同病院には一〇年頃、一一人の医師が雇用されていたが、このうち五人はパナマ運河の建設現場で熱帯病の臨床経験を積んでいた。

一九〇八年には天然痘が猛威を振るい、とりわけ先住民が多く命を落とした。こうしたなか、一〇年七月にブラジルの熱帯病研究の権威オズワルド・ゴンサルベス・クルス博士が同病院に派遣された。彼は湖沼や水たまりに石灰や石油をまいて蚊の発生を予防したり、労働者に無償で蚊帳やキニーネを配付したりして、マラリアの発症を最小限に食い止めようとした。

クルス博士は、マラリアの拡大が多分に労働者の無知や不注意、頑迷さに起因していると指摘し、キニーネを配付する職員に労働者がきちんと薬を服用したことを示す証明書を発行させた。労働者が賃金を貰うためには、この証明書が必要で、キニーネを服用しなかった日数に応じて賃金が差し引かれた。また、蚊が活発になる夕暮れ以降に蚊帳を使わなかった場合にも、賃金が削減された。さらに医療従事者には、マラリア予防の障害となる者を解雇できる自由裁量権が与えられた。しかし、実際にはマラリアが激減するほどの効果は表れず、会社は相変わらず雇用者を次々と入れ替えて労働力不足に対処せざるを得なかった。

鉄道の完成とその代償

「マデイラ・マモレ鉄道会社」は、多数の病死者や逃亡者による人手不足を補うために、毎年大量の労働者を雇用する人海戦術で難工事に挑んだ。その結果、鉄道敷設距離は一九〇九年末に七〇キロまで伸長し、ゴムやブラジルナッツ、皮革類などを積載した蒸気機関車が、輸出港のポルトヴェーリョへ向けて走った。線路はその後も順調に距離を延ばし、一〇年五月にはポルトヴェーリョから九〇キロ地点のジャシー・パラナ、一一年九月には二二〇キロ地点のアブナンまで鉄道が開通した。当時、同会社は蒸気機関車一一両、客車二両、コンテナ貨車七六両、そしてゴンドラ車(無蓋貨車)一六三両を所有していた(図3-10)。

マデイラ・マモレ鉄道は、一九一二年四月三〇日、ついにポルトヴェーリョ—グアジャラミリン間の全長三六四キロで全線開通した(一三年に路線が一部伸長され、最終的な総延長は三六六キロ)。既に〇七年六月の起工から五年の歳月が流れていた。一二年八月一日、鉄道開通を祝う記念式典が盛大に挙行され、ボリビア、ブラジル両国の悲願だったマデイラ・マモレ鉄道は、ようやく現実のものとなった。

しかし、鉄道の完成と引き換えに払った代償も筆舌に尽くし難いほど大きかった。同鉄道の建設工事には、会社が正規に雇用しただけでも二万人を超える多国籍の労働者が世界中から動員されたが、その多くはマラリアや黄熱病、脚気などの病気にかかり、多数の死傷者を出した。その悲惨さゆえに、いつしか「枕木一本に労働者一人の命」といった荒唐無稽な誇大表現が流布するほど、この鉄道建設は多くの犠牲者と莫大な資本のうえに成り立っていた。

図 3-10　蒸気機関車で鉄道完成区間を視察する関係者
［サンパウロ大学パウリスタ博物館，ダナ・メリルコレクション］

工事期間中(一九〇七～一二年)の死亡者数は、全体で一五五二人に達した。特に工事が急速に進展した〇九～一一年の死亡者数は、毎年四〇〇人を超えている。しかも、「マデイラ・マモレ鉄道会社」が公表したこの数字は、あくまでカンデラリア病院で死亡して近くの墓地に埋葬された正規労働者の数である。そのため、実際には公表された数字よりもはるかに多くの労働者が、病院に入れないままキャンプや作業現場、ポルトヴェーリョなどの都市、あるいは母国へ帰国後に、病気が原因で亡くなったと推測できる。

この点に関して歴史家のマノエル・ロドリゲス・フェレイラは、鉄道工事で病気にかかり死亡した労働者数を、カンデラリア病院の死亡者数の三倍とみるのは妥当であり、その数は最大で四倍に達すると指摘する。つまり、マデイラ・マモレ鉄道の建設工事で死亡した者は、最大で約六二〇〇人に達することになる。

さらに、未曽有の犠牲者を生み出して完成したマデイラ・マモレ鉄道の運命もまた悲劇的なもので、開業後に同鉄道が脚光を浴びることは一度もなかった。一九一〇年に絶頂期を迎えたアマゾンのゴムブームは、くしくも鉄道が完成した年に突然の終焉を迎えてしまう。アマゾンのゴム産業の凋落が鉄道経営にもたらした影響は甚大で、開業二年後の一四年までは何とか採算がとれるだけのゴムを輸送できたが、それ以降は経営を維持するための物流すら確保できず、会社は深刻な業績不振に陥っていった。

こうして「マデイラ・マモレ鉄道会社」は、経済的利益をほとんど生み出せないまま、一九三一年六月に経営を断念し、鉄道をブラジル政府にわずか三〇〇万ドルで売却してしまった。ブラジル政府は、すぐに輸送の再開を模索したが、既にゴムブームが終焉したアマゾンでは、いかに手を尽くしても採算に見合う貨物輸送は不可能だった。六六年以降は、道路整備の進展とともに鉄道からトラック輸送の時代へと移行した。そして、七二年七月、マデイラ・マモレ鉄道は開業からちょうど六〇年の節目に廃線となり、蒸気機関車や軌道はそのまま現地に打ち捨てられた。

第四章

過熱する日米の覇権争い

日本人移民のジュート栽培［アマゾン高拓会］

日本人が栽培に成功した長繊維ジュートは，11〜12 月の低水期に植えつけ，約半年後の高水期に冠水した畑で収穫が行われた．家の横に高く伸びたジュートが見える．

1　アメリカのゴム戦略とフォード社の進出

ゴム戦略とヘンリー・フォード

一九世紀末～二〇世紀初頭の急速な自動車産業の発展は、タイヤ用のゴム需要を増大させた。折しもセイロンやマレー半島では、イギリスによる天然ゴムの生産が急増し、一九二〇年代には世界のゴム市場を席巻して独占体制が敷かれるなか、アメリカは危機感を強めた。それは、第一次世界大戦の経験から、ゴムがタイヤだけでなくさまざまな工業製品の原料として欠かせない重要な戦略物資であり、その安定確保は国家の存亡にも関わることが認識されていたからである。また、国際市場でゴムの独占体制を強化するイギリスだけでなく、汎アジア主義を掲げてゴム産地の東南アジアへの進出をもくろむ日本の動向も大きな懸念材料だった。アメリカは、アジアに代わるゴムの生産拠点を確保する必要性に直面し、既に二三年には農務省がカリブ海地域、商務省がアマゾンにゴム調査団を派遣して、パラゴムノキの栽培適地と大規模プランテーションの可能性について調査を始めていた。日本のアジア進出に対抗する政治的意図のもとで、ゴムを求めるアメリカのアマゾン進出が企てられた。

アマゾンでゴム調査団を率いたのは、駐伯アメリカ大使館付商務官のW・L・シュルツだった。

彼は一九二三年八月より約一年間、ブラジル、ボリビア、ペルーのアマゾン地域を調査した。そして、かつてヘンリー・ウィッカムがパラゴムノキの種子を採集したタパジョス川流域のテラフィルメ(台地)が、ゴムプランテーションの最適地であると判断した。二五年、その成果は『アマゾン河谷のゴム生産』として上梓され、自動車王ヘンリー・フォードの目にも留まった。彼は直ちに社員をアマゾンへ派遣し、ゴムプランテーションの建設に向けて動き始めた。

図 4-1　フォード社初モデルの自動車に乗るヘンリー・フォード(1933 年，創業 30 周年記念にて)
［Biblioteca Nacional (Brasil), Acervo Digital-BNDigital］

ミシガン州ディアボーンに生まれたヘンリー・フォードは、一九〇三年にフォード・モーター・カンパニーを設立した。〇八年に発売したT型車が爆発的人気を博し、会社は一躍世界を代表する自動車企業へと成長した(**図4-1**)。フォードはライン生産体制を導入して、安価な製品の大量生産で利潤を生み出し、労働者の高賃金や八時間労働制を実現した。T型車のタイヤは、リベリアでゴム園を経営するファイヤーストーンが納めていたが、フォードは自ら先陣を切ってゴムプランテーションの建設に乗り出した。二五年、社員のW・L・リーヴス・ブレイクリーと植物学者のC・D・ラルーをアマゾンへ派遣し、ゴムプランテーションの土地選定やブラジル政府との折衝を続けた。

フォードは、調査団がパラゴムノキの栽培適地と判断した、パラ州ボアヴィスタをプランテーションの建設用地に選定した。そこは約六〇年前に旧南部連合支持者たちが移住したサンタレンから、さらにタパジョス川を船で一八五キロメートルほど遡航した河岸の町で、かつてウィッカムがパラゴムノキの種子をイギリスに搬出したボインより約八〇キロ上流のタパジョス川右岸にあった。パラ州知事は一九二七年九月、フォードとボアヴィスタの土地約一〇〇万ヘクタールのコンセッション(無償譲渡契約)を締結し、すぐに現地法人の「ブラジルフォード・モーター・カンパニー」が設立された。

「フォードランディア」の建設

一九二八年七月、フォード社は「フォードランディア(Fordlândia)」と名づけられたゴムプランテーションを建設するため、資材や食料、工事用重機などを満載した二隻の船をアマゾンへ送り出した。両船は同年九月中旬にサンタレン港に到着したが、そこから先のタパジョス川はまだ乾季で水位が低く、船は「フォードランディア」の建設予定地まで川を遡航できなかった。現地の船会社が荷物の積み替え輸送を申し出たが、フォードはこれを断ってすべて自分流を押し通したため、事態はうまく運ばなかった。結局、すべての荷物が現地に届いたのは、アメリカを出発してから約半年後の二九年一月末であり、当初から事前調査の不備が露呈したかたちとなった。

一九二九年八月、フォードはアメリカから持ち込んだ大型重機を使って、約五八三ヘクタールの熱帯雨林を平坦な農地に造成し、そこに一五センチ間隔で約一六〇万本のパラゴムノキの苗木を移植した。また、農地造成と並行して町の建設も進められた。フォードは熱帯雨林のど真ん中に、宿舎、学校、ホテル、レストラン、病院、教会、給水塔、テニスコート、ダンスホール、映画館、公園、墓地などを備えた、まさにアメリカ中西部の町のレプリカを建設した。また、上下水道を備えた社員の家族用住居二〇〇棟、輸送用の鉄道引き込み線、舗装道路、水深の大きい港湾なども整備された。約七〇〇〇人が「フォードランディア」に生活し、そのうち約二〇〇〇人がプランテーションの労働者だった。

しかし、ゴム栽培もアメリカ式の町の建設も思うように進まず、さまざまな試練がフォードに襲いかかった。無残にもゴムの苗木が次々と枯れていったのだ。原因は、樹木や地被植物をすべて切り払い、薄い表土を大型重機で攪拌したため、強い雨で土壌や苗木が流失したり、強い直射日光で苗木が枯死したりしたのである。しかし、それでもフォードはアメリカ流を貫き、アマゾンの熱帯農業を熟知した現地人の知識や経験に学ぼうとはしなかった。フォードは急遽、英領マラヤからパラゴムノキの種子をアマゾンに送らせ、再度苗木の植栽を試みた。しかし、アジアか

図4-2 「ベルテーラ」に残るアメリカ式住居とまち並み(2013年)

らアマゾンに里帰りしたパラゴムノキの苗木は、やはり現地には根づかず枯れていった。こうしてゴム栽培が行き詰まるなか、スマトラにあるグッドイヤーのゴム園から招聘された植物病理学者のJ・R・ウィアーが、代替わりで社長に就任した息子のエドセル・フォードに、ゴムプランテーションの移転を勧めた。父ヘンリーもこれに同意し、パラ州との交渉が始まった。

その結果、一九三四年五月、「フォードランディア」の二八万一五〇〇ヘクタールの土地と交換で、新たに同規模の土地をサンタレンから約四二キロ離れた「ベルテーラ」に獲得した。そこはタパジョス川の右岸に広がる標高約一五〇メートルの比較的平坦な土地で、大型船も係留できる良港も近かった。ここでも「フォードランディア」同様、アメリカ式の町づくりが進められた(図4-2)。碁盤目状に整備された土地には、社員の住居、学校、病院、教会、商店、製材所、機械工場、倉庫、発電所、ドック、映画館、娯楽ホール、ゴルフ・サッカー場などが建設された。

ゴムプランテーションの造成も急ピッチで進められた。一九三四年末までに一〇五三ヘクタール、三七年までに四八五六ヘクタールの農地が造成され、スマトラから入手した種子をもとに二二〇万本のパラゴムノキが植栽された。また、四一年までに七〇〇〇人が「ベルテーラ」に居住した。しかし、ここでもゴムの生育は思わしくなかった。生産量は四二年になってもわずか七五〇トンで、同年のブラジル天然ゴムの生産量(約二万トン)に遠くおよばなかった。さらに同年秋には、一〇〇万本を超えるパラゴムノキの立ち枯れが確認され、もはやフォード社のゴムプランテーションは風前のともしびであった。

パラゴムノキがアマゾンで栽培できなかった理由は、不適切な農地造成や苗木の栽培管理、毛虫やイモ虫などの害虫の大発生、自然災害などさまざま考えられたが、中でも「南アメリカ葉枯病(SMLB)」の蔓延は致命的問題だった。パラゴムノキに付着する病原菌が樹木を立ち枯らせるSMLBは、いわば「アマゾンの風土病」であり、東南アジアのゴムプランテーションでは徹底した検疫によりその発生が抑えられていた。

一方、アマゾンに自生するパラゴムノキは、熱帯雨林の中でそれぞれが数十〜数百メートルも離れて散在しており、プランテーションのように樹木が密植状態にはない。そのため、SMLBが発生してもその被害は個別限定的で、周辺のパラゴムノキまで巻き込んで全滅状態に陥ることはない。つまり、SMLBの風土病があるアマゾンでは、散在して自生するパラゴムノキは育つが、密植されるプランテーションでは育てられなかったのである。誰もが思い描く「栽培植物はその原産地でよく育つ」という考えが、不幸にもパラゴムノキには当てはまらなかった。

フォード社では、さらに不幸が続いた。一九四三年、社長のエドセルが病気で急逝し、父のヘンリーが一時的に社長に復帰したものの、社内の労働組合や政府機関との関係もぎくしゃくして混乱は深まるばかりだった。四五年にエドセルの息子ヘンリー・フォード二世が社長に就任すると、彼はアマゾンからの撤退を迅速に決断した。そして一一月には「フォードランディア」と「ベルテーラ」をブラジル政府に二五万ドルという破格の安値で売却した。こうして、ヘンリーがフォード社や一族を巻き込んでアマゾンで追い求めた「アメリカン・ドリーム」は幕を閉じた。この事業の最終的な損失額は約二〇〇〇万ドルに達したといわれる。その後、ブラジルに売却された二つのゴムプランテーションは、農務省北伯農事研究所のゴム試験場となり、戦後そこに日本人移民が雇用労働者として送り込まれた(第五章3節参照)。

ヘンリー・フォードの誤算

パラゴムノキの栽培を拒絶する風土病のSMLBを予防できなかったことが、「フォードランディア」失敗の決定的要因となった。しかし、それ以外にもフォードのさまざまな誤算が経営を脅かした。アメリカから最新の機材と技術、世界に冠たる近代的な経営・管理システムを持ち込み、膨大な資金を投入したにもかかわらず、いっこうに成果が出ない現実のなかで、既にヘンリーは一九三〇年代前半にはゴムプランテーシヨンへの夢を喪失していたといわれる。それは「フォードランディア」への支出額が、三〇年の二〇〇万ドルから三三年には四〇万ドルに激減していることからもうかがえる。ヘンリーは、問題を抱える肝心のゴム栽培を部下や息子のエドセルに任せ、自分は町づくりに没入していった。

ヘンリーが目指したのは、アマゾンにアメリカの中西部を彷彿させる町を造ることだった。また、町の建設にあわせてゴムプランテーションで働く労働者たちが雇用された。ゴムブームが終焉していたアマゾンでは、多数のセリンゲイロを現地雇用することが困難だったため、ヘンリーは高賃金を約束して遠く海外からも労働者を集めた。また、サンタレンに住む旧南部連合支持者やその子孫たちは、通訳、事務員、現場監督として雇用された。彼らは祖国の輝かしい発展ぶりと、その支配者となった「ヤンキー」を初めて目の当たりにした。アマゾンに突如出現したアメリカの「ミラクルシティ」は、世界中の注目と驚嘆を集めた。

しかし、徹底してアメリカ式を貫き、用意周到に建設されたはずの「フォードランディア」で、一九三〇年に予期せぬ暴動が発生した。普段はおとなしい現地人の労働者たちが、突如怒り狂って食堂をぶち壊し始めた。フォード社の職員たちは驚き、怖がる家族とともに港に係留されていた貨物船に逃げ込んだ。労働者たちは長い棒で武装し、何やら意味の分からないことを叫びながら、重役らがいる会社の本部に向かって行進を始めた。何をそんなに怒っているのか、アメリカ人には全く理解ができなかった。翌日、ベレンにある軍の分遣隊が到着して、事態はひとまず終息した。そして、経営者らは思いもかけぬ暴動の理由を知らされた。労働者たちは、「ホウレンソウはもういらない。うんざりだ」と叫んでいたのである。

ヘンリーは、アメリカ式の生活様式や清教主義的な厳格さを労働者の日常生活にも押しつけた。食堂では、食事を効率的に提供するためにカフェテリア方式が採用されたが、さまざまな職種や地位の人間がトレーを持って同じ列に並ぶことに現地人労働者たちは戸惑い嫌悪した。また菜食主義者のヘンリーは、肉を抜いて穀類や野菜(特にホウレンソウ)中心の食事を提供し、飲酒も禁じた。さらに、細かなテーブルマナーや就業規則の厳格な遵守を彼らに要求した。そのため、労働者の不満は日々増大していった。彼らが欲しかったのは、アマゾンで慣れ親しんだ干し肉やフェジョアーダ(豆と肉の煮込み料理)、そしてピンガ(サトウキビから造る火酒)だった。不満は住居にもあった。美しい漆喰壁や大きな窓ガラスで密閉されたアメリカ式住居は、高温多湿のアマゾンでは蒸し風呂のように暑く、ヤシで葺いた風通しのよい高床式住居の方がはるかに快適だった。

ヘンリーには、効率的な組み立てラインや生活スタイルは理解できても、現地人労働者の心情までは理解できなかった。彼は高給を与えて労働者の確保に努めたが、一日で一週間分が稼げるなら、毎日働く必要などないと考える現地人の心情までは分からず、慢性的な労働力不足に陥っていた。労働者たちは、ヘンリーの一方的な押しつけを生理的に拒絶し、アマゾン人らしい生活の回復を求めて反発したのである。ある旧南部連合支持者は、「彼らは、かつて北部人が南部人にやらせようとしたことを、ブラジル人(現地人労働者や旧南部連合支持者の子孫)にもやらせようとしたが、アマゾンではどちらにもできなかった」と述べた。

2 日本人のアマゾン進出——排日の「安全弁」

南アメリカに向かった日本人

一九世紀後半に日本人移民が大量に移住したハワイや北アメリカでは、低賃金でもよく働く日本人に仕事を奪われた現地人労働者たちが、労働組合などを通じて日本人排斥運動を展開した。二〇世紀を迎え、日露戦争に勝利した日本がアジアでの植民活動を活発化させると、黄色人種に対する警戒感から黄禍論が台頭し、日本人排斥運動は一層激しくなった。日本人への襲撃事件が頻発していたアメリカやカナダでは、日本に対して移民の渡航を制限する要求が強まった。こうしたなか、日本とアメリカは「日米紳士協約」(一九〇七~〇八年)を結び、再渡航者、在米移民の両親や妻子、学生、商人を除く、日本からの新規移民を自主的に禁止した。また、〇八年にはカナダとも「ルミュー協約」を締結して、カナダに向かう移民を再渡航者とその妻子、契約移民、そして年間上限四〇〇人以内の家内使用人や農業労働者に自主規制した。

このような二〇世紀初頭の北アメリカでの厳しい移民制限の影響で、日本人移民の流れは大きく変化し、ペルー、ブラジル、アルゼンチンなどの南アメリカ諸国が、アメリカやカナダに代わる新たな移住先として登場した。その中で、日本人が最初に向かったのはペルーで、一八九九年に移民会社の森岡商会が「佐倉丸」で輸送した七九〇人の契約移民が、南米移民の嚆矢となった。

ペルーに移住した日本人の中には、マラリアの猖獗《しょうけつ》や奴隷と変わらない重労働に命の危険を感じ、入植先のサトウキビ農場からリマへと逃げる者も数多くいた。このような移民九三人が、一八九九年に森岡商会の現地代理人だった田中貞吉の斡旋により、アンデス山脈を越えてボリビアのゴム農園に再移住した。また一九〇五年以降は、ペルーのタンボパタ州にあるアメリカのインカゴム社に、高賃金を求めて日本人移民が数多く入植した。その後も、ゴムブームに沸くマドレ・デ・ディオス(聖母)川流域には、ペルーに渡った多数の日本人移民がセリンゲイロとして集まった。特にボリビアのリベラルタは、日本人移民の一大集住地となった。

一般に「ペルー下り」と呼ばれる彼らは、第一次ゴムブームが最盛期を迎えた二〇世紀初頭に、セリンゲイロの高賃金に引き寄せられ(サトウキビ農場の三~四倍の賃金が金貨で支払われた)、徒歩でアンデス山脈を越えて、ペルーからボリビア、ブラジルのリオブランコやマナウス、果てはアマゾン川河口のベレンまで、川を流れ下って再移住した人々である。彼らは、最初にアマゾンに定住した日本人だった。

アマゾンは排日の「安全弁」

一九世紀後半に「奴隷貿易禁止」(一八五〇年)と「奴隷制廃止」(一八八八年)を経験したブラジルでは、好景気に沸く南東部のコーヒー農場を中心に恒常的な労働力不足が続いていた。とりわけ大規模なコーヒー農場が集積するサンパウロ州では、イタリアやスペインなどからコロノ(契約農業労働者)としてヨーロッパ系移民を大量に受け入れることで、深刻な労働力不足に対処してきた。しかし、一八九七年のコーヒー価格の大暴落を契機に、賃金すら支払えない農場主が続出し、コロノの生活が逼迫して不満が増大した。こうしたなか、特に移民を多く送り出していたイタリアは、事態を憂慮してサンパウロ州へ向かう補助移民を禁止した。そのため、毎年五万人ほど入国していたイタリア人移民は半数以下に激減し、サンパウロ州のコーヒー農場は一層深刻な労働力不足に陥った。そこで、その代替労働力としてサンパウロ州政府が目をつけたのが、既に北アメリカでの実績がある日本人移民だった。

一九〇八年に始まる「笠戸丸」移民以降、第二次世界大戦前に約一八万六〇〇〇人、第二次世界大戦後に約五万四〇〇〇人、合計約二四万人の日本人移民がブラジルへ移住したが、その多くは農業移民としてサンパウロ州内陸部のコーヒー農園に入植した。国勢調査によると、二〇年には日本人全体(二万七九七六人)の八七・三%、四〇年にはその九一・五%(一四万四五二三人)がサンパウロ州に居住している。一方で、アマゾンのパラ州には二〇年に三人、四〇年に四六七人の日本人が居住しているのみで、いずれも日本人全体の一%にも満たない状況だった。

当初、日本人移民は錦衣帰郷を夢見る「出稼ぎ移民」が中心だったが、その状況は一九二〇年代を迎えると大きく変化した。その背景には、二二年に日本人を「帰化不能外国人」とし、二年後には「帰化不能外国人」の入国を阻止する排斥的な「一九二四年移民法（ジョンソン＝リード法）」を施行した、アメリカの人種差別的なアジア人排斥の再来があった。同法への激しい反発は、日本中に反米・反白人主義を高揚させ、「大和民族」をアジアの指導者と定義する汎アジア主義を台頭させるとともに、国家が海外移住と植民を統率することの重要性が叫ばれるようになった。そして、アジアとともにその実践の格好の舞台として登場したのが、アメリカのようなアジア人に対する露骨な人種・政治的妨害が少ないブラジルだった。

駐伯特命全権公使だった堀口九万一《くまいち》は、『サンパウロ州移民状況視察要報』（一九一九年）の中で、今や欧米各国は競って将来の国ブラジルに着目しており、先般エピタシオ・ペソア大統領が連合側諸国を巡訪した際の各国の厚遇ぶりは、まるで帝王の巡遊のようだったと述べている。中でも、大統領の帰国の際に、一等軍艦「アイダホ」を用意したアメリカの歓待ぶりは空前の異例を示すもので、この間の消息をよく物語っており、日本の官民は等しく深省を要すると述べたうえで、さもなければ「兎角従来海外事業ニ於テハ常ニ欧米人ニ先鞭ヲ着ケラレ止ムヲ得ス其ノ遺利《いり》ヲ拾ヒ其ノ糟粕《そうはく》ヲ嘗メ其ノ後塵ヲ拝スルニ甘シタルノ覆轍《ふくてつ》ヲ再ヒ伯国ニ踏ムヲ免《まぬか》レサルヘキヲ恐ル」

と述べて、日本の焦りとアメリカへの警戒心を赤裸々に開陳している。

当時ブラジルは、文明的開拓農である帝国臣民の理想的な移住・植民地として認識され、国家による渡航費などの手厚い支援のもとで移民たちが続々と送り出された。一九二〇年代には、移住事業の整備と国策化のなかで、国や海外移住組合などの団体、あるいは個人が現地に土地を取得して、そこに入植者を送り込み日本人植民地を建設する動きが活発化した。その結果、サンパウロ州への日本人移民の極度の集中と日本人植民地建設の加速化が、ブラジルでも日本の膨張主義に対する警戒感を高揚させ、黄禍や排日を煽る政治家らの出現を生み出した。

国策として入植者植民地主義を推進する日本の動きを牽制するかのように、ブラジルでは一九二三年にミナスジェライス州選出のフィデリス・レイス議員が、最初の日本人移民制限法案となる「レイス移民法案」を連邦議会下院に提出した。そこでは、ブラジル国民の「人種精神及体質形成」に害がおよばぬよう、政府が入伯する移民を厳重に監督する（第四条）と謳ったうえで、黒色人種の入伯は禁止し、黄色人種は国内におけるその国人数の一〇〇分の三に相当する人員の入伯を許す（第五条）と規定して、実質的に日本人移民の入国を制限しようとした。

この人種差別的な排日法案は、移民受け入れ数を出身国別に割り当てるアメリカの「一九二一年割当移民法」に倣ったもので、ブラジルが理想とする優生学的な「白人化」のイデオロギー（白人優越の人種主義）を推進するための処方箋として登場した。時の松井慶四郎外務大臣は、ブラジル特命全権大使の田付七太に電報を送り、この種の法案が漸次共鳴者を増やして北アメリカの二の舞にならぬように、排日運動の未然阻止に努めるよう要請している。

この法案が連邦議会に提出されると、日本人移民の入国制限をめぐって賛否両論がブラジル国内で沸き起こった。コーヒー農場の労働力を日本人移民に頼っているサンパウロ州などの議員は、日本人移民を擁護して人種差別的な法案に断固反対した。その一方で、ブラジル医学士院長のミゲール・デ・オリベイラ・コウトなどは強硬に黄禍論を唱え、アジア人は宗教、言語、性向、習慣が根本的に異なるため、西洋には絶対的に同化せず、優生学的および経済的法則に照らしてもその来伯は好ましくないと主張して「レイス移民法案」を支持した。その後一九二五年には、日本人移民の農業分野での顕著な貢献を評価し、黄色人種の移民制限条項を削除した「反レイス移民法案」が下院財政委員会に提出されるなど、両者の激しい攻防は二七年頃まで続いた。しかし、コーヒー農場主の利益を優先するサンパウロ州選出議員や、ワシントン・ルイス大統領の日本人移民支持の影響力のなかで、「レイス移民法案」は棚上げされた。

このように、アメリカだけでなくブラジルでも人種差別的な黄禍論や排日論が高揚するなか、着任してまもないブラジルの田付大使は、一九二三年にパラ州の連邦議員だったディオニジオ・ベンテスの訪問を受けた。彼は勤勉な日本人をパラ州に招致して開発を進めたいと、日本に協力を要請した。田付大使は、サンパウロ州における日本人の極度な集中が排日気運を高揚させる原因と捉え、アマゾンに日本人移民を分散させてその開発に貢献することで、ブラジル人の懸念を払拭して排日気運の緩和を図りたいと考えた。日本人移民のアマゾン送出は、ブラジルの黄禍論や排日論の高揚を抑えるための「安全弁」として計画されたものだった。田付大使からベンテス議員の要請を伝達された日本の外務省は、農学士の芦沢安平《あしざわやすへい》をアマゾンへ現地調査に派遣することを決定した。こうして、日本人移民をアマゾンへ送り出すための外交折衝が始まった。

3　パラ州におけるアカラ植民地の建設

コンセッションと福原調査団

ベンテス議員の陳情を受けた田付大使は、一九二四年にアマゾン通の野田良治書記官と森本海軍武官をアマゾンへ視察に派遣した。彼らはベレンからアマゾン川を遡航し、マナウスを経由してペルーのイキトスまで視察旅行を行った。そして、将来アマゾンが日本人の移住地として有望であり、太平洋から大西洋までアマゾンを突き抜けて大いに発展すべきだと田付大使に上申した。一方、日本の外務省が派遣した芦沢は、二五年に田付大使の紹介状を携え、鐘淵紡績株式会社（以下鐘紡）の派遣留学生だった仲野英夫を通訳に伴ってアマゾンへ出立した。一行はパラ州知事となったベンテスや、ベレン在住の日本人名士で柔道家の前田光世（愛称コンデ・コマ）の協力を得て、パラ州のカピン川やモジュー川の流域、ヨーロッパ系移民が数多く入植したブラガンサ鉄道沿線を視察した。

ベンテス知事は、芦沢一行の視察報告を踏まえたうえで、日本人植民地をカピン川流域に建設するため、一家族当たり二五ヘクタール、二万家族で合計五〇万ヘクタールの土地を選定する権利を向こう一年間留保する旨、一九二五年五月に書簡で田付大使に伝えた。これはコンセッションで、土地を無償で譲り受けるためには、定められた期限内に現地調査を実施し、指定された面積内の土地を選定して境界を画定する必要があった。折しも、アメリカのフォード社がパラ州から一〇〇〇万ヘクタール（ほぼ岐阜県の面積に相当）のコンセッションをもちかけられ、アマゾンで土地選定のための現地調査を本格化させた年だった。

早速、田付大使は電報（往電第四九号）でそれを外務省に報告するとともに、一九二五年一〇月一七日付の幣原喜重郎外務大臣宛外交文書（機密第三五号）で、「此ノ機ニ於テ同州ノ如キ豊饒ニシテ人口尚稀薄ノ未開地ニ邦人発展ノ足掛リヲ造ルコトハ最モ策ノ得タルモノト思考セラルル」と述べ、コンセッションを迅速に締結するための現地調査を日本政府に促した。幣原外相は、省内協議を経てアマゾン調査団の派遣を決定したが、調査費の全額負担は不可能だった。そこで、かねてよりブラジルの綿花に注目し、現地企業を興すことも視野に入れて派遣留学生を送り出していた鐘紡に、調査費の捻出と調査団の結成を依頼した。

鐘紡の武藤山治社長（慶應義塾大学卒業でアメリカでの留学・就業経験をもつ）は、南米移民事業調査費として八万円を外務省に寄付し、鐘紡東京本店の工場長兼取締役の福原八郎（武藤の腹心で、アメリカ留学中に南部の綿花産業で働いた経験をもつ）を団長とする、総勢一〇人からなる福原調査団のアマゾン派遣を決定した。彼らはアマゾンを「神が吾等に残し給ふた約束の地」と信じていた。

図 4-3 福原調査団一行と船長（1926 年）
前列右から 2 番目が福原八郎.
［石原（1931），p. 417］

福原調査団の派遣決定の朗報を受けた田付大使は、一九二六年四月一七日、現地で彼らを出迎えるため、一足先にベレンを公式訪問してベンテス知事と会談した。一方、福原調査団は同年三月二〇日、東洋汽船の「大洋丸」で横浜から出航し、ハワイ、サンフランシスコ、シカゴを経由して四月一一日にニューヨークに到着した（図4-3）。そして、五月一〇日までの一か月間、ニューヨーク、ワシントン、ボルチモア、フィラデルフィア、ニューヘブン、ボストンなどを訪問して、アマゾンに関する資料や情報を収集した。ニューヨーク滞在中、医師の石原喜久太郎（東京帝国大学教授）は、ロックフェラー医学研究所の野口英世を訪ね、熱帯病やアマゾンの衛生環境について意見交換を行った。

また、団長の福原は、アメリカからアマゾンへの再移住をもくろむ「南米協会」のリーダーである村井保固《やすかた》ら数人の有志と会談した。「南米協会」は、当時アメリカで高揚した排日運動を憂慮する在米日本人移民三〇人ほどが、南アメリカへの新たな進出を企図して創設した私的な勉強会である。彼らはアメリカでの自身の苦い経験を踏まえて、相手に土地を略奪されるという印象を与えぬように、移住地を分散させるように福原に助言した。また、急遽「南米協会」の会員から募った資本金一〇万ドルを元手に「南米企業組合」を設立し、福原を顧問に迎えた。そして、調査団がこれから選定する日本人植民地の近隣に、同組合のための有望な入植地をあわせて購入してほしいと福原に依頼した。

慶應義塾大学卒の村井は、同窓の武藤や福原とは旧知の友人で、排日気運が最高潮に達した一九一九年頃より、既にブラジルへの移住を計画していた。福原は村井らの再移住計画に賛同し、自らも同組合の株式に出資して、アマゾンでの土地の選定と購入を約束した。二六年五月一一日、調査団はイギリスの「デニス号」に乗船し、アメリカから一路アマゾンへと旅立った。

一行は同年五月三〇日、無事ベレンに到着し、田付大使らの出迎えを受けた。ベレンではベンテス知事や関係官庁への挨拶、現地調査の準備などに約二週間を費やした。そして六月一四日、福原調査団に現地採用の日本人三人、さらにコックやボーイ、大工、兵士などが加わって、一行は船でグァマ川を遡航し、前年に芦沢がベンテス知事の紹介で視察したカピン川流域を目指した。現地調査は約三週間続けられたが、期待に反してカピン川流域は日本人移住地として不適との結論に達した。そこは土地の起伏が大きいうえに、農業に適した肥沃地が少なかった。また、川は大きく蛇行を繰り返して浅瀬が多いため、舟運にも不便だった。さらに湿地が至る所にあり、往診の結果、住民の三分の二がマラリアに罹患していた。

七月四日、福原はベレンに戻り、ベンテス知事に否定的な調査結果を報告した。知事はたいそう恐縮して、「ご苦労だがもう少しいて、州内の官有地ならどこでも差し支えないので、好きな場所を探してくれ」と要望した。

知事の熱意を感じた福原は、調査団を二隊に分け、アカラ川とモジュー川の流域を新たに調査することにした。現地調査は七月下旬にかけて実施され、その結果アカラ川の本流とその支流のアカラ゠ペケーノ川の河間地域が、土壌が肥沃で舟運にも適し、低湿地が少ない高台の健康地であるとの結論に達した。八月六日、福原は再びベンテス知事と会談し、ベレンから船で約一二時間のアカラ川沿いの土地五〇〇万ヘクタールのコンセッション、およびパラ州内の他の三地域における土地の選択を知事に願い出て快諾を得た。

ベンテス知事は、その契約内容を記した日本の外務大臣宛の文書（一九二六年八月一四日付）を福原に託した。福原はこれを田付大使の後任である赤松祐之臨時代理大使に手渡し、外務大臣への報告を要請した。そこには「パラ州に日本人植民地を建設するために、このコンセッションに応じる場合には、一九二七年一二月三一日までにパラ州政府と正式に契約を締結しなければならない」と明記されていた。こうして、福原調査団の現地調査は無事終了した。

「南米拓殖株式会社」とアカラ植民地

一九二七年一月、アマゾンの現地調査から帰国した福原は、早速外務省に「アカラ無償提供土地植民地経営計画案」を提出し、アカラ川流域が日本人植民地として有望であることを具申した。また、四月には鐘紡の株主報告会でも調査結果を披露した。外務省は、福原調査団の報告書と移住地計画案を『伯国「アマゾン」河流域殖民計画ニ関スル調査報告』として刊行し、国内の有力者に配付するとともに、移植民事業を担う新会社の設立を提案した。

しかし、パラ州とのコンセッション締結に向けた外務省(本省)の対応は、極めて消極的で優柔不断だった。一九二七年一月にスイスよりブラジルへ赴任した特命全権大使の有吉明は、同年二月一七日付の幣原外相宛の電報(第三〇号、極秘扱)や、八月二日付の田中義一首相兼外務大臣宛の電報(第七九号)などで、懸案となっているレイスの排日的な移民法案やフォード社のアマゾン進出などに言及しながら、高揚する排日気運を抑え、アマゾンの富源開発に欧米から後れを取らないためにも、パラ州とのコンセッション締結に向けた日本政府の迅速な対応と援助が必要不可欠だと繰り返し具申した。しかし、パラ州が定めた年末の契約期限が近づいても、日本の外務省はいっこうに事を進めなかった。

その背景には、当時、日本の海外移植民事業を統轄する新組織として拓務省の設置が検討されていたが、外務省がそれに抵抗を続けていたことや、アメリカの「裏庭」たる南アメリカでの日本人移民の急増が、排日運動の再燃につながることを懸念したこと、などが考えられる。

業を煮やした有吉大使は、一九二七年一二月一三日付の田中外相宛の電報(第一〇九号)で、コンセッションの期限が年末に迫っているのに、約一〇か月間、日本政府からなんらの応答もないことをベンテス知事は怪しみ、たびたび不満の意を漏らしているので、とにかく「州知事ノ書翰ニ対シ日、伯両国ノ共通利益ノ為ニ「パラー」州ニ於ケル日本人拓殖事業ノ計画カ速ニ実現セムコトヲ熱望スル」くらいの一通りの挨拶はしてほしいと日本政府に釘を刺した。しかし、ついに音沙汰がないまま年を越してしまった。

パラ州政府は福原を信頼し、コンセッション締結の期限を半年間だけ延長した。有吉大使は一九二八年三月二一日、再度田中外相に電報(第一九号)を送り、ベンテス知事の期待を裏切ることなく、期限内に会社を設立してコンセッションを締結することが望ましいと具申し、「兎ニ角契約タケハ六月中ニ調印シ以テ本邦資本家ニ於テ本件開拓事業ヲ断行スルノ決心アルコトヲ示ス必要アリト認ム」と述べて、日本政府に速やかなる決断と調印を督促した。

田中外相は同月、渋沢栄一、団琢磨、木村久寿弥太、結城豊太郎、野村徳七、根津嘉一郎、今

井五介など、東西の有力実業家二七人を官邸に招き茶話会を開催した。政府側からは外務次官、逓信政務次官、その他関係官僚三七人と田付前大使も参加して福原の報告を受けた。田中外相は席上、アマゾンでの綿花栽培や移植民事業に対する実業家の協力を要請し、外務省は本計画を国際的企業による事業として推奨し、できれば資本家の手でその具体化を図ってもらいたいと述べた。そして、あくまで民間企業を通じて実施するため、政府は利益の補償など財政的支援は行わない方針だと挨拶した。

これに対して実業家らは、「国家的移植民事業のための会社創立」という趣旨には賛同したものの、いざ株式の引き受けという具体的内容になると話は頓挫した。結局、ブラジルとの関わりが深い鐘紡の関係者が発起人となり新会社を創立することで話がまとまった。その背景には、ブラジル、とりわけアマゾンを日本民族に残された唯一の発展地と信じる武藤の決意があった。

鐘紡は早速、武藤社長を総代とする八人の発起人を定め、一九二八年四月に「南米拓殖株式会社　設立趣意書　目論見書　定款」を作成した。そして、それに株式申込証を添えて広く国民に配布し、株式の購入を呼びかけた。武藤は設立趣意書で、国土が狭小で資源も乏しく、人口が増加を続ける日本の将来を憂えたうえで、「此ノ現状ヲ打開シテ国運ノ進展ヲ図ランニハ国民奮起シテ海外ノ富源ヲ獲得シ之ヲ開発利用シテ国民ノ富力ヲ涵養スルコト急務ナリ」と述べて、パラ州より無償譲渡される土地の富源開発により、日本国民の海外発展を図り、世界経済戦の基礎を確立すると宣言した。

会社の資本金一〇〇〇万円は二〇万株に分けられ、一株五〇円で売り出された。鐘紡が全体の約四分の一に当たる四万五〇〇〇株を引き受け、残りを一般からの投資と(一般の株式公募には八倍もの申し込みがあった)、鐘紡の重役や茶話会に招かれた実業家、住友・古河・三菱・安田財閥などが引き受け、一九二八年八月に「南米拓殖株式会社(南拓)」が誕生した。

南拓の社長となった福原は、会社設立と同時に社員三人を伴い、一九二八年八月に横浜から出航し、一〇月にベレンに到着した。そして、現地合弁会社の設立には時間がかかるため、一一月に福原八郎の個人名義でパラ州との間に一〇〇万ヘクタールのコンセッションが締結された。福原は、多様な作物を栽培するためには、自然環境が異なるいくつかの地方を選定するのが有利だと考えた。そして、アカラに六〇万ヘクタール、アマゾン川中流域のモンテアレグレに四〇万ヘクタール、さらにマラバ、コンセイソン・ド・アラグアイア、ブラガンサの三か所に各一万ヘクタールの州有地の無償譲渡を受けた。こうして、アマゾンに農業家族移民五〇〇〇世帯を招致して、一大日本人植民地を建設するという大事業が、南拓の手によりようやく緒に就いた。

福原は医師の松岡冬樹らと現地調査を行い、植民地の本拠地を、役場のあるアカラの町からアカラ＝ペケーノ川を約一五〇キロ遡航したトメアスーに決定した。一九二九年二月には仮事務所が設置され、四月には入植地の測量や森林伐採、五月には中央病院の建設も始まった。また同年

図 4-4　南拓のパラ州への移民募集ポスター

一月には、南拓の現地法人「コンパニア・ニッポニカ・デ・プランタソン・ド・ブラジル」が設立され、コンセッションは福原から会社名義に切り替えられた。トメアスーで移民の受け入れ準備が進むなか、日本では南拓が移民の募集に当たっていた（図4-4）。南拓は、植民地の主作物に掲げたカカオ栽培の巡回映写を行ったり、アマゾンの農作物や木材を展示したりして移民を勧誘した。南拓の親会社が大企業の鐘紡だったことが好評を博して、日本各地から移住希望者が殺到した。

一九二九年七月二四日、アカラ植民地へ向かう第一回移民四三家族一八九人（単独渡航者八人を含む）を乗せた大阪商船の「もんてびでお丸」が神戸から出航した（図4-5）。一行は、ブラジル独立記念日の九月七日にリオデジャネイロに入港し、一泊したのち「まにら丸」に乗り換えて九月一六日にベレン到着、そこで五日間の休息を取り、同月二二日にアカラ植民地に入植した。日本を発ってから約六〇日間の長旅だった。その後も、独立自営農となる夢をアマゾンで果たそうとする移民たちが、続々とアカラ植民地に押し寄せた。二九～三七年までにアカラ植民地に入植した移民の総数は、三五二家族二一〇四人に上った。

このように、ゴムブームの終焉で疲弊した経済を立て直したいアマゾンの州政府は、一九二〇年代後半、アメリカのフォード社だけでなく、日本の企業や団体などにも大規模な土地のコンセッションをもちかけ、国家や企業間の競争を煽ることでアマゾン開発を加速させる戦略にでた。三二年、現地紙『フォーリャ・ド・ノルテ』は、「アマゾンに対立する日米植民地」という煽動的な見出しで、あえて「世界経済の王者」対「東亜の覇者日本の国家的大事業」、「フォード」対「南米拓殖株式会社（鐘紡）」といった構図を明示的に掲げて競争心を煽り、両国や両企業がしのぎを削ることで、アマゾン開発が大きく進展することを期待すると記した。

図 4-5　第 1 回アカラ植民地移民出航の様子
（1929 年，神戸港）

［南拓の絵葉書］

4　アマゾナス州におけるヴィラ・アマゾニアの建設

コンセッションと上塚調査団

パラ州のベンテス知事が、コンセッションによる大規模な日本人移民の招致を進めていることを察知したアマゾナス州知事のエフィジェニオ・サーレスは、一九二六年四月、福原調査団の出迎えも兼ねてベレンを公式訪問していた田付大使に、この機会にアマゾナス州のマナウスにもご足労願いたいと要請した。福原調査団のベレン到着が遅れていたこともあり、田付はこの要請に応じ、五月にマナウスを訪問してサーレス知事の熱烈な歓待を受けた。知事は「アマゾナス州で企業を営もうとする日本人がいれば、州政府はいかほど広大な土地でも無償で下付することはもちろん、パラ州政府が提供する恩恵に優るとも劣らない条件を供与するだろう」と述べて、是非アマゾナス州にも現地調査団を派遣するよう要請した。田付大使はマナウスに五日間滞在したのち、ベレンに戻って福原調査団を出迎え、その後リオデジャネイロに戻った。このとき、既に外務省から帰国命令が出ていた田付大使は、アマゾン視察から約二週間後の七月末にリオデジャネイロを離れた。

田付大使の帰朝により、アマゾナス州とのコンセッション締結の協議は頓挫してしまった。この停頓状態を打破したのは、田付大使の後任として赴任した有吉だった。彼はサーレス知事のコンセッション締結の依頼を日本政府に取り次ぐとともに、知事に対しても着任の挨拶を行い、日本とアマゾナス州の良好な関係が一層緊密になることを希望すると力説した。これに対して知事からは、「貴国人は当州に於いて、懇切に歓迎され、当州に於ける貴国人の活動は、十分に酬いられるであろう。鶴首待望している学術調査団来着の暁には、州は出来得る限りの援助を供与するであろう」と丁重な返電があった。

こうしたなか、一九二七年に山西源三郎という東京の少壮実業家が、当時高橋是清の大臣秘書官だった上塚司が書いた粟津金六(前大使館嘱託)宛の紹介状を携え、新たな市場調査にブラジルを訪れた。上塚は粟津と同郷(熊本県)、同窓(神戸高等商業学校)の先輩だった。山西は、大使館付海軍武官の関根郡平にアマゾン視察を強く勧められ、粟津に同行を求めマナウスを訪問して州政府と交渉を行った。粟津は、在任中に実績を残したいサーレス知事が、日本人の移住を渇望していることを熟知していた。また、彼は既に同州の有力者と面識があったため交渉は順調に進んだ。

こうして一九二七年三月、粟津と山西は土地一〇〇万ヘクタールの大規模なコンセッションをアマゾナス州と締結した。同年一一月二二日の『東京朝日新聞』は、「無名の青年が一大植民地アマゾンの流域に一千余万町歩租借」の見出しで、我が無名の一青年がアマゾンで大植民地計画を実現しようとする近来の痛快事がある、と伝えた。

直ちに帰国した山西は、調査団の派遣や現地法人の設立に向けて奔走したが、折しも世界的な大不況のなかで、そのめどは立たなかった。山西は粟津と相談して、コンセッションの権利を当時衆議院議員だった上塚司に移譲することにした。彼はブラジルで「移民の父」と称される上塚周平の従兄弟でもあった。上塚はさっそく外務省に調査団派遣の補助金申請を行うとともに、既に設立されていた南拓にも協力を求めた。

こうして一九二八年八月、粟津を団長とする第一次調査団(粟津調査団)がアマゾンに出立した。ベレンでは南拓の医師や職員も調査団に加わり、一二月から翌年一月までにマウエス、ウラリア、アバカシ、カヌマンの四河川に囲まれた地域内に三〇万ヘクタールの土地を選定した。残る七〇万ヘクタールの土地選定については、アマゾナス州政府に二年間の期間延長を申しでて承認された。

現地調査を終えて帰国の途に就いた粟津は、その船内で、一年半にわたる南米視察を終えて帰国する母校講師の辻小太郎に偶然出会った。辻は、ブラジルがコーヒー輸出用の袋を作るために、膨大な予算を使ってイギリス領インド帝国から長繊維ジュートを輸入していることに目をつけ、需要が大きく短期的資本回収が可能なジュート生産をアマゾンで行いたいと考えていた。辻はアマゾナス州マウエスに住む山内登(海外植民学校校友)に、既にジュートの試作を依頼していた。

一九三〇年、粟津とともに辻も同席して上塚への報告が行われ、植民地の基幹作物としてジュートの栽培に取り組むことが確認された。また、上塚が外務省に申請した第二次調査団派遣のための補助金五万円が三月に下付されたことで、上塚は自ら団長を務める第二次調査団（上塚調査団）を組織し、残された七〇万ヘクタールの土地選定を行うためにアマゾンへと向かった。

一九三〇年六月七日、上塚と粟津は「さんとす丸」で神戸から出航し、七月二二日にリオデジャネイロに到着した。その後、アルゼンチンやサンパウロ州の日本人植民地を巡回視察したのち、ノロエステ線沿線のリンス市で調査団の人選と編成を行った。

図 4-6　上塚調査団の一行（1930 年）
マナウスの船上にて撮影．2 列目中央，軍人より左 2 人目が上塚司．
［アマゾン高拓会］

上塚調査団は、コンセッション締結のための土地選定と本拠地（アマゾニア産業研究所）設置に当たる第一隊（総勢一四人）と、本拠地設置後に現業員としてサンパウロから出立する第二隊（総勢八人）から構成されていた。第一隊の調査団は、三〇年九月一日にリオデジャネイロから出航し、ベレンを経由して一九日にマナウスに到着した（図 4-6）。そして、入植予定地のパリンチンスを拠点に現地調査を行い、三か所で合計七〇万ヘクタールの土地を選定した。こうして、粟津調査団が選定した三〇万ヘクタールとあわせて、合計一〇〇

図 4-7　アマゾニア産業研究所の入植祭(1930 年 10 月 21 日)

［アマゾン高拓会］

万ヘクタールの土地が選定された。

また上塚は、アマゾン開発の拠点となるアマゾニア産業研究所ならびに同附属実業練習所の建設用地として、パリンチンスの東約七キロにあるヴィラ・バチスタを選定した。そこは舟運の要衝で、良港を備えた好適地だった。一九三〇年一〇月二一日、ヴィラ・バチスタのアマゾニア産業研究所本館建設予定地において、総勢三十余人が列席して入植祭が挙行された(図 4-7)。一〇月には当該コンセッションの名義人を山西・粟津から上塚に変更し、ヴィラ・バチスタの登記も行って、名称を「インスティテュート・アマゾニア」に変更した(同年一一月に「ヴィラ・アマゾニア」に改称)。

ところが、同年一〇月初めにブラジル南部で勃発したヴァルガス革命が軍の支持を得て国中に拡大し、その影響がアマゾンにも波及して、コンセッションの交渉相手が突然革命政府に代わってしまった。しかも、革命政府は以前に州知事が外国と結んだコンセッションを一切破棄して無効にする暴挙にでた。幸い上塚のコンセッションは、約一か月近く頓挫したものの、日本人がアマゾンの産業発展に欠かせない存在であるとの判断から一一月二一日に無事承認が下りた。また会社の設立期限についても、一九三四年三月一〇日まで再延長が認められた。こうして、無事コンセッションを締結し、ヴィラ・アマゾニアの植民地建設が緒に就いたことを見届けた上塚は、三一年三月五日に任務を終えて帰国した。

「日本高等拓植学校」と高拓生

上塚は、アマゾンで日本人移住地の建設を進める一方、国内ではアマゾン開拓の第一線で活躍する人材を育成するため、一九三〇年、東京世田谷の「国士舘専門学校」内に自身が校長を務める「国士舘高等拓植学校」を設立した。同校の設立申請書には「南米ブラジルニ発展セントスル国士的人材ヲ養成ス」と開校目的が記され、同校が国士たる矜持と不屈の心身を兼ね備えた指導的開拓者の育成を目指す機関であると宣言している。海外での植民地建設に教育機関が組織的に関与した数少ない代表的事例といえる。

同校の修業年限は一年で、入学定員は五〇名、入学資格は中学校卒業または同等以上の学力を有する者、授業料は八四円だった。入学志願時には「入学可許サレ候節ハ卒業後直ニブラジル共和国ニ渡航シ、更ニ一ヶ年ノ課程ヲ修業致サシムベク此段承諾致候也」と記された「渡航承諾書」の提出が求められ、ヴィラ・アマゾニアでの一年間の実習訓練教育が義務づけられていた。卒業生は日本を発つ前に、現地での一年間の授業料と食費を納めて渡航した。アマゾンまでの渡航費は全額が補助され、現地で実習訓練教育を修了した者には二五ヘクタールの土地が無償譲渡されることが条件だった。

第一回入学生の始業式は一九三〇年五月五日、開校式典は五月二五日に挙行された。学生は全員が寄宿舎に収容され、午前五時に起床して武道の練習で心身を鍛え、その後校内を掃除して八時より授業を受けた。そして午後は農場で農業実習を行う過酷な生活を一年間続けた(図4-8)。第一回卒業生(高拓生)は、同時にアマゾニア産業研究所の第一回実業練習生となった。第一回高拓生三五人と引率者の越知栄、上塚の呼びかけに応じて参加を決めた東京農大生三人を加えた一行三九人は、三一年四月一九日に大阪商船の「さんとす丸」で横浜から出航し、六月二〇日にパリンチンスに到着した。

図4-8　上塚司校長と斧を携えた第4回高拓生
［アマゾン高拓会］

折しも一九三一年九月に勃発した満州事変以降、世間の関心は急速に中国大陸に向けられていった。学内でも、現下の情勢に鑑みれば満蒙開拓に寄与する国士的人材養成こそ喫緊の使命であるという北進論が台頭して、アマゾン開発のための人材養成を本旨と考える上塚らと意見が対立するようになった。また、世田谷の校内では農業実習が難しいという問題も顕在化していた。そこで上塚は三二年、満蒙開拓の人材養成に方向転換を図る国士舘と袂を分かち、神奈川県生田村に新校舎を建設して(現在の川崎市多摩区にある明治大学生田キャンパス内)、校名を「日本高等拓植学校」に改めて六月に開校した。

第二回生以降は学則も改正され、開校目的の「国士的人材ヲ養成」は「指導的人材ヲ養成」、入学資格の「中学校卒業以上」は「中学四年修了程度」、入学定員の五〇名は二〇〇名にそれぞれ変更された。また、週二四時間の「実習作業」が新たに追加され、総授業時数は週五三時間となった。さらに学校記念日も、国士舘の創立記念日からヴィラ・アマゾニアで入植祭が挙行された一〇月二一日に変更された。

卒業した高拓生は実業練習生としてアマゾンに渡航し、実地訓練を受けたのち、アマゾン開拓者として自立することになっていた。しかし、既に第二回生から卒業や渡航ができない者が続出した。それでも一九三二〜三四年にアマゾンに渡航した第二〜四回の高拓生は、いずれも五〇名を超えていた。しかし、第五回生以降、高拓生の渡航は激減する。その背景には、アマゾンに入植したもののすぐに脱落してサンパウロなどへ再移住したり、帰国したりする者が増加したことがある。また、人々の満蒙開拓に対する関心の高まりと相まって、いかに身体強健、意志強固でも、労働や農業経験が乏しい若者の独身者だけではアマゾン開拓は困難との認識が高まったことも、入学者の大きな減少を来した。

家族移民の必要性が叫ばれるなか、従前の高拓生とその家族に限定されていた移民に加え、一般の家族移民や高拓生に嫁ぐ婦人の呼び寄せが増加した。一九三三年九月には、木野逸作に引率された第一回家族移民がアマゾンへ向かったが、その中には、のちにアマゾン・ジュートの発見者となる尾山良太もいた。また三四年七月には、九十九利雄に引率された第二回家族移民がアマゾンに移住している。

しかし、「日本高等拓植学校」は入学生の急激な減少により、第七回生の卒業を待って閉校となった。そのため、一九三七年五月にアマゾンに向かった第七回生が最後の高拓生移民となった。アマゾンに移住した高拓生は合計二四三人で、このほかに他校から参加した実業練習生や引率教員、アマゾニア産業研究所の関係者とその家族、家族移民、高拓生の妻などを加えると、三一〜三九年にヴィラ・アマゾニアに渡航した日本人は合計五一四人にも達した。

5 戦前の日本人植民地と移民の動向

戦前の日本人植民地

表4-1は、第二次世界大戦前にアマゾンに創設された日本人植民地と農場である。パラ州では、一九二六年にベレンの東約七四キロのカスタニャールに、アマゾンで最初の日系農場となる「カスタニャール南米企業組合農場」が創設された。

表4-1　第二次世界大戦前に創設された日本人植民地と農場

	植民地・農場名	入植年	創設時の経営管理団体・個人	所在州
	カスタニャール南米企業組合農場	1926	南米企業組合	PA
○	アカラ植民地	1929	南米拓殖株式会社	PA
○	カスタニャール農事試験場	1929	南米拓殖株式会社	PA
○	モンテアレグレ南拓直営農場	1929	南米拓殖株式会社	PA
	アマゾン開拓青年団	1931	大阪YMCA海外協会	PA
○	前田光世の農場	1931	前田光世	PA
○	ヴィラ・アマゾニア	1930	アマゾニア産業研究所	AM
○	マウエス植民地	1930 1)	アマゾン興業株式会社	AM
	海外植民学校分校	1932 2)	海外植民学校・崎山比佐衛	AM

○：コンセッションによる土地取得　PA：パラ州　AM：アマゾナス州
1）開拓着手は1928年　2）開拓着手は1929年

前述のとおり、この農場はアマゾンへ向かう福原調査団が、立ち寄ったニューヨークで「南米協会」の日本人有志に頼まれて購入したものだった。イタリア人が経営するロンバルジーア農場(二七七〇ヘクタール)を福原が買収したもので、農場には広大なサトウキビ畑、ピンガ(火酒)工場、農場主の邸宅、ブラガンサ鉄道カスタニャール駅につながる約六キロの鉄道引き込み線などがあった。

同農場の周辺には、南拓社長の福原、鐘紡社長の武藤、柔道家の前田(ベンテス知事の厚意で一九二九年に二万六〇〇〇ヘクタールのコンセッションを締結。三一年、のちにアマゾン最大のスーパーマーケットチェーンを築く山田義雄ら七人の日本人が入植)、外交官で政治家の大橋忠一、南拓社員の仲野や田中久夫、片岡治義らも居を構え、

図4-9　「南米企業組合農場」の建物前で記念撮影された日本人の国際結婚式
［日本人移民のＹ氏提供］

さながらカスタニャールはアマゾン開発を先導する先駆者たちの集住地となった（図4-9）。農場内の邸宅では、しばしば農事研究会が開催され、福原社長を囲んで熱い議論が交わされたという。

しかし、農場経営はいっこうに振るわず、一九二九年にはその一部が南拓の「カスタニャール農事試験場」となり、キナノキ、カカオ、コショウ、ニッケイ、グァラナ（アマゾン原産のムクロジ科植物）、ブラジルナッツ、油ヤシなど、さまざまな熱帯作物の試験栽培が行われた。また三〇年には、西村亀太郎がアメリカから派遣され、「テキサスの米作王」として名を馳せた西原清東《さいばらせいとう》を招聘して、機械を使った米づくりを試みたが失敗した。

一九二九年には、「モンテアアレグレ南拓直営農場」も創設され、支配人となった仲野ら約二〇人が入植して、綿花、煙草、ラミーなどの試験栽培を始めた。また三一年には、同農場の南に福原が所有するサンタ・ローザ農場に、五反田貴己を団長、平賀練吉を副団長とする大阪ＹＭＣＡ

海外協会の「アマゾン開拓青年団」が入植した。

五反田は、かつて在伯日本総領事館の書記官を務めた人物だった。また平賀は、南拓創設の発起人に名を連ねた財界の巨頭、平賀敏の息子(阪急電鉄創業者の小林一三の実子で、のちに平賀家の養子になった)で、東京帝国大学農学部を卒業後、大阪の営林局に嘱託で勤務していた。団員は荒れ地の開墾、野菜づくり、木材伐採、炭焼きなど、約一年におよぶ厳しい訓練を経て移住した。しかし、それでもアマゾンの過酷な現実の中で不平不満が噴出し、団長である五反田の排斥に端を発して半年もたたずに協議解散となった。

一方、アマゾナス州ではヴィラ・アマゾニアの建設と同時期に、「アマゾン興業株式会社」の大石小作(鐘紡の技師長を務め、福原調査団にも通訳で参加)が主導してマウエス植民地が創設された。大石は、不老長寿の妙薬とされるグァラナの栽培に目をつけ、マウエスの市長の協力を得てサーレス知事に面会し、コンセッションの仮契約を締結した。一九二七年に一時帰国した大石は、各地で「アマゾン事情講演会」を開催して、会社設立の賛同者を募った。その結果、二八年九月に海軍中佐の沢柳猛雄が社長、小川亀重(元海軍大佐)と大石が取締役を務める「アマゾン興業株式会社」(資本金二五万円)が設立された。そして、一株二五円で二〇株以上を購入した株主には、マウエス植民地の土地二五ヘクタールが無償譲渡されることになった。

大石と社員たちは、一九二八年九月から山焼きを始め、グァラナを植えて移民の受け入れ準備

図 4-10　崎山比佐衛の親族とマウエス植民地の人々（1937 年）
前列中央の崎山比佐衛から，右へ順に戸田善雄医師，大石小作と続く．
［アマゾン高拓会］

を始めた。第一回移民は三〇年一月、第二回移民は同年七月にマウエス植民地に入植した。しかし、親企業である「アマゾン興業株式会社」は零細で、植民地経営は当初から深刻な資金難に直面した。コンセッションの締結に必要な現地法人の設立は、資金不足の「アマゾン興業株式会社」には困難であり、会社の倒産は時間の問題だった。第三回移民がマウエスに入植した三二年頃には、既に植民地は事実上経営破綻しており、移民たちもマウエスから次々と転出を始めた。

こうしたなか、気息奄々《きそくえんえん》となっていた移民たちを勇気づけたのが、「海外植民学校」校長の崎山比佐衛とその家族のマウエス移住だった。一九一八年に世田谷に創設された「海外植民学校」は、苦学生が牛乳配達などのアルバイトで学費を稼ぎながら修業鍛錬を行い海外への飛躍を目指す、植民教育機関だった。二七年に南アメリカへ二度目の海外視察に旅立った崎山は、アンデスを越え、アマゾン川を流れ下り、各地の日本人植民地を訪問する長旅のなかで、その途上に訪問したマウエスの美しさに惹かれ、そこに「海外植民学校」の分校を造るべく移住を決意した。そして、大石が住む農場の隣に五〇〇ヘクタールの土地を購入し、三二年に一族を伴って移住した。

崎山一族は、すぐにマウエス植民地の中心的存在となった（図4-10）。移民たちは崎山を頼りに結束し、生活の再建を誓ったが、そんな幸福も長くは続かなかった。アマゾンでは一九三六年頃から悪性のマラリアが猛威を振るい始め、三八年頃にはマウエス植民地も廃村に追い込まれるほどの危機的状況に陥った。そして四〇年三月、同植民地は「アマゾニア産業株式会社」に統合されるかたちで消滅した。崎山もマラリアの犠牲となり、四一年七月に六七歳でこの世を去った。

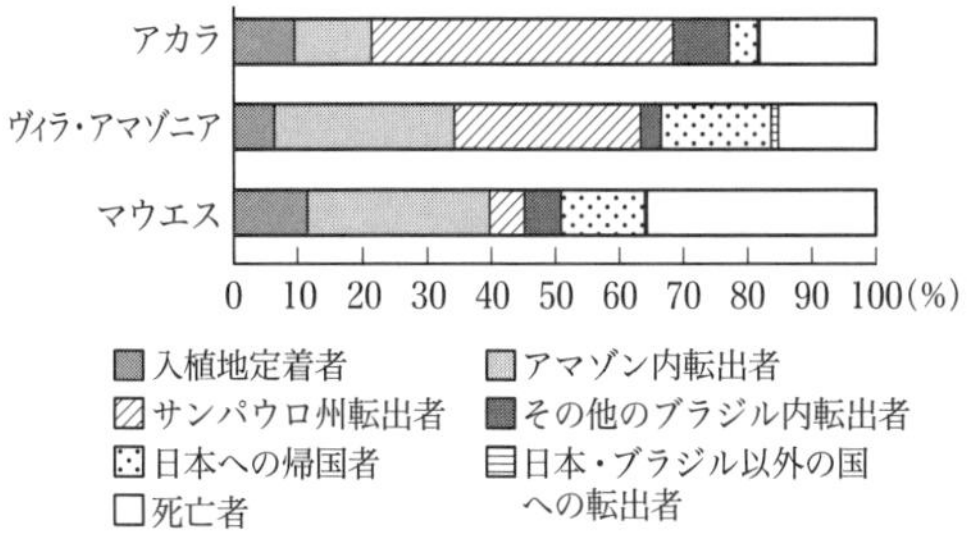

図4-11　戦前に創設されたアマゾンの日本人植民地における移民の定着・転出状況
［池田(1965)の入植者名簿をもとに筆者が集計して作成］

移民の定着・転出状況

ここでは、戦前にアマゾンに創設されたアカラ、ヴィラ・アマゾニア、マウエスの三つの代表的な日本人植民地を事例に、移民の定着・転出状況を検証しよう（図4-11）。

アカラ植民地では、一九二九〜三六年までに入植した三八〇人（家族移民の戸主と単独青年の合計四四一人のうち、行方不明者六一人を除いた数）のうち、アマゾンにとどまったのは全体の二一％で、このうちアカラ植民地に定着した者は九％にすぎない。一方、全体の約六〇％に当たる移民はアマゾンを離れ、主にサンパウロ州（四七％）に再移住しており、日本に帰国した者も四％みられる。そして、残りの一八％は死亡者である。とりわけ南拓が事業を縮小し（福原が社長を引責辞任）、さらに悪性マラリアが猛威を振るった三五～四二年にかけて転出者が急増した。

一方、学卒者（高拓生）を中心に若者の単身者が数多く入植したヴィラ・アマゾニア（パリンチンス）でも、移民の定着・転出状況はアカラ植民地と大きく変わらない。一九三一～三九年までの入植者四二一人（高拓生とその妻および家族移民四六八人のうち、行方不明者四七人を除いた数）のうち、アマゾンにとどまったのは全体の三四％で、このうちパリンチンスに定着した者は六％にすぎない。ここではジュート栽培を行うため、移民たちはアマゾンの河畔に広がるヴァルゼアや島に分散居住しなければならなかった。そのため、アカラ植民地に比べて移民のアマゾン残留率は高いものの、当初の入植地に残留した者の割合は著しく低い。一方、全体の約五〇％に当たる移民はアマゾンを離れ、主にサンパウロ州（二九％）に再移住している。また、日本への帰国者が一八％と群を抜いて高いことは、高拓生の多くが日本で中流以上の家庭の子弟だったことの証左であろう。死亡者も一五％で、三つの日本人植民地の中で最も少ない。

マウエス植民地では、経営主である「アマゾン興業株式会社」の資金不足などからすぐに植民地経営が行き詰まり、移民たちが次々と四散した。さらに、一九三三年頃からマラリアが発生し、多数の犠牲者を出して植民地からの転出に拍車をかけた。こうした植民地の厳しい現実は、移民の定着・転出状況にも反映されている。二八～三二年までの入植者八七人(社員や家族移民の戸主ならびに単独青年の数)のうち、その約四〇%にも相当する三四人が行方不明である。定着・転出状況が判明した五三人についてみても、アマゾンにとどまった者は全体の約四〇%で、このうちマウエスに定着した者は一一%にすぎない。彼らは経済的にも社会的にもアマゾンにとどまらざるを得なかった人々であり、実際にその多くは現地の人と結婚して土着化していった。アマゾンを離れた移民は全体の二五%で、このうちサンパウロ州への再移住者は六%、日本への帰国者は一三%だった。また、死亡者は三六%と極めて高い値を示している。

このように、戦前のアマゾン移民の定着・転出状況からは、当初入植した植民地に戦後(一九六〇年代前半頃)までとどまった移民は全体の約一〇%以下にすぎず、その大半は植民地を離れてアマゾンやブラジル南東部の都市へと転出したことが分かる。農業技師の生島重一によると、戦前のアマゾン日本人移民は合計三〇二五人である。しかし、一九四一年にベレン領事館が公表した在留邦人数は一〇六〇人にとどまり、アマゾン残留者は移民全体の約三分の一にすぎなかったことが示唆される。

6　排日・黄禍論に翻弄された日本人移民

満州事変と排日運動の再燃

ブラジルが国家として明確な移民政策を打ち出せないなか、一九二〇年代は日本人移民の導入をめぐり大きく混乱した。ブラジル連邦議会では、コーヒー農園のコロノとして日本人移民が欠かせないサンパウロ州など南東部の議員と、日本人移民の流入を抑制することで国内移民の労働力市場を死守したいその他の州の議員との対立が、優生学的、経済・社会学的議論を装いながら顕在化した。

アマゾンでは、農業者として優れた日本人移民に開発を期待する政治家がいる一方で、排日・黄禍論を支持する者もいた。のちにアマゾナス州知事として日本人移民に深く関わることになるアルヴァロ・マイアは、一九二五年、孤立して国の経済や人種の循環に参入しない日本人移民はアマゾン開発に相応しくないと指摘し、それは日本人が製造せず、消費せず、屈服せず、われわれの言語を学ばず、われわれの習慣に適応しないからだと述べた。また、一〇〇人の日本人は、数年後には数千人を呼び寄せてアマゾンは「ブッダの楽園」になると主張して、中国人や日本人の移民が、ペルーからアンデスを越えてアマゾンに押し寄せることを強く警戒した。

しかし、とりあえず一九二〇年代は、国家経済を支えるコーヒー農場主らの利益が優先されて、排日運動はひとまず下火になったが、その火種はくすぶり続けていた。こうしたなか、二九年の世界恐慌でコーヒー相場が大暴落した。さらに三一年、三二年と連続してサンパウロ州一帯を大霜害が襲い、コーヒーが壊滅的被害を被った。その結果、三〇年代初頭に突然コーヒーブームが終焉を迎え、コーヒー農園主らの政治的影響力が弱まるなか、排日運動の火種が再燃した。それに拍車をかけたのが、三一年の満州事変に端を発する日本の膨張主義への警戒感だった。世間の関心が急速に中国大陸へと向かうなか、移植民事業に関わるリーダーたちの言説も多分に民族主義的、国家主義的な色合いを強め、ブラジルの政治家や外交官、そして世論を刺激して排日運動を高揚させる原因となった。

上塚は、満蒙開拓に寄与する人材の養成を喫緊の使命と考える「国士舘高等拓植学校」と袂を分かち、平和的なアマゾン開発のための指導的人材養成を本旨とする「日本高等拓植学校」を創設した人物である。しかし、そんな彼の言説からも、日本が欧米列強に対抗して世界的な人種平等の追求を独善的に宣言する膨張主義が感知される。

上塚は『アマゾニア産業研究所月報』の発刊に寄せた一文で、過去数世紀にわたり欧米人により繰り返されたアマゾン探検は、自ら汗して原生林を開拓するものではなく、天然資源や原住民の財産の貪欲な搾取にすぎなかったと糾弾した。そのうえで「アマゾニアは此の如き利己的なる心無き闖入者《ちんにゅうしゃ》を心より嫌悪し、又此の如き貪欲なる暴君の入り来るを強き力を以て拒否している。

アマゾニアの大自然が求むる所のものは、此の如き狡猾なる人間の集団でなく、又現在土民の如き怠惰者でも無い。実に熱帯圏内の労務に堪へ、勤勉にして賢明且確固不抜の精神と、朗かなる理想に燃ゆる民族である。此の如き開拓の勇者に面する時大アマゾニアは歓呼して之を迎へ此の如き勇者の出現に依て、大アマゾニアの天地は初めて世界の楽土世界文明の中心と化するであらう」と述べ、アマゾン開発が、勤勉で賢い強い意志と理想を備えた大和民族の手に託された使命であり、原生林の中に新文明を樹立し、新文化の花を咲かせることが、アマゾニア産業研究所や故国同胞の名誉ある義務であると主張した。

このような上塚の言説は、まさに一九世紀のアメリカを席巻した「明白な天命」を彷彿させる日本版の宿命論であり、アマゾンを舞台に欧米列強に挑もうとする強烈な対抗意識に彩られている。一九三〇年代を迎えると、「同胞よ！ 行け南米の理想境 大アマゾンの日本新植民地」「拓け行くアマゾンの大富源——何が故に邦人のアマゾンたるか」「大アマゾンの雄姿」といった見出しの論考が、『キング』や『植民』などの大衆雑誌を通じて発信され、アマゾン移民の宣伝や勧誘が大々的に展開された。第一次世界大戦の戦勝国として欧米列強の仲間入りを果たしたにもかかわらず、戦後処理をめぐる「パリ講和会議」では、人種差別撤廃を国際連盟の規約に盛り込む日本の提案は否決された。国際舞台で欧米列強と肩を並べられない日本の苛立ちが、その後の独善的な人種優越主義や膨張主義の高揚にもつながっていた。

日本に滞在していたブラジルの外交官は、既に一九二〇年代後半にはこうした日本の動きを警戒し、本国に詳細な情報を送っていた。ブラジル代理大使のシルヴァノ・ランジェル・デ・カストロも、日本の帝国主義と移民外交との関係に強い警戒心を抱いていた。彼は二七年三月、アマゾンの視察報告を行った福原らの言動を、日本の新聞記事を添えて外務大臣オクタヴィオ・マンガベイラに報告した。彼は日本の膨張主義を警戒すると同時に、アジア人の血ではブラジルが望む人種の改良はできないし、混血・同化しない有害な日本人の集住はブラジルの将来に深刻な事態を招くことになるだろうと懸念を伝えていた。

また、カストロの後任A・ブリエネ・フェイトーザも、ブラジルの国民形成に黄色人種の日本人が加わることや、日本人移民と現地人労働者との競合、異質な民族の集住による社会的秩序の乱れなどを懸念した。そして、日本企業に独占的な利益を与える移民政策は、確実に阻止すべきだと進言した。彼ら外交官の言説には、ブラジルが理想としてきた優生学的な「白人化」のイデオロギーや、当時欧米諸国で広まった黄禍論の影響が感知できる。

一九二〇年代後半に、アマゾンの州政府、日本政府、日本企業の三者の親密な協力関係を礎に進められてきた日本人のアマゾン移住計画は、三〇年代に入り大きな試練に直面した。三〇年にクーデターでジェトゥリオ・ドルネレス・ヴァルガスが大統領になると、ブラジルの移民政策は大きく転換した。日本人移民の労働力と日本企業の資本を利用して開発を進めたいアマゾンの州政府の思惑は、日本の「独立州」建設を警戒する連邦政府内の排日派議員や世論の反対により攪乱されていった。折しも世界恐慌やコーヒーブームの終焉とも重なり、日本人移民の導入に否定的な政治家や団体が排日運動を活発化させていた。

日本人移民に対する彼らの懸念や批判は、当初の白人優越の人種主義や日本人の非同化性の問題から、一九三〇年代には日本帝国の膨張主義の問題へと変化していった。ジャーナリストのヴィヴァルド・コアラシーは三〇年、「日本人がペルーとブラジルに一五万人の労働者を擁する新たな帝国の建設を画策している」と述べて注意を喚起した。また翌年、駐日ブラジル大使のイポリト・アルヴェス・デ・アラウージョは、「パラ州が福原に譲渡したコンセッションに、五〇人の日本人青年が共産主義の植民地を建設しようとしている」という *The Japan Times & Mail* の記事を本国に送り、福原は偉大な資本家でそのようなイデオロギーには染まらないだろうと指摘しつつも、パラ州知事にそれを届けるよう忠告した。また上塚調査団の帰国についてブラジル外務省に報告し、これほど広大なコンセッションは、将来ブラジルに問題を引き起こすだろうから、しかるべき用心が必要だと指摘した。

日本が移民の送出を通じてアマゾンを侵略したり、海外に自治州を建設したりするのではないかという国防上の不安は、一九三一年九月の満州事変により現実味を帯びたものとなった。駐日ブラジル大使館からは、「広大な非居住地が広がり、天然資源も豊かで、戦略的立地条件を備えたアマゾンは満州に似ているので、そこが日本の新たな野心の対象にならないように十分な用心が必要である」とのメッセージが、本国の外務・労働・工業・商業省やアマゾナス州のアルヴァロ・マイア執政官にも伝達されていた。

一九三三年にブラジルの日本大使館から林久治郎大使が外務大臣の内田康哉に宛てた一連の電文は、当時の緊張ぶりをよく伝えている。同年五月の「満州事変後のブラジルにおける排日運動の動向について(公機密第五八号)」は、「満州事件ニヨリ濃厚ノ度ヲ加ヘタル排日気運ニ関スル件」と題して、日本政府に移民外交上の注意喚起を行っている。すなわち満州事変以降、日本人の非同化性や人種改良上の不適切性、保健衛生上の問題(トラホームの危険性など)といった従前の排日家の論拠に、新たに日本帝国主義に対する危惧が加わったと述べ、それが排日論者に有利な論拠を与えていると指摘する。

また、ブラジルに向かう日本人移民や彼らの移民補助費を、満州移民増大のために振り向けるような行為は、ブラジル親日派の不満や遺憾を増強するだけでなく、移民送出の背後に軍部の支援ありとの排日家の警戒を強大化させると指摘する。そのうえで、こうした排日気運を抑えるために、「伯国行移民ト軍部トノ間ニ連絡アルカノ如ク思ハシムル行動」「伯国ニ新日本建設ヲ高唱スル如キ移植民勧誘ノ宣伝」を戒め、さらに日本にいる外国通信員(特にブラジルで対日物議のもととなった新聞電報は、十中八九、ユナイテッド・プレスにより提供されたと指摘)に対する注意と操縦を上申している。

狙われた上塚コンセッション

一九三四年、排日派の先鋒であるコウトの「外国移民二分制限法案」が連邦議会に提出され、圧倒的賛成多数で可決されたのち、同年七月公布のブラジル新憲法に盛り込まれた。これにより、各国の毎年の移民数は最近五〇年間に国内に定着した当該国人総数の二%を超えてはならないことや、国土のいかなる地点にも移民の集団を禁じることが謳われた(第一二一条)。さらに、州政府が独断で一万ヘクタール以上の土地のコンセッションを締結することを禁じ、その都度、連邦議会上院の承認が必要となった(第一三〇条)。

既に新憲法制定前に確定調印済みだったパラ州のフォード社や南拓のコンセッションは、新憲法で不可侵を保障された既得権に属するため問題にはならなかった(第一一三条)。しかし、まだ審議中だった上塚コンセッションは、排日運動の格好の標的にされた。一九三五年一二月のアマゾナス州議会では、上塚コンセッションは可決・承認されていた。しかし、新憲法第一三〇条の規定を懸念したマイア知事が、連邦議会上院に本件の許可申請を行ったことで、排日論争が再燃して事態が紛糾し始めた。排日運動の先鋒「トーレス協会」は、いち早く上塚コンセッションに対する反対声明を出し、これにマスコミや軍部までが同調して排日気運が一気に高揚した。

連邦議会上院で排日の先頭に立ったのは、アマゾナス州選出のクーニャ・メーロ議員で、その背後には同州財界の重鎮で下院議員のアロイジオ・アラウージョがいた。当初、彼らは上塚コンセッションを支持していたが、一九三五年九月に投資会社の「アマゾニア産業株式会社」が設立され(同名の現地法人の設立は、三六年一月)、事業内容が具体化するにつれ、日本との競合を懸念して立場を変えたとの見方もある。上院での審議に先立ち、メーロ議員はアマゾナス州議会にも揺さぶりをかけ、三六年六月の州議会ではアントヴィラ・ヴィエイラ議員が、上塚コンセッションの破棄を求める演説を行った(図4-12)。

図4-12　排日書『ブラジルアマゾンの黄禍』の表紙

上塚コンセッションの契約地域を示す地図を載せ，「強調表示された所は，日本人により要求されたコンセッションの一部分である．そのアマゾナス州内における戦略的配置に注意せよ」とある．

[Vieira (1942)]

排日運動は、新聞を利用して展開された。『ジョルナル・ド・コメルシオ』や『フォリャ・ド・ポヴォ』は、それぞれ「ブラジルへの日本の密かな侵入」「日本がブラジルを侵攻」といった見出しで、「海外興業株式会社」(日本の国策移住を実質的に担った移植民会社)が作成した地図を日本軍が作成したものと指摘し、アマゾンが日本海軍の新たな基地候補に挙げられていると主張して不安を煽った。また『ア・ノタ』は、サンパウロでは二五万人の日本人がキスト(quisto, 集団内の異分子)を形成し、謎めいた言語で新聞を発行し、われわれ(ブラジル人)をこの国の外国人として扱っていると非難した。一九三六年五月には、社主のジェラルド・ロッシャ自らが「危険な日本人」と題する論説を掲げて「トーレス協会」を支持した。

ロッシャは、日本人移民が参謀本部より厳命を受けて指定された地方に植民していると主張し、日本は大西洋から太平洋に至る規定線上に日本人を植民させようとしていると指摘した。彼はアマゾンのコンセッション問題にも触れ、「独特の民族的精神をもつ一〇〇万の日本人がアマゾン河口に植民することは、南米大陸の一大危機を意味する。われらはそこがアンティーリャスの海やパナマ運河に非常に近く、ブラジル人が居住しない広大な土地であることを忘れてはならない。この南米の心臓部、北米のいかなる反動にも対抗できる戦略的地点に、数百万の黄色人種が腰をおろすことになるのだ」と述べて、日本がパナマ運河の占領とアマゾンの海軍拠点化を狙っているかのような言説で、上塚コンセッションの危険性を強調した。

一九三六年六月、連邦議会上院の憲法司法委員会でも審議が始まり、メーロ議員自らが上塚コンセッションの反対演説を行った。当初、排日論や黄禍論には大きな賛同が得られなかったが、多くの国々と国境をなすアマゾン辺境に多数の外国人を植民させることは国防上極めて危険であるとの主張は、とりわけ満州事変以降、膨張主義を強化する日本への警戒感から議員たちの支持を獲得して、形勢は上塚コンセッション否決へと傾いた。

そこで日本側は、外交委員長のコスタ・レーゴ議員と協議して、「百万町歩ハ余リニ広大ニ過クルヲ以テ之ヲ許可シ難キモ面積ノ点ヲ考慮シ更ニ新契約ヲ締結スル様「ア」州申請ヲ返付ス」という最終妥協案(面積縮小案)を取りまとめ、一九三六年八月二四日の上院本会議に上程した。これに対しメーロ議員は緊急動議を提出し、議題はあくまで一〇〇万ヘクタールの上塚コンセッションの可否だと主張し、票決の結果、日本側の最終妥協案は葬り去られた。

その後、賛否両論の論戦が続いたが、レーゴ議員の演説で形勢は一気に上塚コンセッション可決へと傾いた。形勢不利を看取したメーロ議員は、突如「本「コンセッション」ハ「アマゾン」河ノ要塞地帯ニ接シ居リ国防上危険アリ」と叫び、議長に休憩を求めて二人は秘密会に入った。そして本会議が再開されると、議長は一方的に「本件契約ハ広大ナル地域ニ対スル所有権ヲ与ヘ居ルト共ニ多大ノ特点ヲ許与シ居リ国家ノ利益ニ合致セサルニ鑑ミ上院ハ本件「アマゾン」州政府ノ申請ヲ拒否スヘキモノト認ム」と述べて、票決ではなく議長宣言により上塚コンセッションの失効が確定した。

このような上院での攻防は、時の沢田節蔵大使より有田八郎外務大臣に電報(第一七三号)で報告された。そこには、休憩中の秘密会でメーロ議員が議長に「本「コンセッション」ハ国防上危険アリ従テ之ヲ許可スルニ於テハ伯国軍部ノ動揺ヲ来シ其ノ責任ハ上院之ヲ負ハサルヘカラス」との趣旨の「参謀本部報告書」(参謀総長と次長の署名入り)と称するものを読み上げたゆえに形勢が一変したとある。議長は、軍部の専権事項である国防問題には、議会といえども介入できないとの判断に至ったことが推察される。沢田大使は、この文書の真偽にも言及し、「参謀総長及次長ノ署名アリト謂ハルルモ秘密会ノコトニモアリ又極秘トサレ居ル為未タ之カ実ヲ捉フルコト能ハス」と記している。

風刺画にみる排日とアメリカの影

ブラジルでは一九世紀末から人種主義が普及し、「笠戸丸」移民が海を渡った二〇世紀初頭からは、日本人移民を対象にした黄禍論が唱えられるようになった。当時の黄禍論や排日プロパガンダは、一九〇七年創刊の『フォン・フォン(Fon-Fon!)』や、一九一一年創刊の『カレタ(Careta)』といった大衆雑誌により、風刺画(カリカチュア)のかたちで広く国民に紹介され、「有害な日本人」の脅威を煽る役割を果たした。

最初のブラジル移民を乗せた「笠戸丸」が神戸から出航する約二か月前、一九〇八年三月七日の『フォン・フォン』には、日露戦争の勝利で一躍世界に名を轟かせた日本の脅威を煽るような風刺画が登場する(図4-13)。「現代日本」と題するこの風刺画には、丸眼鏡をかけてちょび髭をはやした動物のような容姿の巨大な日本人が、口を開き大きな手を伸ばして襲いかかるようなポーズで、欧米からの外国人を震え上がらせている。彼らはそれぞれ故国の国旗をあしらったような服や特徴のある帽子を身につけている。ピッケルハウベをかぶった最前列のドイツに続き、スペイン、ポルトガル、フランス、イギリス、ロシア、ベルギー、イタリア、トルコ、アメリカなどの名前が読み取れる。そして風刺画の下には、「世界の半分を脅かす黄禍」と記されている。

図 4-13　日本の黄禍を訴える風刺画
［『フォン・フォン』(1908 年，48 号)］

一九三六年七月一八日の『カレタ』は、「怪しげなアマゾンの中で」と題する風刺画を表紙に掲載した（図 4-14）。蔓植物や樹木が鬱蒼と生い茂るアマゾンの熱帯雨林の中を、唐傘を差したり、漢字が描かれた長持《ながもち》や風呂敷を担いだりする奇妙な集団が、何かおどおどしながらさ迷っている。彼らは一様に目が細く、眼鏡をかけ、口を開いて出っ歯を見せており、いかにもステレオタイプな日本人である。移民の一団は、熱帯雨林の中で唯一の話し相手である黒いサル（黒人を象徴）に出会う。ここは人が住まない野生動物の生活領域で、そこに何も知らずに送り込まれた日本人たちが、住人の黒ザルと会話するという、黄禍論者の差別意識が隠喩的に表現された場

図4-14　日本人のアマゾン移民を揶揄する風刺画
［『カレタ』（1936年，1465号）］

面である。薄暗い熱帯雨林に怯える日本人が「この辺りにはたくさん蚊がいますか？　蛇は？　シャバンテ族は？」と尋ねると、黒ザルは「はい、いますとも、旦那様（Ha sim, "sinhô." と黒人奴隷の言葉で応答）。でも彼らは仲間ですぜ。誰でも同じように扱ってくれますから」と返答する。蚊や蛇、シャバンテ族と同じ仲間の日本人移民は、ブラジル人にとって「有害な嫌われ者」であるという隠喩でもある。

一九三九年五月一三日の『カレタ』の表紙を飾った「誰もいない土地」と題する風刺画は、ラテンアメリカの保護者としてのアメリカの役割が象徴的に描かれている（図4-15）。誰もいないラテンアメリカを注意深く凝視する巨人のアンクルサム（アメリカを象徴）は、南アメリカ大陸南端のパタゴニアに出現した怪物に怯えて「助けて、とても醜い動物！」と叫ぶ女の子に、「君が怖がっているあの化け物は、人の土地で恐怖を与えるに違いない」と答えて、救出のチャンスをうかがっている。「無邪気でか弱い女の子」は、アメリカからみたラテンアメリカのメタファーである。

また、女の子に襲いかかる化け物の体には、ナチスのシンボルである鉤十字が描かれていることから、この生き物は第一次世界大戦期にアメリカで反ドイツ感情とナショナリズムの高揚を狙って盛んに表象された「ドイツ鯉」だと思われる。醜さを強調した外来生物にナショナリティを付与して人種・民族化(擬人化)することで、マイノリティや、戦時下では敵性外国人を邪悪な侵略者として表象し、広く世論を煽動する方法がブラジルでも採用されていた。第二次世界大戦の勃発直前に描かれた

図 4-15　ラテンアメリカの保護者としてのアメリカ合衆国を表した風刺画
[『カレタ』(1939 年, 1612 号)]

この風刺画は、ドイツへの敵愾心《てきがいしん》を直接的に表象しながらも、時節柄、ドイツと防共協定を結び膨張主義化する日本やイタリアなどの枢軸国の侵略に対する警戒心を煽っていると考えられる。

このような、一九二〇年代以降にブラジルで高揚した黄禍論や排日運動の背後には、アメリカの大きな影響力が働いていた。排日運動のきっかけとなった前述の「レイス移民法案」は、そもそもアメリカで制定された「一九二一年割当移民法」や、アジア人移民を禁止した「一九二四年移民法」の影響を強く受けたものだった。アメリカの現状を念頭に、レイスは議会での演説で、ブラジルの人種形成に有害な黄色人種の導入に反対すると述べ、さらに南アメリカが日本の勢力圏になりうると指摘して、膨張主義の手段としての移民の送り出しに警鐘を鳴らした。

アメリカの日本に対する警戒心や不寛容は、一九三〇年代に入るとさらに増強された。アメリカのモンロー・ドクトリンを信奉し、日本人のアマゾン移住に強く反対したアマゾナス州のヴィエイラ議員は、アメリカ、アルゼンチン、パラグアイにおける日本人移民の禁止について触れたうえで、「日本人移民を受け入れ続けているブラジルは、アメリカの反感を買って苦しむリスクがある。よって日本人移民を抑え込むことが、国家の統一性と大陸関係の基本になる」と主張した。当時の日本とアメリカの対立関係が、ブラジルを巻き込み、アマゾンを舞台に発現していたことがうかがえる。

日米双方の敵愾心は、日本の満州国建設以降、さらに顕在化した。アマゾナス州で進む上塚コンセッションは、先行してパラ州でゴムプランテーションを経営するフォード社に強い警戒心を惹起した。「フォードランディア」とヴィラ・アマゾニアは、州界を挟んで直線でわずか数百キロしか離れていないうえに、当初日本もゴム栽培を計画していた。そのため、アメリカからすれば目障りな競合相手の進出に映った。上塚コンセッション問題が議会で審議された際、排日派議員の背後では、日本企業と競合するアマゾナス州の地元企業やフォード社の関係者が動いていたといわれる。

一九三三年、アメリカ・ニューオリンズの日本領事館は、「伯剌西爾《ブラジル》に於ける本邦移民に対する米国の新聞論調」と題する文書で、アマゾンの日本人移民に対するアメリカの強い関心とその状況分析を伝えている。そこには「日本人の羅典亜米利加《ラテンアメリカ》への移動は米国の或観測者の気を揉ませ来りたる処なるも日本移民開始以来今日迄何等の出来事なく従って華府《ワシントン》当局は其政策上より日本植民は殆ど脅威とならざるものと見做すべし(中略)伯国は「ヘンリー・フォード」に広大なる租借地を許与し居る処将来借地人間に衝突惹起するやも計られずとするも目下は伯国の「フォード」化と日本化とは余程懸隔あり」と、アメリカ側の大きな関心と自信が報告されている。

また、一九三六年にはウィリアム・ブラウンの『黄禍』がポルトガル語で出版され、ブラジルの排日プロパガンダに多大な影響をおよぼした。ブラウンは、社会的階層が低い日本の貧農たちが帝国臣民として海外に注意深くかつ狡猾に送り出され、侵略戦争の推進力になっていると述べて、日本の偽善的な行為を告発した。

アマゾンに駐在するアメリカの外交官も、日本人移民の動向を注意深く監視していた。歴史学者のジェフェリー・レッサーは、在ベレン副領事のジェラルド・ドゥリューが、日本人移民のアマゾン招致に尽力していた柔道家の前田を、日本がアマゾン占領計画の準備のために送り込んだ秘密工作員だと信じていたと、彼のメモランダムから明らかにしている。さらにレッサーは、ブラジル外務省の政治部長が、「海外興業株式会社」の作成した地図を駐伯アメリカ大使のヒュー・ギブソンに送ったことや、駐米ブラジル大使の経験をもつ親米派のオズヴァルド・アラーニャ外務大臣(任期は一九三八〜四四年)が、多くの軍関係者とともに、日本が南アメリカ大陸での植民地分割を画策していると信じていたことを指摘している。

第五章

第二次世界大戦とアマゾン

——悲劇のゴム兵と日本人移民

パラ州トメアスーの旧アグア・ブランカ病院(2011年3月)
1930年に日本人植民地の学校として建設されたが，マラリアなどが猛威を振るい，当初より診療所や病院として利用された．戦時中は，強制収容所の施設にもなった．1979年に長年の役目を終えて廃屋となる．

1　アメリカのアマゾン介入――「ワシントン協定」とゴム戦略

軍事戦略と「リオ会議」

一九三九年に第二次世界大戦が勃発しても、アメリカは孤立主義を守って参戦しなかった。しかし、フランクリン・ローズヴェルト大統領が三選を果たすと、アメリカはその方針を大きく転換し、四一年にはイギリスへの軍事支援（兵器や軍需物資の供給）を通じて事実上の参戦状態となった。F・ローズヴェルトは、ファシズムの拡大阻止を大義名分に参戦する機会をうかがっていた。また西半球防衛の立場から、善隣外交によりラテンアメリカ諸国との共闘体制を構築しようと動き始めた。ラテンアメリカ諸国は、一様に中立的な立場を取っていたが、アルゼンチンのように国内に多くのイタリア系やドイツ系移民を包摂し、枢軸国とも良好な外交関係を保っている国もあり、その動向はアメリカにとって懸念材料だった。アメリカは、ラテンアメリカ諸国の態度を確認するために会議の招集を望んだが、ラテンアメリカ諸国からはすぐに自発的な動きは起こらなかった。

状況が急変したのは、一九四一年一二月、日本によるハワイの真珠湾攻撃で口実を得たアメリカが、全面的参戦を表明した直後だった。アメリカ大陸にも戦火がおよぶ危険性が高まるなか、チリの外務大臣ホアン・バウティスタ・ロセッティが、パン・アメリカ連合を通じて外相会談の早期開催を要請した。時機を得たアメリカは迅速に動き、連合国への賛同が見込まれるラテンアメリカの大国ブラジルでの汎米外相会議の開催に向けて準備を急いだ。四二年一月、ブラジルの首都で開催されたこの会議は、一般に「リオ会議」と呼ばれている。会議を主導したのは、F・ローズヴェルトのラテンアメリカ顧問だった国務次官のサムナー・ウェルズと、ブラジルの外務大臣で駐米ブラジル大使も歴任した、汎米主義者のオズヴァルド・アラーニャだった。

「リオ会議」でのアメリカの目的は、ラテンアメリカ諸国が枢軸国と国交を断絶し、連合国側の一員となるよう働きかけることだった。その任務の重要性は、ウェルズが四六人ものアメリカ代表団を率いてリオデジャネイロ入りしたことからもうかがえる。会議でアメリカは、枢軸国の侵略からアメリカ大陸を防衛する強い意志を表明し、戦争に勝利するために必要なさまざまな戦略物資をラテンアメリカ諸国から大量に買い上げると約束して共闘を呼びかけた。世界のゴム生産量の九七％を占める東南アジアが日本の占領下となれば、もはやゴムの調達は不可能だった。またゴム以外にも、鉄鉱石、アルミニウム、ボーキサイト、マンガン、銅、タングステン、亜鉛、スズ、マグネシウム、ニッケル、雲母、石英、ジュート、吐根《とこん》などの重要な戦略物資を、ラテンアメリカ諸国から独占的に安定確保する必要があった。

「リオ会議」の結果、アメリカはアルゼンチンを説得できなかったものの、ブラジルやメキシコを含む他の参加国すべてから広く賛同を得て、枢軸国に対する経済断交が決議された。ちなみに、ドイツ、イタリア、日本からの移民が多いブラジルも、アルゼンチン同様、枢軸国とは良好な外交関係を維持しており、ジェトゥリオ・ドルネレス・ヴァルガス大統領も中立的な立場を守ってきた。しかし外務大臣のアラーニャは、ドイツよりもアメリカの方が長期的にブラジルを利すると主張し、連合国側につくようにヴァルガス大統領に迫った。その結果、「リオ会議」の段階ではブラジルも連合国支持に回り、枢軸国のドイツ、イタリア、日本との国交断絶が決まった。一九四二年二月には枢軸国に対する「資産凍結令」が発動され、敵性外国人となった移民たちの銀行預金や債権の一部の強制的供託、不動産などの財産処分の禁止、そして公法人の資産凍結が行われた。また枢軸国の在外公館は閉鎖され、外交官らは七月に外交官交換船で帰国した。こうして、残された移民たちはまさに「棄民」となった。

ラテンアメリカ諸国の第二次世界大戦参戦は、いずれも日米開戦以降のことで、日本によるハワイ真珠湾攻撃がその引き金になったことは明らかである。連合国支持を打ち出した「リオ会議」以降、一九四二年にはメキシコ、ブラジル、四三年にはボリビア、コロンビア、四四年にはペルー、そして四五年にはエクアドル、パラグアイ、ウルグアイ、ベネズエラ、アルゼンチン、チリが参戦した。ブラジルの宣戦布告は、ドイツとイタリアに対しては四二年八月だったが、日本に対しては両国が降伏したあとの四五年六月と遅かった。

「ワシントン協定」

第二次世界大戦が勃発する以前から、ブラジルはアメリカと軍事協力に関する非公式の協定を結んでいたが、アメリカの全面的参戦を機に、両国は正式な協定の締結を急いだ（**図5-1**）。「リオ会議」で連合国支持を表明したブラジルは、軍事支援の具体的な内容や方法についてアメリカとの協議を加速させ、一九四二年三月には「ワシントン協定」と呼ばれる、一種の軍事支援協定が締結された。この協定は、ブラジルのさまざまな軍事支援の内容を具体的に定めたものであるが、その中核をなすのは、アマゾン産ゴムの生産と販売にアメリカの関与を認めることだった。

図5-1　ヴァルガス大統領（前列左）とF・ローズヴェルト大統領（1936年，リオデジャネイロ）

アメリカはブラジルと共同で「ゴム準備会社（RRC）」を設立し、アマゾン産ゴムの増産と輸出管理の徹底を企図した。ブラジルはそれを実現するために、アメリカに一億ドルの融資を要求した。アメリカはすぐにこれに同意し、さらにゴム増産のために五〇〇万ドルを追加支給すると伝えた。その際、この追加支給によりブラジルのゴム輸出量が年間二万五〇〇〇トンを下回ることのないよう期待すると述べて、ブラジルに釘を刺した。また、ゴム増産にはセリンゲイロの健康管理が必要不可欠だとして、この追加支給で現地の衛生・医療環境を整備することも約束させた。さらに、アメリカに輸出される不純物を含まない最上質ゴム(Acrefina)の価格を、ベレンでの本船引き渡し価格で一ポンド当たり三九セントと定めた。

アメリカは、ゴムの増産以外にもブラジルとさまざまな協約を結んだ。南アメリカへのドイツ軍の侵攻を防ぎ、ヨーロッパ戦線を支援するための戦略拠点として、アメリカはノルデステ(北東部)の沿岸都市を重視していた。そこで、大西洋岸のナタール、レシフェ、ベレンといった都市にアメリカの空軍基地を造り、そこでブラジル軍を訓練することや、二万五〇〇〇人のブラジル遠征軍をイタリア戦線に派遣することを認めさせた。その一方で、鉄鉱山(イタビラ鉱山)の開発、鉄鋼業の発展、鉱石運搬用の鉄道建設など、アマゾン以外の地域開発に対しても莫大な融資をブラジルに約束し、その見返りにアメリカへの軍事的な全面協力を取りつけた。

2　悲劇のゴム兵(rubber soldiers)

ゴム兵になった旱魃難民　「ワシントン協定」の締結により、総額一億五〇〇〇万ドルの融資が約束されたブラジルは、早速アマゾン産ゴムの増産に向けて動き出した。一九四〇年当時、アマゾンでは年間一万六〇〇〇〜一万八〇〇〇トンの天然ゴム生産を、三万四〇〇〇人のセリンゲイロが担っていた。それを年間四万五〇〇〇トンまで増産するためには、約一〇万人のセリンゲイロが必要になると見積もられた。しかし、それだけの労働者をアマゾンで現地調達することも、短期間にどこかで募集してアマゾンに移住させることも至難の業だった。日本軍によるマレー半島やインドネシアの占領により、ゴム調達の道を絶たれたアメリカでは、F・ローズヴェルト大統領が国民に向けて、東京やベルリンを攻撃するための軍用機生産に欠かせないゴムの拠出を呼びかけていた。また、大幅なゴム増産を実現するためには、マレー人をアマゾンに送り込むべきとの意見まで噴出した。

これに対してブラジルは、あくまで国内移民によるゴムの増産を主張し、ブラジル人以外のアマゾン移住を拒絶した。その背景には、ヴァルガス大統領の国家戦略があった。彼はアマゾンを実質的に連邦政府の管轄下に置き、国境地域まで植民・開発を推進することで、ブラジルを中央集権的な国民国家として統合したいと考えていた。

第二次世界大戦の勃発により、思いがけずその好機と予算をアメリカから提供されたブラジルは、第一次ゴムブームのときと同様に、またしても旱魃やラティフンディオ（大土地所有制）に起因するノルデステの構造的な貧困問題を、アマゾンを「安全弁」として解決しようと企て、国内移民のアマゾン送出を積極的に推進した。折しも一九四二〜四三年には、セアラ州南部、パライバ州内陸部、リオグランデドノルテ州全域で大規模な旱魃が発生し、都市に流出した難民たちの暴動が危ぶまれていた。四二年一一月、セアラ州では約三〇万人が旱魃により被災していた。

このように、セリンゲイロの確保をめぐり当初から両国の思惑が衝突するなか、アメリカは戦時下での同盟国の反感を恐れ、ブラジルに譲歩する姿勢をみせた。一方、ブラジルはアメリカの要請に応えるため、単身男性の徴用機関として「アマゾンへの労働者動員の特別事業所(SEMTA)」を設立した。また家族移民の募集と送り出しは、ブラジル国家移民局の「アマゾンへの労働者派遣の行政委員会」が並行して進める分業体制により、セリンゲイロの大量確保を実現しようとした。

戦時下にセリンゲイロとしてアマゾンに送り出される旱魃難民たちは、単なるゴム採取労働者ではなく、連合国の勝利のために従軍する兵士として位置づけられ、ゴム兵(rubber soldiers)とかアリゴ(arigó, 無骨者の意味)と呼ばれた。彼らの多くは非識字者だったため、ヴァルガス大統領はラジオを駆使して困窮する旱魃難民たちを巧みに連合軍兵士にしていった。彼はゴム兵もイタリア戦線に派兵されるブラジル兵(プラシーニャと呼ばれた)も同じであり、戦後は彼らと同等の年金が支給されると宣伝した。

ゴム兵の徴用と移住　SEMTAは、一九四三年にアメリカの実業家から資金提供を受けて設立された「ゴム開発公社(RDC)」の特別基金により創設された、ゴム兵徴用のための組織である。本部は旱魃難民が多く集まるセアラ州の州都フォルタレーザに置かれ、ゴム兵徴用所は同州の全域に開設された。ここでも、彼らの高い非識字率（一九四〇年のセアラ州では七八％）を考慮して、ラジオやポスター、新聞、パンフレット、映画、マンガなど、視聴覚に訴える多様なメディアを駆使して、ゴム兵徴用キャンペーンが展開された。

図 5-2　SEMTA のゴム兵徴用ポスター（1943 年）
「勝利のためにもっとゴムを」と書かれている．
［Museu de Arte da Universidade Federal do Ceará (Aba-Film)］

　スイス人のジャン＝ピエール・シャブロズが制作したゴム兵徴用ポスターは、ひときわ目を引いた。中央に描かれた大きなゴムノキからはラテックスが豊富に流れ出し、その脇に立つ二人のゴム兵が戦勝（vitória）を表すVの字をしっかり支える姿が象徴的に描かれ、「勝利のためにもっとゴムを」と記されている（**図5-2**）。また、ゴム農園での豊かな人生を連想させるものや、乾燥したノルデステと湿潤なアマゾンの風土差を象徴的に表現したものなど、ゴム兵徴用ポスターは多様である。中にはラテックスの滴がゴムタイヤとなり、それがヒットラー（鉤十字の形をした胴体に顔や手足がついている）をひき殺そうとしている構図もあり、「彼をゴムで踏みつぶせ」と記されている。

戦時下では、映画もまた重要な役割を担った。アメリカの「米州問題調整局（ＯＩＡＡ）」が、「戦時情報局」とともに一九四三年に製作した『戦時中のブラジル』は、九分間のプロパガンダ用短編ドキュメンタリー映画である。テンポの良いＢＧＭが流れるなか、ブラジルの豊富な資源や都市の発展ぶりを伝える映像が続く。さらに、多数の兵士（三〇〇万人と伝える）の軍事訓練や工場での武器製造の様子、軍艦や潜水艦、航空機の映像なども次々と登場して戦意を煽ったうえで、最後に「ブラジルは資源や人力の重要さだけでなく、国民の戦闘的気質やアメリカ人に対する友好の再確認も大いに連合国の大義に貢献している。われわれは、この友情を感謝の念をもって歓迎し、決して忘れることはないだろう」と結んでいる。

ＯＩＡＡとともにウォルト・ディズニーが一九四四年に製作した『目覚めたアマゾン』は、アマゾン探検の歴史を語るアニメーション場面と、アマゾン各地の産業を語る実写場面からなる、三八分のドキュメンタリー映画である。特にマナウスのゴム産業の発展や「フォードランディア」のゴムプランテーションの成功を手放しで称賛し、アマゾンが新世界の希望であり、人類の富源・楽園であると謳っている。しかし、前述したようにマナウスに繁栄をもたらした第一次ゴムブームは、既に二〇世紀初頭には終焉を迎えているし、「フォードランディア」もさまざまな問題を抱えて崩壊寸前だった（映画公開の翌年に撤退）ことを考えれば、まさにゴム兵徴用のための典型的なプロパガンダ映画だった。

ディズニーが一九四二年にブラジル、翌年にアメリカで公開した『ラテン・アメリカの旅』(原題 *Saludos Amigos*)は、『ドナルドのアンデス旅行』『小さな郵便飛行機ペドロ』『グーフィーのガウチョ』『ブラジルの水彩画』の短編四作品からなる四二分の映画である。いずれの作品も、ディズニーのスタッフが南アメリカ各地の風俗をスケッチする実写場面と、そのスケッチから生み出されたキャラクターが、ドナルドダックやグーフィーなどのディズニーキャラクターと旅をするアニメ場面で構成されている。

『ブラジルの水彩画』では、オウムのジョゼ・カリオカがドナルドダックを誘い、サンバの名曲にあわせてリオデジャネイロを旅して、カッシャーサ(火酒)を飲みサンバを踊るという物語である。いずれの短編も、戦時中にアメリカがラテンアメリカで推し進めた善隣政策のプロパガンダであり、各国の文化習俗を尊重して内政干渉は行わず「良き隣人」として共にあることを印象づける内容となっている。

一九四三年にOIAAがヴァルガス政権の広報部と協力して制作した『勝利のためのゴム』は、ノルデステからアマゾンに移住したゴム兵の証言を通じて、第二次ゴムブームの歴史とその実態を描いたドキュメンタリー映画で、ブラジル国内の映画館で広く上映された。この映画は、ゴム兵たちがノルデステの旱魃と貧困から逃れ、イタリア戦線に赴く兵士同様、戦争の英雄として認知され、戦後は彼らと同等の年金を受給できると信じてアマゾンに移住したことを物語る。

映画のほかにも、ゴム兵となったノルデステの牧童がアマゾンで幸運をつかみ、社会的にも人間的にも大きく成長して幸せな家族生活を送るという成功譚仕立てのマンガや、ゴム兵が故郷の家族に宛てた送金額を記した手紙を掲載する新聞など、さまざまなメディアがあの手この手でゴム兵徴用のプロパガンダを展開した。

また、ノルデステの伝統的な家父長制社会が生み出した「男らしさ」を崇拝するジェンダー・イデオロギーが、ゴム兵の徴用に巧みに利用されたことも看過できない。宣伝には入隊、兵士、戦争などの勇ましい用語が多用され、ゴム兵としてアマゾンに赴くことは、国家への愛国心を示す名誉な従軍であることが強調された。またゴム兵になることは、貧しい独身者が結婚したり、子どもに教育を受けさせたりするために必要な男の試練であるとか、果ては真っ暗な森を歩き回ってジャガーや毒蛇に立ち向かい、獣を狩り、大量のゴムを生産することは男としての誇りであるといった宣伝まで行われた。

SEMTAは契約書で、ゴム兵や農園主(雇用者)の権利や義務に関して詳細に取り決めていた。例えば、ゴムの公式販売価格(運賃、保険料、税金、手数料を含む)の六〇%をゴム兵、残りを雇用者が受け取ること、雇用者はエストラーダ(ゴム採取で巡回する小道)や燻煙小屋などの建設を支援し、合理的な価格でゴム兵に食料や道具類、薬などを供給すること、ゴム兵は雇用者とだけゴムなどの取引を行い、勝手に雇用者をかえられないことなどである。また、ゴム採取が可能な乾季には週六日の作業が課されたが、オフシーズンの雨季には狩猟採集などにも従事できた。その場合、収穫したナッツ(木の実)類や伐採した木材の五〇%はゴム兵のものとされた。ほかにも、狩猟・漁労の捕獲物や動物の毛皮をとる権利、最大一・五エーカーの農地で作物を栽培する権利などがゴム兵に与えられた。

図5-3　ゴム兵のアマゾンへの出発(1943年, フォルタレーザ)
[Museu de Arte da Universidade Federal do Ceará (Aba-Film)]

ゴム兵志願者は、健康診断と予防接種を受け、契約書に署名(非識字者の場合は二人の証人が必要)するとすぐに入隊となった。ゴム兵には、入植するゴム農園までの無料の輸送、宿泊、食事、医療、そして宗教的支援が約束された。また、移住するための旅の装備品として、青色の混紡ズボン、白色の綿の作業衣、麦わら帽子、サンダル、マグカップ、深皿、カトラリー(スプーン、ナイフ、フォーク一式)、ハンモック、タバコ、麻袋が提供された。通常、ゴム兵は二～三か月をかけてアマゾンへ移住した。一九四一～四五年に、ブラジル政府が補助金を支給してアマゾンへと送り込んだゴム兵は、合計五万四九七二人に達した(図5-3)。

ゴム兵の末路

アマゾンでのゴム兵の生活は、予想どおり悲惨なものだった。そもそも、彼らは旱魃で農場から追い出され、命からがら都会に逃れた難民たちで、その健康・経済状態を鑑みても、アマゾン移民として不適切だった。また、高温多湿(湿潤熱帯)のアマゾンは、彼らが育った半乾燥(乾燥熱帯)のノルデステとは異質の気候であり、生理的適応が難しく時間がかかるうえに、故郷で身につけた農牧業の知識や経験はゴム採取には役立たなかった。それにもかかわらず、政治家たちはノルデステの人々は先住民のようにアマゾンへの適応力が高いと信じて疑わず、彼らの手でゴムの増産を成し遂げることに固執した。

しかし、ゴム兵にとって初めて経験するゴム採取は過酷な作業だった。一見簡単そうなタッピングも、樹幹の表面に入れる切り傷の深さや間隔がゴムの生産量や樹木の寿命を大きく左右するため、実は熟練の技と知識が要求された。また、ジャガーや毒蛇などの危険動物が常に潜む熱帯雨林の中を、早朝から何時間も道具やライフル銃を担いで歩き回り、帰宅後も休む暇なく立ち込める燻煙の中で重いゴム玉を回し続ける重労働が、日増しにゴム兵の心身を蝕んでいった。さらに、マラリア、黄熱病、赤痢などの感染症や脚気などの病気が、不健康な彼らの体を容赦なく襲った。特にゴム兵は、現地の先住民やカボクロに比べて脚気の患者が多かった。

こうした病気やけがなどの災厄により、多くのゴム兵が命を落とした。その数は二万六〇〇〇人とも三万人ともいわれ、ゴム兵全体の約半数にも達した。戦後、ヴァルガス政権のゴム増産政策の失敗を糾弾したノルデステの議員たちは、政府の美辞甘言に惑わされて二万三〇〇〇人の同胞たちが熱帯雨林で死んだか行方不明になったと主張した。イタリア戦線に送られたブラジル兵(約二万五〇〇〇人)の戦死者が五〇〇人未満だったことを考えると、彼らと同じ連合軍兵士だと鼓舞されて入隊し、人知れずアマゾンの熱帯雨林で第二次世界大戦を戦ったゴム兵たちの膨大な死亡者数が目を引く。辛うじて生き残ったゴム兵は、現地人女性と結婚してアマゾン流の生き方を身につけた者が多く、その多くは故郷に戻ることすらできなかった。そして終戦とともに、アマゾンの第二次ゴムブームは終焉を迎えた。しかし、兵役を果たしたゴム兵には約束どおり年金が支給されず、長くその存在すら忘れ去られてしまった(その後裁判を経て、二〇一四年に補償金の支払いが決定)。

第二次ゴムブームは、戦争という非常事態の中で突如出現した一過性の騒動で、結果的に膨大なゴム兵の犠牲者を生み出した以外、ほとんど何もアマゾンに利益をもたらしていない。その一方で、ブラジルはアメリカから多額の融資を獲得し、国内の他地域で鉱山開発や鉄道建設を進め、その後ブラジルを代表する大企業の礎を築いた。またアメリカは、重要な戦略物資や軍事拠点を確保して第二次世界大戦に勝利しただけでなく、専門家を派遣して合法的にアマゾンの資源や社会を調査する好機を得た。アマゾンのゴム産業は、アメリカの勝利とアマゾン進出、そして国家としてのブラジルの発展のための踏み台にされたのである。

3　戦中・戦後の日本人移民——敵性外国人の試練

植民地の瓦解と強制収容

前述のとおり、「リオ会議」で連合国側についたブラジルは、一九四二年一月に日本と国交を断絶した。敵性外国人となった日本人に対しては、日本語の使用や日本語教育、三人以上の集会を禁止するなどさまざまな取締令が発令され、州憲兵の監視のなか、移民たちは不安な日々を過ごさねばならなかった。また同年二月には、移民、組合、現地法人の預金や土地など、枢軸国人に関わる資産を凍結する「資産凍結令」(大統領令四一六六号)が発動された。さらに、「南米拓殖株式会社(南拓)」の現地法人「コンパニア・ニッポニカ・デ・プランタソン・ド・ブラジル」の事業認可の無効が通告され、州政府による事業の清算が決定した。現地法人の取締役や幹部社員たちは、その後の一切をコショウ研究に邁進する移民で社員の平賀練吉に託し、外交官らと交換船で帰国した。

こうしたなか、さらに事態を悪化させる事件が起きた。一九四二年二月以降、ブラジル船に対するドイツの潜水艦攻撃が活発化するなか、八月にはわずか三日間で五隻のブラジル船がUボートに撃沈され、合計六〇七人が死亡する大惨事が起きた。このニュースが全国に配信されると、ベレンでは市民の怒りがドイツ人だけでなく枢軸国民のイタリア人や日本人に対しても爆発した。とりわけ、その容姿からすぐに敵性外国人だと分かる日本人は、ベレン市内やその近郊で甚大な被害を被った。復讐を叫び暴徒化したブラジル人は、野菜を作ってつつましく暮らしてきた日本人の家や商店、組合、現地法人などを襲撃して火を放った。州政府は敵性外国人の命を守るために、彼らを官憲保護のもとで一時的に移民収容所や留置所に移送した。枢軸国民やその組織を標的とする破壊や焼き討ち事件は、その後連鎖的にベレンから各地に飛び火して状況を悪化させた。

事態を憂慮したブラジル政府は、南拓の閉鎖に伴い一九四二年九月にパラ州が接収したアカラ植民地を、暴動から敵性外国人を保護する目的で、北部に居住する枢軸国人の軟禁場所に指定した。このアカラ強制収容所は、ブラジルが一九四〇年代に全国に設置した一〇か所ある強制収容所のうちの一つである。移送された日本人の多くは、かつてアカラ植民地に入植したものの、その後ベレンなど各地に転出した移民たちだった。アカラ植民地に残留した日本人移民たちは、傷心して戻ってくるかつての同胞を家族同様に温かく迎え入れた。しかし、同植民地は四二年一〇月に「トメアスー州植民地（CETA）」と改称され、順調に発展を遂げていたアカラ産業組合の権益もすべてパラ州に移譲された。その結果、日本人が生産した米や野菜は買い叩かれ、逆に販売品の価格は高騰して移民たちの生活を一層圧迫した。

一方、同じ戦時下にあっても、ジュート栽培者が多いアマゾナス州の状況はパラ州と大きく異なっていた。アマゾナス州では、敵性外国人となった日本人であっても、ブラジルの輸出産業に欠かせないジュートの栽培者に限って従来どおりの生活が保障されていた。「アマゾニア産業株式会社(ブラジル支社)」の支配人だった辻小太郎は、当初の資産凍結がやがて強制接収となることを懸念し、会社の資産をいち早く自主処分すべきだと主張した。また、アマゾナス州の特別な布告に則り、日本人社員は退職させてアマゾン川流域に散在する高拓生のもとでジュート栽培者にするしか、彼らの資産や安全を守る方法はないと考えた。大半の社員はこれに従い、会社を依願退職してヴィラ・アマゾニアを離れた。しかし、越知栄や九十九利雄など八人の幹部社員とその家族は辻の説得に応じず、最後までヴィラ・アマゾニアを守り抜くと現地にとどまった。辻は大方の社員の退去を見届けたのち、自身も一九四二年八月にヴィラ・アマゾニアを離れ、パラ州サンタレン下流のイツキー島に移ってジュート栽培を始めた。

辻の心配は的中した。とりわけ前述のUボートによるブラジル船撃沈事件以降、ベレンの暴動はアマゾナス州にも飛び火して事態は悪化した。一九四二年九月にはマナウスの陸軍歩兵隊がヴィラ・アマゾニアに上陸し、「アマゾニア産業株式会社」を捜索後、土地と施設を封鎖した。そして、国有資産としてブラジル銀行マナウス支店の管理下に置いた。さらに、同地に残留していた越知ら八人を、ラジオで日本語放送を聴取していたスパイ容疑で逮捕し、パリンチンスの警察署に留置した。その後、ヴィラ・アマゾニア残留組はアカラ強制収容所に移送されたが、そこでは既に楽な仕事はドイツ人やイタリア人に奪われており、彼らは重労働で割りが悪い道路工事で糊口を凌ぐしかなかった。同強制収容所に移送された家族は、日本人が四八〇家族、ドイツ人が三二家族、そしてイタリア人家族はそれよりも少なかった。

アカラ強制収容所の軟禁生活では、ベレンなどへ外出する際には許可が必要とされたが、日常生活で特に拘束されることはなかった。また、ここではサンパウロ州やパラナ州のように、戦時中の生き方や戦争の勝敗をめぐる日本人同士の激烈な抗争や混乱もほとんど起きなかった。その背景には、南東部に比べてアマゾンは日本人移民の歴史が浅く、移民数も絶対的に少なかったことや、どの植民地にもかなりのインテリが移民として入植しており、日本の敗戦を比較的冷静かつ客観的に受け止められたことがあるのではないかといわれている。アマゾナス州では、ジュート栽培者だけでなく、アカラ植民地に強制収容されることなく終戦を迎えた日本人も多い。サンパウロ州などと比べると、アマゾンにおける強制収容の実態はさほど厳しいものではなかった。

アマゾナス州政府に接収された現地法人の「アマゾニア産業株式会社」は、一九四三年一〇月の大統領府政令によりその閉鎖と清算が決まった。そして、大統領が任命した清算人の評価額に基づき、四六年四月に同社は競売に付された。応札企業は一社のみで、前述した上塚コンセッション問題で排日姿勢を鮮明にしたアラウージョ財閥の商事水運会社、「アラウージョ商会」に落札された。彼らはヴィラ・アマゾニアでジュート栽培を続けたが、結局事業に失敗して中国系企業に同地を売却した。その後、八〇年代には国立植民農地改革院（ＩＮＣＲＡ）が植民計画のために接収し、ヴィラ・アマゾニアが再び日本人の手に戻ることはなかった。

戦後アマゾン移民の顚末

戦中・戦後のブラジル日系社会は、第二次世界大戦での日本の勝ち負けをめぐる抗争や、奇怪な帰国がらみの詐欺事件などで混乱し、日本人移民の再開に対するブラジル社会の反発は強かった。そのため、第二次世界大戦後の最初の計画移民は、一九五一年一月に大統領に返り咲いたヴァルガスと親交があった二人の民間人が、個人名義で認められた移民枠を利用したもので、その一つが辻のアマゾン移民だった。

大統領選でヴァルガスは、サンタレンに製麻工場を建設する公約を掲げていた。辻は大統領就任式に列席するサンタレン労働党支部長に私信を託し、その製麻工場に投資するので戦時中に敵性資産として接収された「アマゾニア産業株式会社」の資産凍結を解除してほしいと大統領に願いでた。一九五一年三月、大統領はペトロポリスのリオネグロ宮殿に辻を呼び、サンタレン製麻工場の建設を彼に託すとともに、日本人移民のアマゾン招致に賛成する意向を示した。辻は早速、このことを日本の上塚司に報告し、彼をブラジルに招聘して日本人移民の再開に向けて動いた（図5-4）。辻と上塚はジュートの増産を実現するために、五二年より五か年間に五〇〇〇家族、約二万五〇〇〇人の日本人移民をアマゾンに入植させる許可を大統領に願いでた。その結果、五一年一二月、日本人移民五〇〇〇家族のアマゾン入植を承認する正式な受け入れ許可が下りた（**表5−1**）。

一九五二年、日本では農林省がアマゾン移住の募集を開始した。そして同年一二月、「辻移民」の第一陣となる一七家族五四人が、大阪商船の「さんとす丸」で神戸から出航し、翌年三月にアマゾンのサンタレンに到着した。当初、第一陣は八〇家族四〇〇人の予定だったが、移民船が確保できず、たまたま特別三等室にわずかな空きがあった「さんとす丸」の乗船可能人数にあわせて移民が人選された。一都九県から集まった一七家族のうち、熊本県出身が五家族で最も多かった。既にジュートを栽培している戦前の旧移民は、サンタレンからマナウスまでのアマゾン川の河岸や島に住んでいるため、戦後の新移民は旧移民の受け入れ先ごとに一家族、また一家族と順次船から降ろされて入植した。雇用契約は二年間で、そのあとは自由だった。

図5-4 ヴァルガス大統領（手前左）に謁見する上塚司と辻小太郎（1951年）
［アマゾン高拓会］

折しも、この年は雨が非常に多く、アマゾン川は氾濫して大洪水に見舞われていた。激しく降り続く雨、押し寄せる洪水、そして冠水した畑での一日一二時間にもおよぶジ

表 5-1　戦後の日本人移住地と入植・転住者数(1953-70 年)

移住地および移民	管理主体	州・連邦直轄領	第一陣の入植年 2)	入植者総数 3)			転耕者総数	
				家族数	単身者数	総人数	家族数	単身者数
ジュート移民	個人	—	1953	17	0	54	17	0
トメアスー	州	PA	1953	275	190	1713	125	100
マタピー	連邦	AP	1953	40	6	242	35	4
ファゼンジーニャ	?	AP	1953	10	6	70	10	6
モンテアレグレ	連邦	PA	1953	70	4	446	61	2
ベラビスタ 1)	連邦	AM	1953	142	5	833	114	1
ベレン近郊移住者	—	PA	1953	63	89	407	19	50
トレーゼ・デ・セテンブロ	州	GP	1954	31	1	191	14	0
ヴィラ・アマゾニア	州	AM	1954	8	2	52	8	2
フォードランディア	連邦	PA	1954	22	0	142	22	0
ベルテーラ	連邦	PA	1955	100	0	643	100	0
グァマ	連邦	PA	1956	110	6	716	87	4
マザガン	連邦	AP	1957	7	2	44	7	2
アマゾン中流呼び寄せ移民	—	—	1957	1	27	30	0	15
エフィジェニオ・サーレス	州	AM	1958	59	4	350	9	1
キナリー	州	AC	1959	13	0	91	9	0
タイアーノ	州	RR	1961	9	1	53	7	1
第二トメアスー	事業団	PA	1963	41	18	201	6	8
アカラ	州	PA	1965	1	0	5	0	0
北伯雇用農青年	—	—	1966	8	70	89	1	18
計				1027	431	6372	651	214

PA：パラ州　AM：アマゾナス州　AP：アマパ連邦直轄領(現アマパ州)
GP：グァポレ連邦直轄領(現ロンドニア州)　AC：アクレ連邦直轄領(現アクレ州)
RR：ロライマ連邦直轄領(現ロライマ州)
(注 1)　旧マナカプル移住地.
(注 2)　アマゾン入植年で，日本の出航年ではない.
(注 3)　入植者が複数年にまたがる移住地は，その総数であり，単年の人数ではない.

[入植・転住者数は，奥田(1970)をもとに算出]

ュートの刈り取り作業におののいた移民たちのうちから、入植後まもなく四家族一四人がベレンへと逃げ出す事件が発生した。期待された戦後最初のブラジル移民だっただけに、その実情を日本とブラジルの新聞が子細に伝えると、日系社会は騒然となった。結局、辻らが目指したジュート移民の招致は、最初の一回だけで中止となった。

その後、一九五三年八月には「あめりか丸」で、戦後初のトメアスー移民二九家族一八一人が到着した。トメアスー移住地は、戦前に南拓が開拓したアカラ植民地で、同地が五九年にアカラ市から独立してトメアスー市になったため、名称もトメアスー移住地に変更された。戦前に南拓社員の臼井牧之助がシンガポールから持ち込んだ南洋種のコショウ苗は、一九三五年に南拓試験場が閉鎖されたのちも、加藤友治や斎藤円治の手で増殖が続けられていた。そして四七年、皮肉にも戦争に負けた祖国日本が東南アジアのコショウ産地に与えた戦禍により、コショウの国際価格が急騰してトメアスー移住地は活気づいた。

当時「黒ダイヤ」ともてはやされたコショウの生産量は、戦後移民が始まる一九五二年には四六五トン、五六年には一二〇〇トン、そして六八年には五七〇〇トンと激増して、コショウの黄金時代を迎えた。コショウブームが続くなか、トメアスーには続々と移民が入植し、その数は二七八家族と単身者二六四人の合計一七九七人(一九五三〜八〇年)を数えた。しかし、六二年頃より発生した胴枯病《どうがれびょう》や根腐病《ねぐされびょう》により、その後コショウ栽培は急速に縮小し、八〇年代には辛うじて一〇〇〇トンを維持する程度になった。

ほかにも一九五三年には、「あふりか丸」でアマパ連邦直轄領(現アマパ州)のマタピー(二四家族一四三人)とファゼンジーニャ(五家族三四人)、パラ州のモンテアレグレ(二四家族一六〇人)、アマゾナス州のマナカプル(二三家族と単身者一人の一四〇人、現在のベラビスタ)に、日本人移民が続々と到着した。さらに五四年には、グァポレ連邦直轄領(現ロンドニア州)のトレーゼ・デ・セテンブロ(二九家族一八〇人)や、フォード社が撤退したあと、ブラジルのゴム試験場になった「フォードランディア」(二二家族一四二人)と「ベルテーラ」(一〇〇家族六四三人)にも、多数の日本人が入植した。

しかし、「辻移民」は当初より問題続きだった。一九五五年一月にベレンに入港した「ぶらじる丸」の船上では、日本人移民の受け入れ機関である「アマゾン経済開発会社」(辻社長)の関係者が、到着まもない「ベルテーラ」へ向かう移民に対して、「移住者募集要領」で約束されていた日当の約三〇％減給を一方的に通告した。さらに「まだゴム林になっていない原始林の中にはババスーヤシの実がたくさん落ちている。これを拾ってきて売ればかなりの金になるし、食料の足しにもなる」と説明したことで、船上は抗議の罵声が飛び交う修羅場と化し、移民全員が下船拒否を決議する最悪の事態となったという。しかし、もはや帰国もかなわず進退窮まった移民たちは、翌日下船拒否を撤回し、船を乗り換えて予定どおり「ベルテーラ」に入植した。

こうして、雇用農としてゴム採取や自給用の野菜栽培を始めた移民たちに、さらなる試練が襲いかかった。一九五五年、突然ゴム試験場から日本人移民に対し、即刻の強制退去命令が出されたのだ。主な退去処分の理由は、ブラジル政府は日本人移民をアマゾン開拓の自営農として招致することを認めたのであり、彼らはアマゾンで雇用農として働けないというものだった。これは移民契約を結んだ辻とゴム試験場の所長が、管轄官庁である連邦農務省に諮らずに事を進めた結果起きた騒動だった。農務省は国立移植民院(INIC)に対し、日本人がブラジル人の雇用を圧迫すると抗議して、ゴム試験場の所長に日本人移民を直ちに解雇するよう要請した。

辻は急遽、ゴム試験場に入植したばかりの日本人移民一二二家族七八五人の再移住先をアマゾン各地に探し求めた。そして、ブラジルの連邦政府や州政府が建設した既存の移住地を中心に、移民を数〜数十家族の小単位に分けて再移住させることにした。再移住先は八か所用意されたが、僻遠の劣悪な移住地が多く、移民たちをさらに追い詰めた。例えば、パラ州のグァマに入植した一五家族一〇一人は、最初はアマパ連邦直轄領のマザガンに移された。しかし、そこは河岸の劣悪な浸水地だったため、彼らは入植を拒否してベレンの移民収容所に移り、その後グァマに再々移住した。しかし、不幸なことにグァマもまた浸水地で、水が彼らを苦しめ続けた。

このほかにも、一九五八年にはアマゾナス州マナウスの北約三〇キロのイタコアチアラ街道沿いのエフィジェニオ・サーレスに一七家族一一八人、五九年にはアクレ連邦直轄領(現アクレ州)

のキナリーに一三家族九一人が入植している。また六一年には、ロライマ連邦直轄領(現ロライマ州)のタイアーノに九家族と単身者一人の五三人が入植した。ここは州都ボアヴィスタの北約九五キロのベネズエラとの国境地帯にある、日本人移住地の中でも最も不便な僻遠地だった。

このように、戦後の日本人移民は、入植時のたび重なるトラブルなどが原因で、アマゾン全域に広く拡散した。そして、運悪く劣悪な移住地に入植した移民たちは、奥地に孤立して、不安や恐怖にさいなまれた。もはや生き延びるためには、一刻も早く逃げ出すしか道はなかった。

戦後、アマゾンに入植した日本人移民の総数(一九五三~七〇年)は、一〇二七家族と単身者四三一人の合計六三七二人に達する。彼らの動向(一九五三~七〇年)をみると、当初入植した移住地から転住した人の割合は、家族全体の約六〇%、単身者全体の約五〇%にも達する(表5-1参照)。入植者の定着率が五〇%以上の相対的に高い移住地は、パラ州のトメアスーと第二トメアスー、アマゾナス州のエフィジェニオ・サーレス、ロンドニア州のトレーゼ・デ・セテンブロといった、都市近郊の州移住地や、海外移住事業団が創設した移住地に限定される。これらは現在も日系人が集住する、アマゾンに残るわずかな日本人移住地である。

終章

アマゾンの「現代的風景」

サテレ＝マウエ族の集落(2012年3月，アマゾナス州)

マウエスよりマウエス＝アス川を90kmほど遡上したマラウ川流域には，先住民の居住地域が広がっている．この写真は，10家族ほどが生活するサテレ＝マウエ族の小集落で，河畔にはヤシで屋根を葺いた教会や小学校(生徒は15人で巡回教師が教える)，来客用の宿泊施設(2階建ての建物)，作業場などが立ち並んでいる．

1　アマゾン開発と環境破壊

軍事政権下のアマゾン開発

政治・経済の中心地から遠く離れたアマゾンは、どこか遠い異国のような、長く忘れられた存在だった。しかし、くしくも第二次世界大戦による第二次ゴムブームの到来で、再びアマゾンが国際舞台に登場し、アメリカを中心とする列強が政治・経済的関与を強めるなか、ブラジルにおけるアマゾンの位置づけは劇的に変化した。

ジェトゥリオ・ドルネレス・ヴァルガス大統領は、戦後初めてアマゾン開発を国家的事業に位置づけた。彼は、一九四〇年にブラジル大統領として初めてアマゾンを訪問し、同地を文明の名のもとに征服すると宣言して、中央集権的な国家統合を国土の隅々まで実現しようとした。ヴァルガスは一九四五年に軍事クーデターで失脚するも、五一年に再び大統領に返り咲くと、五三年には「アマゾン経済開発庁(SPVEA)」を設立して、「法定アマゾン」をその行政管轄地域に定めた。まさに五〇年代は、国家がアマゾン開発に先鞭をつけた暁光期だった。

その後、一九六四〜八五年にかけて、ブラジルは長い軍事政権期を迎えた。六〇年代のアマゾン開発は、外国企業の積極的参入を促すナショナル・プロジェクトにより推進された。六四年にアメリカの支援を受けた軍事クーデターにより、カステロ・ブランコが大統領に就任すると、アマゾンは国際的に開放され、経済活動の自由化が進展した。六六年の「アマゾン作戦」では、外国企業を含む民間企業を開発主体に据え、それらに対する税制・金融上の優遇措置(例えば所得税の一〇年間免除)を通じてアマゾン開発を加速させた。

また、「アマゾン経済開発庁」は「アマゾン開発庁(SUDAM)」に、ゴム産業への融資を目的に設立された「アマゾン信用銀行」は「アマゾン銀行」に改組された。さらに、外国企業の誘致を図るため、一九六七年、マナウスに関税などを免除した「マナウス自由貿易地区」が設置され、その監督機関として「マナウス・フリーゾーン監督庁」が設立された。このように「アマゾン作戦」は、その後のアマゾン開発の手本となる制度的枠組みを提供した。

しかし、その一方で多くの土地が外国企業の手に渡ったことへの危機感が高まり、アマゾンの国際化はブラジルの安全保障を脅かす問題として認識されるようになった。その結果、七〇年代にはアマゾン開発が加速する一方で、その開発主体は外国企業から国内移民へとって代わった。実質的にアマゾンをブラジルに統合し、長大な国境地帯の防衛力を強化するためにも、その植民と開発はブラジル人自らの手で進められる必要があった。

一九七〇年、エミリオ・ガラスタズ・メディシ政権は「国家統合計画(PIN)」を策定し、テラフィルメ(台地)を中心とする広大な未開発地域へ大量の国内移民を送り込んだ。その開発主体となったのは、これまでもゴム採取労働者や「ゴム兵」として繰り返しアマゾンへ送り込まれた、旱魃に苦しむノルデステ(北東部)の貧農たちだった。政府は「土地なき人を人なき土地へ」のスローガンのもと、彼らに無償で家つきの土地などを与え、一〇〇万人規模の国内移民によるアマゾン開発を企図した。その背景には、ノルデステの貧困対策とアマゾンの植民・開発を同時に実現したい思惑があった。

「国家統合計画」では、移民や物資の輸送に不可欠な幹線道路の建設がその主要事業とされた。ノルデステとペルーを結ぶアマゾン横断道路(BR230)や、ブラジルの中西部・南東部との経済統合を図るためのクイアバ＝サンタレン道路(BR163)、クイアバ＝ポルトヴェーリョ道路(BR364)などが次々と建設された。そして、その沿線には四五〜六〇家族からなるアグロ・ヴィラ(農村)が設置され、農地や牧場の造成が急ピッチで進められた。しかし、アマゾンを知らない移住者の収奪農業は、熱帯雨林の乱伐や土壌の攪乱を通じて脆弱なアマゾンの生態系を破壊し、すぐに農牧業経営は立ちゆかなくなった。新たな入植地を求めて移住者が流転するという悪循環に、世論の批判が高まるなか、一九七四年に「国家統合計画」は突然廃止となった。

代わって同年に施行された「アマゾン拠点計画(POLAMAZÔNIA)」は、一六か所の開発重点地域(農牧林業拠点七か所、農鉱業拠点三か所、農牧林業・農鉱業拠点三か所、都市拠点三か所)を定めることで、これまでの点(農村)や線(道路)から面の開発へと移行した。また、国内移民を開発主体とする理念や政策は放棄され、再び外国企業を含む民間企業や政府系企業がナショナル・プロジェクトの実施主体となった。このようなアマゾン政策は、熱帯雨林の保全を唱える一方で、外資を積極的に取り込んで開発を進め、一次産品(特に牛肉、鉱産資源、木材、パルプ)の輸出拡大により外貨獲得を狙うという、矛盾を抱えたものだった。

一九八〇年の「大カラジャス計画(PGC)」、八一年の「ポロノロエステ計画(POLONOROESTE)」、八六年の「北部国境計画(PCN)」は、「アマゾン拠点計画」の中核をなす大事業だった。日本も深く関与した「大カラジャス計画」は、世界最大の埋蔵量を誇るカラジャス鉄鉱山の開発、ツクルイ水力発電所の建設とその電力を利用したアルミ精錬事業や鉄道建設などを含む、面積九〇万平方キロメートルの巨大開発プロジェクトだった。

また、ロンドニア州とマットグロッソ州西部を対象とする「ポロノロエステ計画」では、世界銀行の融資でクイアバ＝ポルトヴェーリョ道路が舗装され、サンパウロなど南東部の大都市とロンドニア州が直結し、短時間での移動が可能になった。その結果、この道路沿線に牧畜・食肉業者や木材業者などが次々と進出して、牧場の造成や木材の伐採を始めた。こうして、フィッシュボーン(魚の骨)状に広がった森林伐採の痕跡は、アマゾンの深刻な環境破壊の象徴として国際社会から非難の的となった。

「北部国境計画」は、多数の国々と接する北部国境地域を開発拠点に、国防や麻薬の流入といった治安上の問題に取り組み、同時に豊かな鉱産資源の開発も促進することを目的に策定された。しかし、そこは先住民の広大な居住地域でもあり、事業を推進するためには国の先住民政策を変更せざるを得なかった。そのため、この計画は一部の関係機関で秘密裏に策定されて実施に移された。その結果、土地を追われた先住民や彼らを支援する人々と、開発を主導する政府や業者との対立が激化した。

こうしたナショナル・プロジェクトとは一線を画し、民間人が主導して実施された大規模な資源開発事業が「ジャリ計画」である。アメリカで海運ビジネスに携わっていたダニエル・ラドウィッグは、将来の世界的な紙需要の増大を見越して、パラ州とアマパ州の境界を流れるジャリ川の沿岸に巨大なパルプ工場を建設し（日本で巨大な台船上にパルプ工場を造り、それをアマゾンまで運んで船ごと河岸に設置した）、その原料となる熱帯材の大規模な植林事業を展開した。彼は農牧業や鉱山開発も進め、事業区域内には鉄道や舗装道路、飛行場まで建設された。しかし、生産性の低いアマゾンの植林事業は採算があわなかった。また、外国人が主導する大規模なアマゾン開発は、国家主権への脅威になるとの批判もあり、「ジャリ計画」は失敗に終わった。

アマゾン政策の矛盾

一九八五年にブラジルは軍政から民政移管し、二一年におよぶ長期軍事政権に別れを告げた。しかし、国家主導のアマゾン政策に根本的な方針転換はみられず、その内容は相変わらず矛盾に満ちていた。九五年にフェルナンド・エンリケ・カルドーゾ政権が策定した「法定アマゾン国家総合政策」では、アマゾン開発がもたらした甚大な環境破壊や住民の新たな貧困について認めたうえで、新しい技術の導入、開発利益の内部化と公正な分配、アマゾン域内や地域間での多様な行政・社会組織の連携、といった諸政策の統合により、アマゾンの開発と環境保全は両立できると主張した。そして、二〇〇〇年の多年度計画「進めブラジル」では、その実現に向けた具体的戦略が明示された。

二〇〇三年に発足したルイス・イナシオ・ルーラ・ダ・シルヴァ(ルーラ)政権でも、アマゾン開発の基本的スタンスに大きな変化はみられなかった。中道左派政権らしく、これまでのアマゾン開発はエンクレーブ(飛び地)にすぎず、その周辺に膨大な貧困層を放置してきた現状を憂えた。そして「ボルサ・ファミリア(貧困家庭救済プログラム)」などの経済支援を通じて、先住民や貧困者の社会的包摂や住民参加による開発と環境保全の実現を目指した。しかし、その具体的施策は国家主権や国益を優先する矛盾をはらんだもので、環境保全は思うように進まず、社会は一層分断を強めた。

実際、二〇〇四年の多年度計画「すべての人のためのブラジル」には、アマゾンでの道路(舗装も含む)、運河、鉄道、水力発電所などの建設計画が数多く盛り込まれた。特に国際的な注目を集めたのが、パラ州のベロモンテ、ロンドニア州のジラウやサント・アントニオといった大型水力発電所の建設だった。急速な経済発展を遂げたブラジルは、二〇〇〇年代に入り深刻な電力不足に直面し、ダム建設は喫緊の国家的重要課題となっていた。

この時期、アマゾンでも大規模なダム建設が数多く計画されたが、激しい建設反対運動のなかで頓挫したものも多い。経済発展の停滞を危惧し、産業需要に即した現実的な環境政策の実施を訴える開発推進派の議員や国家統合省、鉱山エネルギー省と、環境破壊(広大な熱帯雨林の伐採や水没)や漁獲資源の減少を理由に建設に慎重な環境省、そして先住民問題を念頭に強く建設反対を訴える人権保護団体や先住民組織、米州機構(OAS)などの国際機関が厳しく対峙して、各地で法廷闘争が繰り広げられたからである。

このように第二次世界大戦以降、ブラジル政府はアマゾンの社会・経済的包摂を企図し、さまざまなナショナル・プロジェクトを展開して国家的関与を強化した。その結果、深刻な環境問題や看過できない先住民の人権問題が顕在化して、国際社会からの厳しい批判にさらされてきた。こうした状況はいまだ改善されておらず、ブラジルのアマゾン政策の矛盾と限界を露呈している。

止まらない森林破壊

さまざまなナショナル・プロジェクトの実施により、アマゾンの熱帯雨林は大きく消失した。二〇世紀後半の累計森林伐採面積は、二〇一九年現在、約八一万平方キロメートル(日本の国土の二倍以上)にも達している。ブラジル国立宇宙研究所(INPE)は、一九八八年以降、人工衛星による「アマゾン森林伐採予測プログラム(PRODES)」を始動させ、「法定アマゾン」内の森林伐採面積を毎年公表している(図終-1)。それによる

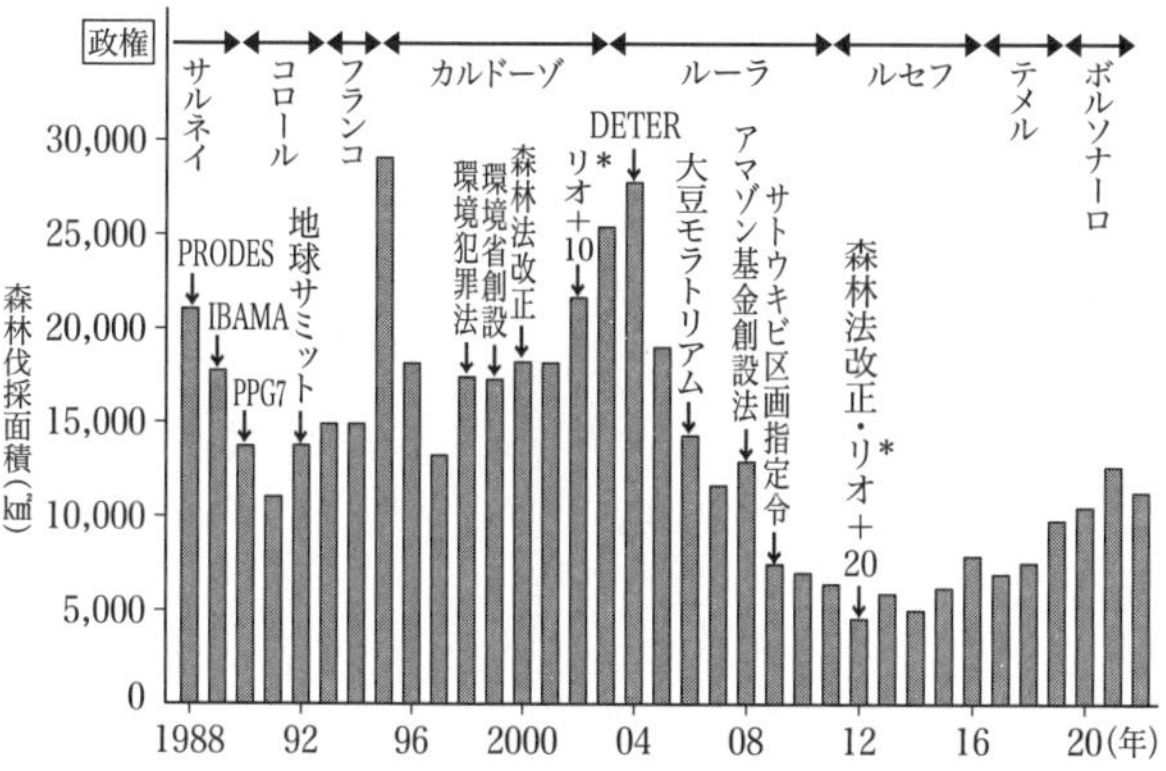

図終-1　「法定アマゾン」における森林伐採面積の推移と環境政策
［＊は国連持続可能な開発会議，INPE のデータをもとに作成］

と、「森林破壊リアルタイム探知システム（DETER）」が導入された二〇〇四年までは、年平均一万八〇〇〇平方キロメートル（四国の面積に相当）のペースで森林が消失していた。しかし、〇五年以降は森林伐採にブレーキがかかり、一二年には四五七一平方キロメートルにまで減少した。

その背景には、時のルーラ政権下で環境大臣を務めたマリナ・シルバの奮闘がうかがえる。アマゾンのアクレ州出身の彼女は、二〇〇八年に熱帯雨林の保護活動や持続可能な開発プロジェクトへの支援を目的とする「アマゾン基金」を設立した。また、幹線道路や水力発電所の建設にもブレーキをかけ、違法な森林伐採の取り締まり強化に力を注いだ。開発推進派の圧力にも屈せず、環境保護と国際協調主義の姿勢を貫徹した。その成果は、ジルマ・ルセフ政権の前期までみられたが、その後の政権交代により経済優先策が強化されると、森林伐採面積は再び増加に転じた。

森林破壊の要因はさまざまである。伝統的な焼畑による自給用作物の栽培は、小規模な二次林の再利用が中心である。延焼に注意して乾季の終わりに慎重に火入れを行うため、原生林消失の主な要因ではない。しかし、アマゾンの「伝統的生態知」をもたない外来者が行う焼畑は問題が多い。一九七〇年代の「国家統合計画」により、ノルデステからアマゾンへ入植した多数の小規模自作農は、焼畑に失敗（土壌流出や虫害などが原因）して各地へと離散し、二次林となった広大な耕作放棄地の存在が、その後の企業などによる大規模な牧場開発の誘因となった。

企業的農業（ダイズやバイオ燃料用の作物栽培）の進出も、九〇年代以降、アマゾンの森林破壊の重要な要因となった。また、電源開発の要である大型水力発電所の建設も、広大な熱帯雨林のダム湖への水没により森林消失に拍車をかけた。さらに、鉄鉱石、金、ダイヤモンドなどの大規模な鉱山開発も、森林破壊の主要な要因となっている。

中でも牧場開発は、アマゾンの森林破壊の最大の要因である。牧場化は、七〇年代以降に建設が進んだ幹線道路の沿線から、マホガニーなどの高級木材の伐採（多くが違法伐採）と一体となって急速に進展した。多国籍企業が、一ヘクタール当たり約一頭の牛しか飼育できない生産性の低いアマゾンの牧場で、ハンバーガー用の安い牛肉を生産して先進国に輸出するさまは、当時「ハンバーガー・コネクション」と呼ばれて非難された。牧場の造成は、特にロンドニア州のクイア

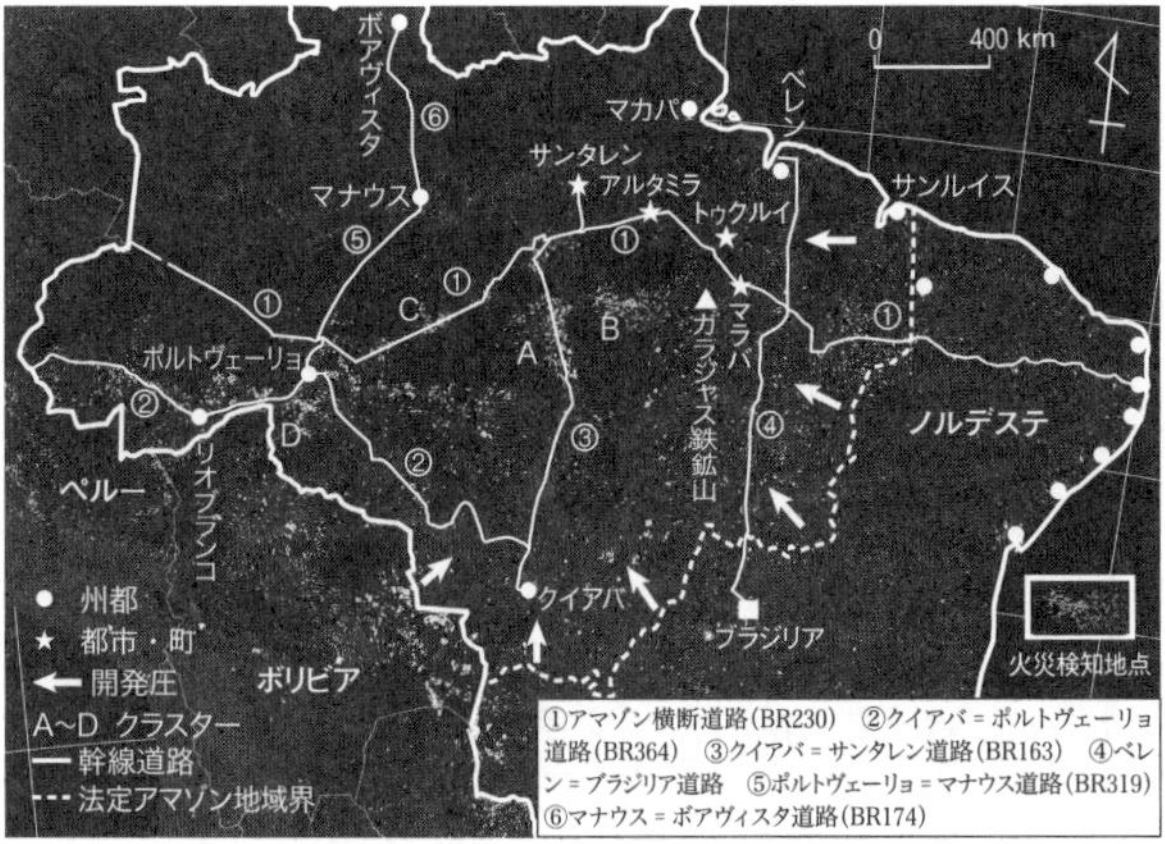

図終-2　森林火災の検知地点と幹線道路の分布
［NASA の衛星画像をもとに作成］

バ＝ポルトヴェーリョ道路の沿線、マットグロッソ州とパラ州を結ぶクイアバ＝サンタレン道路の沿線で顕著である。

アメリカ航空宇宙局（NASA）が二〇一九年八月に公開した森林火災検知地点（一つ以上の熱異常がある一平方キロメートル区画の中心）の衛星画像は、森林破壊がどこで進んでいるかを示している（図終-2）。まさに森林消失の現場である火災検知地点は、アマゾン川右岸の「法定アマゾン」内の幹線道路に沿って広がっており、その数は約三万一〇〇〇地点にも達している。火災検知地点の集中地域（クラスター）は、複数か所で確認できる。

第一はクイアバとサンタレンを結ぶダイズ輸送の大動脈であるクイアバ＝サンタレン道路沿線（図中A）である。第二はカラジャス鉄鉱山から西へ拡大する開拓前線（図中B）、第三はアマゾナス州内のアマゾン横断道路沿線（図中C）、そして第四はクイアバとポルトヴェーリョを結ぶダイズ輸送の大動脈であるクイアバ＝ポルトヴェーリョ道路沿線（図中D）である。

森林火災検知地点の集中地域は、主に農牧業開発で形成された二次林が広く分布する地域である。入植（侵入）者は、お金をかけずに農牧地を広げたり、植生の森林化を抑制して畑や牧場を維持したりするために、安易に火入れを行って森林の大延焼を招いている。その結果、二次林だけでなく周辺の原生林も延焼やエッジ効果（林地の周辺部が外部から強い影響を受ける）で深刻なダメージを被り、森林破壊が加速している。

森林伐採面積が増え続けるなか、政府も無秩序な開発や違法な森林伐採を防止するための法整備を進めてきた。その一つが「森林法」で、新たに森林を伐採して農地などを造成する場合の森林維持率を規定している。一九六五年の「森林法」では、「法定アマゾン」内の森林所有者に対して、所有地の五〇％を森林のまま保全するよう義務づけている。しかし、パッチワーク状に森林を残しても、森林保全の実効性は上がらないといった問題点も指摘されてきた。そこで二〇〇〇年と一二年の「森林法」改正では、「法定アマゾン」内では所有地の八〇％を森林のまま残すという、より厳しい規制がかけられた。しかし、既に農地や牧場となっている場所は対象外であり、実際には地目転換だけで大規模な農業開発が可能である。また、広大なアマゾンの森林をくまなく監視し、確実に違反者を摘発して処分することは難しく、森林保全に関わる法律の実効性をめぐり、さまざまな疑義や批判が寄せられている。

2 追われる先住民——人権と環境を守る闘い

先住民法制とその限界

先住民の人権をめぐる法的権利の有り様は、ブラジルの国民国家形成の歩みとともに変化してきた。植民地時代はもとより、独立直後に制定された一八二四年のブラジル帝国憲法においても、先住民の存在は等閑視されている。先住民法制の基本的枠組みが初めて提示されるのは、二〇世紀初頭になってからである。

一九一〇年に設置された先住民保護庁(SPI)の設置法では、先住民の生命、自由、財産を絶滅と開発から守ることが政府の義務であり、先住民はその保護下で伝統的生活を維持する権利があると規定された。また一六年の民法では、「未開人」(silvícola, 語源的には「森に住む人」の意味だが、ブラジルの法律では先住民を指す用語として、「インディオ」とともに明確な定義がないまま使用されてきた)を特定の行為または実行の方法に関して無能力者とみなし、彼らが後見制度に服することを規定している(ただし文明に浴するに従い離脱する)。

一九二八年には、SPIが主導して先住民の法的地位と彼らの土地を保障する法令が制定された。これを踏まえて、三四年憲法では初めて先住民に関する規定が盛り込まれ、国家が「未開人の国民団体への受容」に関する立法権をもつことや、「未開人」が永続的に居住する土地の占有はこれを尊重することが謳われた（ただし譲渡は不可）。このような先住民規定は、三七年憲法や四六年憲法でも踏襲された。第二次世界大戦前の先住民政策は、先住民を「未開人」と捉え、国が後見制度などにより彼らを保護する姿勢を明確にした点に特徴があった。

一九六四年に始まる長期軍事政権の成立は、ブラジルの先住民政策にも大きな変化をおよぼした。ブラジルの経済発展や国境防衛のための大規模なアマゾン開発の推進には、そこに住む先住民の社会的包摂と、国による彼らの土地への主体的関与が必要不可欠になった。その影響は、先住民法制にも色濃く反映されている。六七年憲法では、「未開人」が占有する土地は連邦（国）の財産であると明記したうえで、「未開人」にその居住する土地の永続的占拠と、そこに存在する天然資源とすべての有用物の排他的用益権を認めると規定した。そして、同年一二月には内務省のもとに国立先住民保護財団（FUNAI）を創設して、先住民の調査や保護、彼らの土地の境界画定といった具体的な先住民政策の立案と実施に当たらせた。

また、開発の進展とともに増加する土地問題に対応するため、一九六九年憲法では、「未開人」が居住する土地の所有、占有または占拠を目的とする行為は無効とされ、それに対する国またはFUNAIに対する訴訟や賠償請求は一切認められないとした。さらに七三年に公布された法律では、「インディオ」または「未開人」、および「インディオ」共同体の法的地位を規定することで、彼らの文化を保護し、段階的かつ調和的に彼らを国民団体に統合することを目的とすると謳った。

このように、法制上は先住民に土地や天然資源の永久的占有を認めながら、その対象者や土地（居住地）については曖昧なままにした。そして、国がＦＵＮＡＩを通じてその認定や権限の采配を行うと定めることで、先住民やその土地の包摂と開発を国家が一体的に推進する道を開いたといえる。一九八七年施行の次の二つの法令は、その手順や方法を具体的に規定することで、先住民法制が国家主導のアマゾン開発を容認する根拠となったことを印象づけた。

すなわち、法令第九四九四五号は、先住民が占有または居住している土地の境界設定を、ＦＵＮＡＩの専門家に加え、国立植民農地改革院（ＩＮＣＲＡ）、州の土地関係機関、連邦・州・市の行政機関、そして国境地帯の場合には国家安全保障会議事務局の代表者などで構成される技術チームが行うことを明記した。また、境界設定の提案は内務省、農地改革開発省（ＭＩＲＡＤ）、国家安全保障会議事務局、ＦＵＮＡＩ、ＩＮＣＲＡ、州の土地関係機関の代表者からなる省庁間作業グループで十分に検討したうえで、最終的に大統領の承認を得る必要があると規定された。この法令の趣旨は、開発における利害関係者の調整にあった。

さらに法令第九四九四六号では、「未開人」が占拠または居住する土地を、先住民地域（area indígena)と先住民植民地(colônia indígena)に二分し、前者を文化変容がみられないか文化変容が初期過程にある「未開人」の土地、後者を文化変容したか文化変容が進んだ先住民の土地と定義した。そのうえで文化変容の程度を評価し、前者では「未開人」の文化や伝統に悪影響を与えないように彼らの支援を進め、後者では「未開人」の発展と彼らの漸進的統合を目的とするさまざまな政府機関の活動を調整する職務を、FUNAIに委任すると定めた。

先住民法制に特筆すべき変化が表れたのは、軍政から民政移管したあとに公布された一九八八年憲法である。そこでは、従前の差別的な「未開人」の用語が姿を消した。また、先住民に対しては、その社会組織、習慣、言語、信仰および伝統、ならびに伝統的に占拠している土地に対する本源的権利が認められると謳い、憲法上初めて彼らの伝統的文化の尊重にも言及した。その一方で、先住民に関わる立法は国の専権と規定し、先住民の土地の境界画定およびその一切の財産の保護と尊重は国の権限に属すると定めるなど、一貫して国家主導の姿勢を堅持した。しかし、先住民の土地や彼らの権利について憲法で具体的に規定した点は大きな進展だった。

一九九〇年には、先住民の命を守るための枠組みを規定する法律第八〇八〇号、九九年にはアロウカ法が制定され、保健省のもとで先住民の統合医療システムが構築された。また二〇〇二年に改正された新民法では、先住民は国家の後見制度に服するとされた旧民法の規定が削除されるなど、ブラジルの先住民法制は着実に進展をみせてきた。

しかし、これらの法制が実際に効力を発揮するかは別問題である。例えば、憲法の理念を具体化するうえで必要不可欠な下位法令の制定の遅れや、開発推進派と環境保護派の政治的対立などから、先住民居住地の領域画定作業が進まず、結果的に違法な開発業者や占拠者の侵入による殺人や傷害事件が後を絶たない現実がある。いったい誰のための先住民法制なのか、その実効性を高めるためには何が必要なのか、真摯な議論と迅速な対策が求められている。

国勢調査が語る先住民

一八七二年のブラジル初の国勢調査以降、長らく先住民を包摂する固有の範疇が設けられることはなく、この土地に最も長く住む民族の存在は等閑視されてきた。しかし、軍政から民政移管後の一九八八年憲法で、ブラジルは「混血性」を国民統合の理念とする「人種民主主義」から、民族的マイノリティの権利回復や民族文化の再評価を標榜する「多文化主義」へ大きく舵を切った。これに伴い、九一年の国勢調査で初めて先住民(indígena)という固有の範疇が設けられた。

それによると、先住民人口(被調査者の自己申告による)は一九九一年が二九万四一三一人、二〇〇〇年が七三万四一二七人で、この間の人口増加率は一五〇%にも達した。これは人口の自然増加や社会増加というよりも、むしろ都市部を中心に自身を先住民として申告する住民が増加したためだと推測されたが、その実態解明には至らなかった。そこで二〇一〇年の国勢調査では、調査地域を先住民の土地の内外にまで拡大し、自身を先住民と申告した者に対しては、その民族性

（部族）、言語、居住場所なども詳しく調査された。その結果、ブラジルの先住民人口は八九万六九一七人（ブラジル人口の〇・四七％）で、合計三〇五の異なる先住民族と、二七四の先住民言語が存在することが明らかになった（図終-3）。

先住民の三六％は都市部（女性が多い）、六四％は農村部（男性が多い）に居住しており、公式に認定された先住民の土地に居住する者は全体の五八％だった。また、先住民の五七％は先住民言語を話さず、そのうちの七七％がポルトガル語を話していた。さらに、先住民の識字率は約七七％で、彼らの約五三％は収入がなかった。

図終-3　今を生きるサテレ＝マウエ族（2012年3月）

先住民の居住地は、ほぼブラジル全域に偏在している。先住民が最も多いアマゾナス州には、全体の二〇％に当たる約一七万人が住んでおり、第二位のマットグロッソドスル州（約七万人）を大きく上回っている。また、州人口に占める先住民人口の比率が最も高いのはロライマ州（一一％）で、第二位のアマゾナス州（約五％）を大きく上回っている。先住民人口を五つの地域別にみると、アマゾンが位置する北部の約三〇万人（全体の三七％）が最も多く、次いで北東部（二五％）、中西部（一六％）、南東部（一二％）、南部（一〇％）の順に続く。

民族別では、アマゾナス州のソリモンイス川上流に住むティクーナ族(Tikúna)が四万六〇四五人で最も人口が多く、次いでマットグロッソドスル州のグァラニ・カイオワ族(Guarani Kaiowá, 約四万三〇〇〇人)と続く。このほかに「法定アマゾン」内に居住する人口約二万〜三万人規模の民族には、ロライマ州のマクシ族(Macuxi)、マラニョン州のテネテアラ族(Tenetehara)、アマゾナス州とロライマ州のヤノマミ族(Yanomámi)、マットグロッソ州のシャバンテ族(Xavante)が挙げられる。

二〇二二年現在、ブラジルには先住民居住地が七二六か所ある。その総面積は約一一七万平方キロメートルで、国土の一四%を占めている。このうち、全体の五八%に当たる四二四か所(総面積は約一一五万平方キロメートル)は「法定アマゾン」内にあるが、最終的に大統領が認定した先住民居住地は三三二か所にとどまり、残りは審査の途上である。開発推進派の勢力が大きい政権下では、大統領による先住民居住地の認定が思うように進まず、開発業者らの違法な侵入による森林伐採や鉱産資源開発に歯止めがかからない一因となっている。

3 国際化の中のアマゾン

開発と環境保護の相剋

ヨーロッパ人による「発見」以降、アマゾンは世界中の人やモノが往来する要衝となってきた。その姿は、今なお多くの人々が思い描くような人跡未踏の静謐な秘境のイメージとは大きくかけ離れている。先住民を巻き込んだ西欧列強の激しい覇権争いの末に、広大なアマゾンの主権を掌中に収めたポルトガルや、その遺産を受け継いで独立したブラジルにとって、常にアマゾンは国際社会とつながる玄関のような場所だった。

とりわけ一九世紀以降は、強硬にアマゾン開放の圧力を強めたアメリカや、豊かな天然資源をめぐりアマゾン経済の実権を握ろうとしたイギリスとの鬼気迫る国際関係をみても、アマゾンは常に最大級の監視と緊張をブラジルに強いる国際舞台として機能してきた。そして現在も、アマゾンは国際社会から高い関心を集め、さまざまな話題を提供しながら国際化の真っただ中にある。

二〇世紀前半までのアマゾンの開発は、河川を通じて周囲のヴァルゼア(氾濫原)へと拡大し、ゴムなどに代表される森林資源の採取経済にその特徴があった。しかし、二〇世紀後半以降、その姿は劇的に変化した。人やモノを大量に輸送する手段は、川から道路へと代わり、広大な熱帯雨林が広がるテラフィルメ(台地)がその主要な開発地域となった。軍事政権下では、アマゾンが国内問題の「安全弁」や外貨獲得の舞台として登場し、国家主導の大規模な農牧業や鉱産資源開発が推進された。その結果、加速する無秩序な開発は深刻な環境・社会問題となって立ち現れ、国際社会からの厳しい批判の的となった。

インターネットの普及による情報化社会の到来により、「アマゾンが燃えている」「巨大な水力発電所が建設される」「先住民のジェノサイドが発生した」などのニュースが、煽情的な映像とともに配信されれば、国際社会はすぐに反応する。時の国家元首や政治家、国際機関、民間の環境・人権保護団体、そして世界的著名人などが瞬時に介入し、国境がない地球環境問題への懸念や、先住民に対する人権侵害への危惧を理由に、各地で強力な反対運動が巻き起こる。

ゴム採取労働者に対する構造的搾取や大規模な牧場・資源開発の実態を暴き、アマゾンの森林と大地を守るための非暴力抵抗運動を牽引したシコ・メンデスや、環境保護と先住民の人権尊重のために先住民運動の連帯を提唱したカヤポ族のラオニ・メトゥティレは、こうした国際社会の世論を後ろ盾にしてアマゾン問題に立ち向かった象徴的人物といえる。

これに対しブラジルは、時にアマゾン流域諸国も巻き込みながら、固有の領土に対する主権侵害に当たる、と対峙する姿勢をたびたびみせてきた。とりわけ開発推進派の勢力は、アマゾンの国際化はブラジルの主権や国益を危うくすると危惧し、開発や人権をめぐる国際社会の圧力に反発を強めてきた。二〇一九年に発足したジャイール・ボルソナロ政権下では、アマゾンの森林火災をめぐりフランスのマクロン大統領と激しい非難の応酬が交わされたことは記憶に新しい。このとき、森林破壊の拡大を憂慮したドイツもすぐに動き、「アマゾン基金」への資金拠出を差し止めた。これに対しボルソナロ政権は、同基金のプロジェクトを停止し、森林伐採データを公表したＩＮＰＥの所長を解任したと各紙が報じた。結局、外交不全のしわ寄せを受けたアマゾンの州政府は、連邦政府を通さずに自ら資金獲得を模索しなければならなかった。

アマゾンの未来

これまでみてきたように、アマゾンはヨーロッパ人の到来以降、約五〇〇年にわたりずっと国際化の渦中にあった。そして、今後もアマゾンをめぐる国家間の相剋は、深まることはあっても消え去ることはないだろう。アマゾンが直面する喫緊の環境・社会問題に手をこまねき、国家間の不毛な対立だけを重ねているうちに、アマゾンというかけがえのない人類の財産が消失してしまわぬよう、ブラジルはもとより世界中の英知を結集して早急に対策に乗り出さなければならない。

一九九二年、ブラジルはリオデジャネイロで国連環境開発会議（地球サミット）を開催し、議長国として「環境と開発に関するリオ宣言」や行動計画「アジェンダ21」の採択を主導して、地球環境問題に真正面から取り組む姿勢を内外にアピールした。その後も、地球環境に関わる国際条約を次々と批准し、国内でもさまざまな環境・先住民法制を整備して、無秩序なアマゾン開発を抑制する立場を示してきた。地球サミットから二〇年後の二〇一二年には、「リオ＋20」を開催して、持続可能な開発の推進を再び世界にアピールした。

　こうした一連の動きは、国家主権や国益優先の内向的な議論から決別し、これまでブラジルにとって重荷だったアマゾンの環境・人権問題を、むしろ世界の環境・人権問題に主体的に関与するための外交カードとして利用する、大胆な政策転換とみることもできる。その一方で、ブラジルは二一世紀を迎えて、開発推進派と環境保護派が激突する厳しい時代を迎えている。

　しかし、国際社会からみれば、世界のGDPトップ10に名を連ね、BRICsの中核をなすまでに経済発展したブラジルは、もはや自国優先主義を掲げて南アメリカに孤立するような国家ではない。グローバルサウスの盟主として、その存在感を高めるためにも、むしろ自らの手でアマゾン問題を国際的な俎上《そじょう》に載せ、地球環境問題や先住民問題で世界をリードする存在となることが肝要である。ブラジルがアマゾン問題で果たすべき固有の役割と、その高い遂行能力を世界に示すことで、開発推進派が危惧するアマゾンでの主権や国益も揺るぎないものになるだろう。そのためにも、政治家だけでなくさまざまな分野の専門家の国際的な協働による、環境・社会問題の精緻な現状分析と、実効性の高い解決策の立案が求められている。

　二〇二三年一月一日、ブラジルでは再選を果たしたルーラ大統領率いる三期目の中道左派政権が始動した。ルーラ大統領は、ボルソナロ前大統領との激しい選挙戦のなかで、アマゾンの熱帯雨林における違法伐採の取り締まり強化や、先住民の社会的包摂と彼らの環境保全への関与の必要性を訴えた。そして、その実現に向けて大規模な省庁再編の暫定令を提出した。その中で、とくに注目されるのは、地球規模の気候変動問題にも国が責任をもって対応するとして、これまでの「環境省」を「環境・気候変動省」に改め、前ルーラ政権(二〇〇三～一〇年)下で環境相として活躍したマリナ・シルバを大臣に再抜擢したことである。また、ブラジルで初めて「先住民省」を設置し、先住民族の指導者でもあるソニア・グアジャハラを初代大臣に任命したことも特筆できる。

しかし、省庁再編をめぐる法案審議は、その後議会で大きく紛糾した。結局、同法案は議会両院を通過したものの、アマゾン問題に関わる「環境・気候変動省」や「先住民省」については、大幅な権限の縮小を伴う議会修正案での可決となった。二〇二二年の大統領選挙でも顕在化した、ブラジルの不安定な政治と根深い社会の分断を浮き彫りにするような、厳しい政権運営が続いている。しかし、再び日和見的な国内政治に傾注すれば、かつての政権時と同じ轍を踏むことになり、アマゾン問題の解決は望めないだろう。

アマゾンの豊かな未来は、ブラジルの掌中にある。かけがえのないアマゾンを後世にしっかりと引き継ぐためにも、ブラジルには、国際社会と密接に関わりながら、アマゾン問題に真摯に立ち向かってほしい。まさに今がその正念場なのかもしれない。

あとがき

筆者が初めてアマゾンを訪れたのは、まだ大学院生だった一九八六年のことである。ブラジル北東部（ノルデステ）で実施された旱魃問題に関する学術調査に参加した私は、約二か月におよぶ現地調査ののち、憧れだったアマゾン行きを一人決行した。当時、アマゾンでは牧場開発が進み、急速な熱帯雨林の消失が国際社会を騒がせていた。テレビは連日〝燃えるアマゾン〟の惨状を映しだし、その深刻な環境破壊に警鐘を鳴らしていた。私はその現状を直接体感したいと思い、開発が加速するアマゾン奥地のアクレ州やロンドニア州を訪問した。

そこでは、アマゾンの開拓前線で進む凄まじい環境破壊を目の当たりにした。しかし、その惨状以上に、なぜか私の心を強く捉えたのは、そこに集まる人種、民族、職業の異なるさまざまな人間たちの熱気と、ブームタウンが醸し出す独特な雰囲気だった。店頭に秤を置いて金《きん》を売り買いする店や、大小さまざまな棺《ひつぎ》を軒先に並べる店まであった。突然、日本語で話しかけられて、こんな所にも日本人（彼は製材業者だった）がいることを知った。アマゾンで訪れた日本人移住地は、古き日本の農村を彷彿させるもので、私は驚きとともに抑え難い感動を覚えた。そしてあの時から、いつか自分の視点でアマゾンを描いてみたいと思い続けてきた。

しかし、その思いはつかみ所のない茫洋たるアマゾンを前に、いとも簡単にくじかれて、気がつけば既に長い年月が過ぎ去ってしまった。その夢がようやくかなった今、いかにアマゾンが多様な人びとにより植民・開発されてきたか、またその渦中であえなく滅亡した先住民や彼らの文化が、いかに等閑視されてきたか改めて痛感させられた。アマゾンは、「人跡未踏の静謐な秘境」のイメージとはほど遠く、むしろその豊かな国際性に彩られていた。人々の移植民の動機や目的はさまざまで、その中には「強いられて」国内外から移住した人々も多いことが特筆できる。

ブラジル政府は、アマゾンをノルデステの旱魃・貧困問題の「安全弁」と捉え、危機的事態が発生するたびに、大量の難民をセリンゲイロ(ゴム採取労働者)としてアマゾンへ送り続けてきた。彼らは第二次世界大戦中には、「ゴム兵」として徴用された。また一九世紀後半には、黒人奴隷をめぐる国内の混乱や南北戦争の戦禍から逃れようとしたアメリカ人が(主に旧南部連合支持者)、新天地を夢見てアマゾンへと移住している。こうした「忘れられた人々」の移植民にも光を当て、わが国ではほとんど語られてこなかった歴史の一端にも触れられたことは幸甚である。

さらに、二〇世紀前半にアマゾンで進められた日本人の植民地建設を取り上げ、同地に先んじて進出したアメリカの政治・経済的な思惑が、直接・間接的にさまざまな影響を日本人移民におよぼしていたことを、日本、アメリカ、ブラジルの三か国の政治・外交史、排日書、新聞、風刺画などを手がかりに紹介できたことも、今後の研究につながる問題提起になったと思う。

その一方で、本書は特定の国の移植民にフォーカスせず、アマゾンという舞台で繰り広げられたさまざまな移植民の実像を、「多国間のグローバルな関係性」の中に位置づける意図で執筆した。そのため、個別事象の細部については、全体のバランスから、その内容を大幅に削減せざるを得なかったことを付記しておく。

最後になったが、岩波書店編集部の上田麻里さんには、初めての新書版で苦戦する筆者を最後まで叱咤激励して支えていただいた。諦めずに書き終えることができたのは、上田さんの適切かつ親身なアドバイスのお陰である。この場を借りて心より感謝申し上げたい。

二〇二三年五月

丸山浩明

主要参考文献一覧

序　章

カルバハル著，大貫良夫訳「アマゾン川の発見」生田滋ほか編『征服者と新世界(大航海時代叢書 第II期 12)』岩波書店，1980年

ヘミング，ジョン著，国本伊代・国本和孝訳『アマゾン――民族・征服・環境の歴史』東洋書林，2010年

松本栄次『写真は語る 南アメリカ・ブラジル・アマゾンの魅力』二宮書店，2012年

マン，C. C. 著，布施由紀子訳『1491――先コロンブス期アメリカ大陸をめぐる新発見』日本放送出版協会，2007年

メガーズ，B. J. 著，大貫良夫訳『アマゾニア――偽りの楽園における人間と文化』教養文庫，1977年

Denevan, W. M., *The Native Population of the Americas in 1492*, Univ. of Wisconsin Press, 1992.

Migueis, R., *Geografia do Amazonas*, Editora Valer, 2011.

Spix, J. B. von e Martius, C. F. P. von, *Viagem pelo Brasil: 1817-1820, Volume III*, Editora da Univ. de São Paulo, 1981.

Steward, J. H. ed., *Handbook of South American Indians, Volume 6: Physical anthropology, linguistics and cultural geography of south american indians*, Smithsonian Institution, 1950.

第1章

伊藤滋子『幻の帝国――南米イエズス会士の夢と挫折』同成社，2001年

大貫良夫『黄金郷伝説――エル・ドラードの幻』講談社現代新書，1992年

カルバハル著，大貫良夫訳「アマゾン川の発見」生田滋ほか編『征服者と新世界(大航海時代叢書 第II期 12)』岩波書店，1980年

ゲールブラン，A. 著，大貫良夫監修『アマゾン・瀕死の巨人』創元社，1992年

テヴェ，アンドレ著，山本顕一訳「南極フランス異聞」生田滋ほか編『フランスとアメリカ大陸 一(大航海時代叢書 第II期 19)』岩波書

店，1982 年
ヘミング，ジョン著，国本伊代・国本和孝訳『アマゾン――民族・征服・環境の歴史』東洋書林，2010 年
レリー，ジャン・ド著，二宮敬訳「ブラジル旅行記」生田滋ほか編『フランスとアメリカ大陸 二(大航海時代叢書 第 II 期 20)』岩波書店，1987 年
Acuña, Christóbal de, *Nuevo descubrimiento del gran Rio de las Amazonas*, Imprenta del Reyno, 1641.
Costa Tavares, M. G. da, *A Amazônia brasileira: Formação histórico-territorial e perspectivas para o século XXI*, GEOUSP-Espaço e Tempo, São Paulo, 107-121, 2011.
IBGE, *Brasil: 500 anos de povoamento*, IBGE, 2000.
Pontes, F., *História do Amazonas*, Editora Cultural da Amazônia, 2011.

第 2 章

貴堂嘉之『南北戦争の時代(19 世紀 シリーズアメリカ合衆国史②)』岩波新書，2019 年
丸山浩明「ブラジル帝政時代におけるヨーロッパ移民の導入と移住地建設」『立教大学 ラテンアメリカ研究所報』47: 73-91，2018 年
ルクリュ，エリゼ著，柴田匡平訳『アメリカ合衆国(ルクリュの 19 世紀世界地理 第 1 期セレクション 3)』古今書院，2016 年
Amazon Steam Navigation Company, *The great river: notes on the Amazon and its tributaries and the steamer services*, Simpkin, Marshall, Hamilton, Kent & Co., Ltd., 1904.
Bastos, A. C. T., *O vale do Amazonas: a livre navegação do Amazonas, estatística, produções, comércio, questões fiscais do vale do Amazonas*, Companhia Editora Nacional, 1975.
Brito, Luciana da C., "Um paraíso escravista na América do Sul: Raça e escravidão sob o olhar de imigrantes confederados no Brasil oitocentista," *Revista de História Comparada*, 9 (1): 145-173, 2015.
Brown, C. B. and Lidstone, W., *Fifteen Thousand Miles on the Amazon and its Tributaries*, E. Stanford, 1878.
Camargo, F., "A Guerra Civil (deles) e a Amazônia."
(https://www.gazetadopovo.com.br/vozes/rolmops-e-catchup/guerra-

civil-deles-e-amazonia/)
Cervo, A. L. e Bueno, C., *História da política exterior do Brasil*, UnB, 2002.
Dawsey, C. B. and Dawsey, J. M. eds., *The Confederados: Old south immigrants in Brazil*, The Univ. of Alabama Press, 1995.
Dunn, B. S., *Brazil, the Home for Southerners: Or, a practical account of what the author, and others, who visited that country, for the same objects, saw and did while in that empire*, George B. Richardson, 1866.
Emmi, M. F., *Raízes italianas no desenvolvimento da Amazônia, 1870–1950: Pioneirismo econômico e identidade*, Univ. Federal do Pará, 2007.
Emmi, M. F., "A Amazônia como destino das migrações internacionais do final do século XIX ao início do século XX: O caso dos portugueses," Trabalho apresentado no XVII Encontro Nacional de Estudos Populacionais, ABEP, 2010.
Fonseca, D. R. da, *Estudos de história da Amazônia* (*Vol. I*), Nova Rondoniana, 2014.
Fonseca, D. R. da, *Estudos de história da Amazônia* (*Vol. II*), Nova Rondoniana, 2016.
Gibbon, L., *Exploration of the Valley of the Amazon: Made under direction of the Navy Department* (*Part 2*), A. O. P. Nicholson, Public Printer, 1854.
Haag, C., "O dia em que o Brasil disse Não aos Estados Unidos: Pesquisadora recupera documentos com proposta de deportar negros americanos para a Amazônia," *Pesquisa FAPESP*, 156: 81–85, 2009.
Harter, E. C., *The lost colony of the Confederacy*, Texas A & M Univ. Press, 1985.
Hastings, L. W., *The emigrant's guide to Brazil*, Mobile, 1867.（ミシガン大学マイクロフィルム）
Herndon, W. L., *Exploration of the Valley of the Amazon: Made under direction of the Navy Department* (*Part 1*), Robert Armstrong, Public Printer, 1853.（ハーンドン著，泉靖一訳『アマゾン探検記（世界探検全集 6）』河出書房新社，2022 年）
Hill, L. F., "Confederate exiles to Brazil," *Hispanic American Historical*

Review, 7 (2): 192-210, 1927.

Horne, G., *The Deepest South: The United States, Brazil, and the African slave trade*, New York Univ. Press, 2007.

IBGE, *Tipos e Aspectos do Brasil*, IBGE, 1970.

Luz, N. V., *A Amazônia para os negros Americanos*, Editôra Saga, 1968.

Marcus, A. P., *Confederate Exodus: Social and environmental forces in the migration of U. S. Southerners to Brazil*, Univ. of Nebraska Press, 2021.

Maury, M. F., *The Amazon, and the Atlantic Slopes of South America*, Franck Taylor, 1853.

Moog, V., *Bandeirantes e Pioneiros*, Editora Globo, 1954.

Neeleman, G. and Neeleman, R., *A migração confederada ao Brazil: Estrelas e barras sob o cruzeiro do sul*, EdiPUCRS, 2016.

Riker, D. A., *O Último Confederado na Amazônia*, Estado do Amazonas, 1983.

Silva Ferreira R. da e Costa E. E., "Imigrantes espanhóis na Amazônia Paraense: Em direção à construção de entendimentos a partir das passagens subvencionadas pelo Governo Paraense (1896-1899)," Anais do XXVI Simpósio Nacional de História-ANPUH, 2011.

Weaver, B. H. C., "Confederate emigration to Brazil," *Journal of Southern History*, 27 (1): 33-53, 1961.

第３章

アレクサンダー・フォン・フンボルト著，大野英二郎・荒木善太訳『新大陸赤道地方紀行 上・中・下(17・18世紀大旅行記叢書 第II期9・10・11)』岩波書店，2001-2003年

こうじや信三『天然ゴムの歴史――ヘベア樹の世界一周オデッセイから「交通化社会」へ』京都大学学術出版会，2013年

中隅哲郎『ブラジル学入門』無明舎出版，1994年

丸山浩明『砂漠化と貧困の人間性――ブラジル奥地の文化生態』古今書院，2000年

丸山浩明「マデイラ・マモレ鉄道建設の政治・経済・社会的意義――ブラジル旧共和制期における国土開発の試練」『立教大学 ラテンアメリカ研究所報』43: 71-92，2014年

Benchimol, J. L. e Silva, A. F. C. da, "Ferrovias, doenças e medicina tropical no Brasil da Primeira República," *Hist. cienc. Saude-Manguinhos*, 15 (3): 719-762, 2008.

Castro, J. de, *Geografia da fome: O dilema brasileiro: Pão ou aço*, Editora Brasiliense, 1963.

Ferreira, M. R., *A ferrovia do diabo: História de uma estrada de ferro na Amazônia*, Edições Melhoramentos, 1960.

Governo de Rondônia, *História da estrada de ferro Madeira Mamoré,* Governo de Rondônia, 2005.

IBGE, *Tipos e Aspectos do Brasil*, IBGE, 1970.

Loureiro, A. J. S., *A grande crise (1908-1916)*, Editora Umberto Calderaro, 1986.

MINTER, *As secas do Nordeste: Uma abordagem histórica de causas e efeitos*, SUDENE, 1981.

Neeleman, G. e Neeleman, R., *Trilhos na Selva: O dia a dia dos trabalhadores da Ferrovia Madeira-Mamoré*, BEĨ, 2011.

Smith, H. H., *Brazil, the Amazons and the Coast*, Sampson Low, 1880.

Souza, I. de and Medeiros, Filho J., *Os degredados filhos da sêca*, Vozes, 1983.

Wickham, H. A., *Rough Notes of a Journey through the Wilderness: From Trinidad to Pará, Brazil, By Way of the Great Cataracts of the Orinoco, Atabapo, and Rio Negro*, W. H. J. Carter, 1872.

第４章

東栄一郎著，飯島真里子ほか訳『帝国のフロンティアをもとめて――日本人の環太平洋移動と入植者植民地主義』名古屋大学出版会，2022 年

生島重一『アマゾン移住三十年史』サンパウロ新聞社，1959 年

池田重二『アマゾン邦人発展史』サンパウロ新聞社，1965 年

石原喜久太郎『衛生視察南米紀行』博文館，1931 年

伊藤敬一『秘露国聖母河地方視察報告』外務省通商局，1912 年

上塚司「アマゾニア産業研究所月報発刊に際して」『アマゾニア産業研究所月報』1: 1-2，1931 年

上塚司「アマゾニア事情」拓務省拓務局・文部省実業学務局編纂『最

近の海外移住地』1931 年
上塚司「大アマゾンの日本新植民地」『キング』(大日本雄弁会講談社) 7(6): 72-85, 1931 年
上塚芳郎, 中野順夫『上塚司のアマゾン開拓事業』天園, 2013 年
海外興業株式会社『ブラジル国駐在特命全権公使堀口九万一君サンパウロ州移民状況視察要報』1919 年
外交史料館『本邦移民関係雑件——伯国ノ部(第十二巻)』1936 年
外務省通商局『伯国「アマゾン」河流域殖民計画ニ関スル調査報告』外務省通商局, 1927 年
外務省通商局『伯国アマゾナス州日本植民地地域画定並殖民計画に関する調査報告書』外務省通商局, 1931 年
鐘淵紡績株式会社『伯国植民地視察報告書』鐘淵紡績株式会社, 1927 年
熊本好宏「国士舘高等拓植学校と移民教育」『国士舘史研究年報 楓原』43-70, 2011 年
崎山比佐衛『南米の大自然——アマゾンの流を下りて』海外植民学校出版部, 1929 年
ジェフリー・レッサー著, 鈴木茂・佐々木剛二訳『ブラジルのアジア・中東系移民と国民性の構築——「ブラジル人らしさ」をめぐる葛藤と模索』明石書店, 2016 年
タイムス出版社国際パンフレット通信部『国際パンフレット通信 第506 冊 アマゾンに対立する日米植民地』タイムス通信社, 1932 年
高村正寿「アマゾンと高等拓植学校生徒」『海外移住』Vol. 399-402, 1981 年
拓務省拓務局『アマゾンに於ける護謨其他の産業』拓務省拓務局, 1934 年
拓務省拓務局『最近——主として一九三四年に於けるブラジル及日伯関係の動き』1935 年
野口敬子「上塚司と日本高等拓植学校——アマゾニア開拓について」『移住研究』27: 76-86, 1990 年
野口敬子「上塚司と日本高等拓植学校(完結篇)——アマゾニア開拓について」『移住研究』30: 185-235, 1993 年
パラー・アマゾナス高拓会編『高拓生及びアマゾンジュートの歴史』1980 年
福原八郎『最近のアマゾン事情』1933 年

山西源三郎『我国人口食糧及資源問題解決地としての南米伯剌西爾』山西源三郎，1927年
吉村繁義『崎山比佐衛伝――移植民教育とアマゾン開拓の先覚者』海外植民学校校友会出版部，1955年
AMAZON KOUTAKUKAI. *A saga dos Koutakuseis no Amazonas: Uma história de pioneirismo, sofrimento, perseverança e sucess*, Associação Koutaku do Amazonas, 2011.
Brown, W., *O perigo amarelo*, Agência Editorial Brasileira, 1936.
Coaracy, V., *Problemas nacionais*, Sociedade Impressora Paulista, 1930.
Dean, W., *Brazil and the struggle for rubber: A study in environmental history*, Cambridge Univ. Press, 1987.
Grandin, G., *Fordlandia: The rise and fall of Henry Ford's forgotten jungle city*, Metropolitan Books, 2009.
Oti, S., *Belterra: A sua história*, ICBS, 2004.
Schurz, W. L., Hargis, O. D., Marbut, C. F. and Manifold, C. B., *Rubber production in the Amazon Valley*, Department of Agriculture, 1925.
Souza Moraes, C. de, *A ofensiva japonesa no Brasil: Aspecto social, econômico e político da colonização nipônica*, Edição da Livraria do Globo, 1942.
Takeuchi, M. Y., *O perigo amarelo: Imagens do mito, realidade do preconceito (1920–1945)*, Humanitas, 2008.
Takeuchi, M. Y., *Entre gueixas e samurais: A imigração japonesa nas revistas ilustradas (1897–1945)*, Univ. de São Paulo, 2009.（サンパウロ大学博士論文）
Vieira, A. M., *O perigo amarelo na Amazônia brasileiro*, Secção de publicidade da Interventoria do estado do Amazonas, 1942.

第5章

アマゾン日本人移住60年記念史委員会編『アマゾン――日本人による60年の移住史』汎アマゾニア日伯協会，1994年
池田重二『アマゾン邦人発展史』サンパウロ新聞社，1965年
上塚芳郎・中野順夫『上塚司のアマゾン開拓事業』天園，2013年
奥田隆男「アマゾン地域戦後移住者の転出・定着状況」『移住研究』7: 79–92，1970年

西部アマゾン日本人移住70周年記念誌編纂委員会編『緑 西部アマゾン日本人移住70周年記念誌――1929〜1999』村山惟元，1999年
若槻泰雄『原始林の中の日本人――南米移住地のその後』中公新書，1973年
Garfield, S., *In search of the Amazon: Brazil, the United States, and the nature of a region*. Duke Univ. Press, 2013.
Neeleman, G. and Neeleman, R., *Rubber Soldiers: The forgotten army that saved the allies in WWII*, Schiffer Publishing, 2017.
Perazzo, P. F., *Prisioneiros da Guerra: Os "Súditos do Eixo" nos campos de concentração brasileiros (1942–1945)*, Associação Editorial Humanistas: Imprensa Oficial do Estado de São Paulo, Fapesp, 2009.
Silva, J. C. M. da, "Soldados da borracha: Os heróis esquecidos na Amazônia," *Revista do Exército Brasileiro*, 151 (1): 11–17, 2015.
Souza Moraes, C. de, *A ofensiva japonesa no Brasil: Aspecto social, econômico e político da colonização nipônica*, Edição da Livraria do Globo, 1942.

終 章

グールディング，M. ほか著，山本正三・松本栄次訳『恵みの洪水――アマゾン沿岸の生態と経済』同時代社，2001年
小池洋一・田村梨花編『抵抗と創造の森アマゾン――持続的な開発と民衆の運動』現代企画室，2017年
西沢利栄・小池洋一『アマゾン――生態と開発』岩波新書，1992年
西澤利栄・小池洋一・本郷豊・山田祐彰『アマゾン――保全と開発』朝倉書店，2005年
丸山浩明「ブラジルの人種・民族と社会」『歴史と地理』668: 1–10, 2013年
丸山浩明「アマゾンの森林消失と環境政策」漆原和子ほか編『図説世界の地域問題100』58–59，ナカニシヤ出版，2021年
矢谷通朗・カズオ・ワタナベ・二宮正人編『ブラジル開発法の諸相』アジア経済研究所，1994年

丸山浩明

1960年，長野県生まれ．1989年，筑波大学大学院地球科学研究科博士課程修了．1994-95年，日本学術振興会サンパウロ研究連絡センター所長
現在─立教大学文学部教授
専攻─地理学，ブラジル研究，移民研究
著書─『ブラジル日本移民──百年の軌跡』(編著，明石書店)，『砂漠化と貧困の人間性──ブラジル奥地の文化生態』(古今書院)，『パンタナール──南米大湿原の豊饒と脆弱』(編著，海青社)，『ブラジル』(編著，朝倉書店)，『ローカリゼーション──地域へのこだわり』(共編著，朝倉書店)，『火山山麓の土地利用──山地の垂直性と環境利用』(大明堂)ほか

アマゾン五〇〇年
──植民と開発をめぐる相剋　　岩波新書(新赤版)1985

2023年8月18日　第1刷発行

著　者　丸山浩明《まるやまひろあき》

発行者　坂本政謙

発行所　株式会社 岩波書店
〒101-8002 東京都千代田区一ツ橋2-5-5
案内 03-5210-4000　営業部 03-5210-4111
https://www.iwanami.co.jp/

新書編集部 03-5210-4054
https://www.iwanami.co.jp/sin/

印刷・三陽社　カバー・半七印刷　製本・中永製本

ISBN 978-4-00-431985-6　　Printed in Japan

岩波新書新赤版一〇〇〇点に際して

ひとつの時代が終わったと言われて久しい。だが、その先にいかなる時代を展望するのか、私たちはその輪郭すら描きえていない。二〇世紀から持ち越した課題の多くは、未だ解決の緒を見つけることのできないままであり、二一世紀が新たに招きよせた問題も少なくない。グローバル資本主義の浸透、憎悪の連鎖、暴力の応酬——世界は混沌として深い不安の只中にある。

現代社会においては変化が常態となり、速さと新しさに絶対的な価値が与えられた。消費社会の深化と情報技術の革命は、種々の境界を無くし、人々の生活やコミュニケーションの様式を根底から変容させてきた。ライフスタイルは多様化し、一面では個人の生き方をそれぞれが選びとる時代が始まっている。同時に、新たな格差が生まれ、様々な次元での亀裂や分断が深まっている。社会や歴史に対する意識が揺らぎ、普遍的な理念に対する根本的な懐疑や、現実を変えることへの無力感がひそかに根を張りつつある。そして生きることに誰もが困難を覚える時代が到来している。

しかし、日常生活のそれぞれの場で、自由と民主主義を獲得し実践することを通じて、私たち自身がそうした閉塞を乗り超え、希望の時代の幕開けを告げてゆくことは不可能ではあるまい。そのために、いま求められていること——それは、個と個の間で開かれた対話を積み重ねながら、人間らしく生きることの条件について一人ひとりが粘り強く思考することではないか。その営みの糧となるものが、教養に外ならないと私たちは考える。歴史とは何か、よく生きるとはいかなることか、世界そして人間はどこへ向かうべきなのか——こうした根源的な問いとの格闘が、文化と知の厚みを作り出し、個人と社会を支える基盤としての教養となった。まさにそのような教養への道案内こそ、岩波新書が創刊以来、追求してきたことである。

岩波新書は、日中戦争下の一九三八年一一月に赤版として創刊された。創刊の辞は、道義の精神に則らない日本の行動を憂慮し、批判的精神と良心的行動の欠如を戒めつつ、現代人の現代的教養を刊行の目的とする、と謳っている。以後、青版、黄版、新赤版と装いを改めながら、合計二五〇〇点余りを世に問うてきた。そして、いままた新赤版が一〇〇〇点を迎えたのを機に、人間の理性と良心への信頼を再確認し、それに裏打ちされた文化を培っていく決意を込めて、新しい装丁のもとに再出発したいと思う。一冊一冊から吹き出す新風が一人でも多くの読者の許に届くこと、そして希望ある時代への想像力を豊かにかき立てることを切に願う。

（二〇〇六年四月）